KB138539

청춘시대 2

청춘시대
시즌2

박연선 대본집 · 下

arte POP

일러두기

1 이 책은 박연선 작가의 드라마 대본 집필 형식을 최대한 따랐습니다.

2 대사는 입말을 살리기 위해 한글맞춤법에서 벗어난 표현도 최대한 살렸습니다. 그 외 지문은 한글맞춤법에 따랐습니다.

3 이 책은 작가의 최종 대본으로, 방영된 드라마와 다른 부분도 포함되어 있습니다.

용어 정리

- •(N)   내레이션을 지칭하는 용어로, 장면 밖에서 들려오는 목소리를 나타낸다. 이 책에서는 N 을 생략하고 괄호로 표시했다.

- •인서트   화면의 특정 동작이나 상황을 강조하기 위해 삽입한 화면. 인서트 화면이 없어도 장면을 이해하는 데에는 별다른 지장이 없으나 인서트를 삽입함으로써 상황이 명확해지면서 스토리가 강조된다. 인서트 화면으로는 대개 클로즈업을 사용한다.

- •몽타주   따로따로 편집된 장면들을 짧게 끊어서 붙인 화면을 말한다.

- •F. O.   페이드아웃(Fade-Out)을 의미한다. 화면이 점차 어두워지면서 장면이 바뀌는 것을 말한다.

- •점프   점프컷. 연속성이 없는 두 장면을 붙이는 편집 방식이다.

차 례

7회

나는 나를 부정한다

1. 프롤로그

— 벨 에포크 전경

비가 내린다. 나무와 잔디가 비에 젖는다. 왠지 공포스럽다.

— 1층 거실

서장훈이 반쯤 누워 텔레비전을 본다. 예능 프로그램 납량 특집이다. 처음에는 별 생각 없다. 소리 지르는 연예인을 보며 비웃기도 한다. 그런데 점점 무서워진다. 슬금슬금 일어나 앉는다. 쿠션을 끌어안는다. 등 뒤가 무섭다. 빗소리가 커진다. 천둥 번개가 친다. 마침 텔레비전에 귀신이 등장하고, 서장훈은 TV 속 인물보다 더 크게 비명을 지른다.

— 계단, 2층 현관

우당탕탕, 서장훈이 계단을 뛰어오른다. 초인종을 누른다. 뒤를 홱 돌아본다. 문을 등지고 서서 어둠을 쉴 새 없이 경계한다. 드디어 문이 열린다. 하메들이 한 덩어리가 되어 내다보다가 서장훈인 걸 알고는 흩어진다.

조은	왜?
서장훈	(무서워서 왔다고 말하기는 싫다) 아… 괜찮은가 싶어서.
조은	안 괜찮을 게 뭐가 있어?
서장훈	그게 그러니까… 비가 샌다든가.
송지원	비닐하우스도 아니구.
서장훈	정전이라든가.
유은재	(환한 전구를 바라본다) …
서장훈	천둥 번개에 놀랐다든가.
조은	무섭냐?
서장훈	내가? 아아아니… 난 여러분들이 혹시 놀랐을까 싶어서…
조은	(간단히) 안 놀랐어. (문 닫으려 한다)
서장훈	(서두른다) 같이 전 부쳐 먹을까? 비도 오는데.
정예은	(귀찮다) 이 밤에…
서장훈	내가 부칠게요. (제일 연장자인 윤진명을 본다) 내가…
윤진명	난 밤에 뭐 먹으면 속 안 좋아서… (돌아선다)
서장훈	(큰일 났다. 뭐든 생각해내라) 아… (유은재에게) 보드게임 어때요? 할리갈리, 젠가, 부루마블, 말만 하세요.
유은재	미안, (돌아서며) 난 그거 재밌는 줄 모르겠던데…
서장훈	(송지원을 보며 손으로는 조은을 가리킨다) 그럼 우리 셋이 고스톱?
송지원	난 화투짝도 못 맞춰. 의외지?
서장훈	(조은에게) 좋다. 맞고! 오케이!
조은	(문을 닫으며) 멀리 안 나간다.

문이 닫힌다. 서장훈이 뒤돌아선다. 큰일 났다. 정원의 어둠이 더욱

짙어졌다. 나무 그림자도 무섭다.

서장훈   (중얼거린다) 야박한 도시 여자들…

계단 벽에 등을 대고 최대한 건물과 밀착하여 내려간다. 번개가 치고, 천둥이 터진다. '으아아아악' 서장훈이 비명을 지르며 계단을 내려간다. 마지막 계단을 헛디뎌 엎어진다. 아픈 것도 모르고 벌떡 일어나 집 안으로 들어간다.

타이틀 제7회 ─ 나는 나를 부정한다 (부제: 고백)

2. 타이틀 이미지 몽타주

3. 2층 거실(밤)

식탁 앞, 다섯 명의 하메가 모여 있다. 식탁 중앙에 사물함에서 발견된 사진, 고두영과 같이 찍은 정예은 일굴에 무수한 낙서를 해놓은 사진이 놓여 있다. 천둥 번개가 친다. 하메들이 움찔해서 창밖을 봤다가 다시 현실로 돌아온다. 하메들 머리 위에 다시 말풍선 떠오른다. 유은재 머리 위 말풍선. '고두영이야' 윤진명 머리 위. '역시 고두영이었어' 송지원 말풍선. '고두영이다' 조은 머리 위 말풍선. '분홍편지다' 지난번엔 '짜증 나' 정도의 분위기였다면 지금은 무섭다는 느낌이다.

정예은   (얼굴을 가린다) 고두영인가 봐.

유은재	(말풍선 지우며) 설마요.
송지원	(말풍선 지우며) 고두영 1년 6개월 받았잖아. 감옥에 있을 텐데.
윤진명	(말풍선 지우며) 그래, 아직 단정하긴 일러.
조은	(말풍선 지우며 머리까지 끄덕인다) 맞아요. 아직 몰라요.

하메들, 다른 사람이 말할 때 일일이 고개를 끄덕여 힘을 실어준다.
조은의 말에도 일단 고개를 끄덕였다가 일제히 조은을 본다.

유은재	너 고두영 알어?
송지원	그러게? 네가 고두영을 어떻게 안다고?
조은	(당황을 숨긴다) 난 그냥… 아직 확실치 않으니까 미리 겁먹지 말자고…
하메들	(아, 그 뜻이었어) …
윤진명	고두영 소식, 들은 거 있어?
정예은	(고개를 젓는다) …
송지원	변호사 통하면 알아볼 수 있잖아. 알아봐.
정예은	알아는 볼 수 있는데… (뭔가 걸리는 게 있다. 하지만 핸드폰을 꺼낸다) …
조은	(그사이 조용히 일어나 방으로 들어간다) …
정예은	(통화한다) 한 변호사님! 저 예은인데요.

4. 조은의 방(밤)

조은이 책갈피에서 '분홍색 편지'를 꺼낸다. 결심하고 밖으로 나
간다.

5. 거실(밤)

조은이 나온다.

정예은 예, 예, 알겠습니다. 네. (전화를 끊는다. 충격 받았다. 하메들을 둘러 보다) 3개월 전에 가석방됐대.

윤,송,유 (겁이 나기 시작한다) …

송지원 이 나라 법은 진짜… 그런 건 좀 미리미리 알려주면 안 되나?

유은재 (손바닥의 상처가 욱신거리는 느낌이다) 어떡해요. 진짜 고두영인가 봐요.

윤진명 (잠깐 생각하다가) 조심하는 수밖에… 조심하자. 문단속 잘하고 혼 자 다니지 말고. 예은이뿐만 아니라 고두영은 우리한테도 나쁜 감정 이 있을지 몰라.

걱정으로 분위기가 어두워진다. 조은이 하메들 눈치를 보다가.

조은 저기… 이번 일하고 상관이 있는지 없는지 정확한 건 아닌데…

하메들 (주목한다) …

조은 (쉽게 입이 떨어지지 않는다) …

송지원 뭔데?

조은 (분홍색 편지의 접힌 부분을 꾹꾹 누른다) 어떻게 말해야 될지 모르 겠는데…

유은재 왜 그래? 너무 심각하니까 무섭잖아.

조은이 결심하고 막 입을 떼려는 순간, 초인종이 울린다. 천둥 번개 에도 움찔 정도에 그쳤던 하메들이 소리를 지르며 윤진명에게 달라 붙는다. 중구난방으로 묻고 대답한다.

정예은	(억누른 외침이다) 왜 소리 질러?
유은재	네가 질러서 나도 지른 거야.
정예은	너어?
윤진명	초인종이야, 초인종. 진정해.
조은	이 밤에 누구죠?
송지원	(조은에게) 너도 무섭냐?
조은	당연하죠.

한 덩어리가 되어 움직인다. 모니터 화면을 들여다본다. 모니터 화면
에 보이는 건 남자의 뒷모습.

윤진명	(밖에서 들릴라 조용히) 누구야?
송지원	그놈이야? 고두영?
정예은	얼굴이 안 보여.
유은재	뒤통수 보이잖아요.
정예은	뒤통수만 보고 어떻게 알어?
유은재	왜 몰라요? 그렇게 오래 사귀었으면서…
조은	(그사이 누군지 알아봤다. 문을 열고 있다)

하메들, 깜짝 놀라 '야아' '열지 마' '누군지 아직…' 하는데, 서장훈이
다. 조은과 서장훈이 묻고 대답하는 소리 들린다.

(조은)	왜?
(서장훈)	…괜찮은가 싶어서…
(조은)	안 괜찮을 게 뭐가 있어…
정예은	뒤통수만 보고 어떻게 알았지?
유은재	그니까요.

조은   (문을 닫으며) 멀리 안 나간다.

바짝 긴장했던 게 풀리자 맥이 빠진다. 하메들은 씻거나 잘 준비를
한다. 유은재와 정예은은 식탁을 치우고, 윤진명은 양치할 준비를
하고.

송지원   나 먼저 씻어도 되지?

모두들, 조은이 하려는 말은 잊은 모양이다. 조은이 분홍색 편지와
제각각 움직이는 하메들을 번갈아 보다가 방으로 들어간다.

6. 유은재, 윤진명의 방(밤)

윤진명이 2층 침대에 눕는다. 유은재가 불을 끄고 자기 침대에 눕는
다. 무서워서 인형을 꼬옥 끌어안는다. 잠든 듯 조용하다가⋯

윤진명   (뭔가 생각났다) 아⋯
유은재   왜요?
윤진명   조은이 뭔가 할 얘기 있다고 하지 않았어?
유은재   맞다⋯
윤진명   (졸리다) 뭐지?
유은재   (졸리다) 그러게요⋯

조용해진다.

7. 벨 에포크 정원, 골목(아침)

아침이다. 조용하다. 윤진명이 출근을 위해 나온다. 길 양편을 본다. 경계를 하며 골목을 빠져나간다.

• 점프 ≫
잠시 후, 정예은, 유은재, 송지원이 나온다. 셋이 꼭 붙어서 움직인다. 찌릉찌릉 자전거 소리. 돌아본다.

자전거 아줌마	일렬로 가는 거 아닙니다!
유은재	(비켜주며 구시렁댄다) 자전거도 인도로 가는 거 아닌데…
송지원	그래서 들리겠냐?

어쨌거나 세 명의 하메들 세로로 줄 서서 간다.

8. 대학교 정문 앞(낮)

유은재, 송지원, 정예은이 들어온다. 각자 인사하고 가야 할 길로 간다.

9. 학보사(낮)

송지원이 들어온다. 조충환, 오하나 등 후배들이 엉거주춤 인사한다. 임성민이 뉴스를 검색하며 흘깃 쳐다본다.

송지원	너 합기도 했다 그랬지?

임성민	근데?
송지원	잘됐네. 호신술 몇 개만 알려줘. (기특하다는 듯 임성민 어깨를 툭툭 두드린다) 개똥도 약에 쓸 때가 있다더니.
임성민	내가 개똥이냐?
송지원	(됐고) 당장 써먹을 수 있는 실전용으로.
임성민	(노트북을 반쯤 접으며) 또 뭔 짓을 저질렀길래?

10. 과 사무실(낮)

유은재가 문을 열고 윤종열을 찾는다. 없다.

11. 휴게실(낮)

유은재가 윤종열을 찾는다. 없다. 어디 있지. 문자를 보내려는데 창밖으로 윤종열이 황우섭 등과 지나간다.

유은재	(창밖으로 부른다) 선배! 선배! 잠깐만요.

윤종열 등이 올려다본다.

13. 건물 밑 자전거 거치대(낮)

황우섭, 신율빈, 윤종열이 자전거 거치대에 자전거를 세우다가 창문을 올려다본다. 유은재가 창문 밖으로 사라진다.

황우섭	너네 다시 만나냐?
윤종열	아니.

그사이, 유은재가 건물에서 뛰쳐나온다. 황우섭, 신율빈에게 꾸벅 인사하고.

유은재	(윤종열에게) 잠깐 할 얘기가 있는데…
황우섭	(윤종열에게) 이따 보자. (눈치 못 채고 멀뚱 서 있는 신율빈을 끌고 간다) … (거리가 생기자 슬쩍 돌아보며) 쟤가 저렇게 적극적인 애 였나?

• 점프 》
유은재는 현재 상황에 대해 말했다.

유은재	현재 이런 상황이니까 혹시 예은 선배 전 남친 보면 좀 알려달라 구요.
윤종열	어…
유은재	그럼… (꾸벅 인사하고 돌아서는데) …
윤종열	은재야!
유은재	(돌아본다)
윤종열	너도 조심해.
유은재	(감동받는다) …
윤종열	(유은재를 지나친다)
유은재	(뒤늦게) 예… 조심할게요. (살짝 달콤해진다)

13. 구내 커피숍(낮)

권호창과 정예은이 마주 앉았다. 정예은은 지금까지 상황을 모두 이야기했다. 권호창은 즉각적 반응을 하지 않는다. 머리를 긁적였다가 의미 없이 왼쪽을 봤다가 노트북 자판을 톡톡 두드렸다가 지운다.

정예은 뭐 할 말 없어? 내 얘기 알아듣긴 한 거야?

권호창 어… 전 남자친구가 감옥에서 나와서 문자 보낸 거라고. (심각하다) 그 사람 싸움 잘해?

정예은 (뭔 반응이 이러냐) 무서워?

권호창 (고개까지 끄덕인다) 응, 나 싸움 되게 못하는데 어떡하지?

정예은 그게 끝?

권호창 어?

정예은 됐어. 그렇게 무서우면…

권호창 (결심했다) 너 백 미터 몇 초야?

정예은 어? 15촌가 그랬는데…

권호창 그럼 너 먼저 도망가야겠다. 난 백 미터 17초거든. 같이 있다가 그 남자 만나면 너 먼저 도망가서 경찰에 신고해. 꼭!

정예은 (우습기도 하고, 어이없기도 하다) 내가 너보다 늦게 뛰면 네가 먼저 도망가구?

권호창 (당연하다) 응, 내가 가서 경찰 불러올게. 꼭!

정예은 (웃고 만다)

14. 학보사(낮)

임성민과 송지원은 호신술 수련 중이다.

임성민 (송지원 뒤에 선다) 자, 간다.

임성민이 송지원을 낚아채 입을 막는다. 즉 뒤에서 붙잡혔을 때를 가정했다.

임성민	해봐.
송지원	(아무것도 안 한다)
임성민	아까 가르쳐준 대로 해봐.
송지원	(오히려 느끼듯 임성민 팔뚝에 얼굴을 살포시 기대며) 흥… 좋다.
임성민	야!

하는 순간, 송지원이 발뒤꿈치로 임성민의 발등을 내려찍는다. 임성민이 가까스로 피한다.

임성민	(큰일 날 뻔했다) 얏마! 살살 해야지.
송지원	실전처럼 하라며.
임성민	됐어! 이제 그만해.
송지원	안 돼. 내가 제일 위험하단 말이야.
임성민	(당치도 않다) 왜? 스토킹은 네 친구가 당한다며?
송지원	영화 안 봤어? 스토킹당하는 애는 안 죽고 괜히 옆에 있는 친구가 죽잖아. 불쌍하게 남친도 없는 친구가.
임성민	괜찮아. 넌 안 죽어.
송지원	왜?
임성민	주접은 쉽게 안 죽어.
송지원	(임성민의 조인트를 걸어찬다) …
임성민	(아파 죽는다) …
송지원	(주먹 쥔 손 높이 올리며) 공격이 최선의 방어.
임성민	(송지원의 머리끄덩이를 잡는다) take2. 머리끄덩이를 잡혔을 때! 해봐, 해봐!
송지원	이건 안 알려줬잖아.

임성민　　웅용!

멀리서 이들을 지켜보는 학보사 직원들. 엎치락뒤치락 남들이 보기
엔 애정이 퐁퐁 솟는다.

오하나　　흥… 저러고도 안 사귄대지. (삐죽댄다) …

15. 강의실(낮)

유은재가 강의를 듣고 있다. 멀리 떨어진 곳 윤종열도 강의를 듣고
있다. 유은재가 윤종열을 보다가 시선을 돌리면 윤종열이 유은재를
걱정스럽게, 나름 애틋하게 바라본다.

16. 벨 에포크 앞 골목(밤)

유은재가 걸어온다. 어둠 속에서 나온 손이 유은재를 낚아챈다. 고
두영이다.

고두영　　(유은재 입을 틀어막으며) 예은이 어딨어?
유은재　　(바둥거린다) …
윤종열　　(달려오며) 은재야!

고두영은 윤종열이 따라오는 걸 몰랐다. 당황한 나머지 은재를 칼로
찌르고 도망간다. 아! 느닷없고 뜬금없지만 그렇다. 윤종열이 고두영
을 쫓아가다가 되돌아온다. 유은재가 바닥에 쓰러져 있다. 윤종열이
은재를 끌어안는다.

윤종열　　은재야! 은재야… (은재의 상처를 만졌던 손에 피가 흥건하다) 아!

유은재　　(촛불이 꺼져가듯 생명이 빠져나간다) 선배…

윤종열　　(감정이 격해져 숨이 가빠진다) 안 돼, 안 돼! 은재야… 이건 말도 안
　　　　　　돼… 이럴 순 없어. 은재야… 미안해! 내가 미안해. 내가 잘못했어. 이
　　　　　　렇게 죽지 마. 제발, 제발.

유은재　　(윤종열의 뺨을 손바닥으로 만진다) 선배… 알아줘요. 나, 선배 좋아
　　　　　　했어요.

유은재의 손이 툭 떨어진다. 윤종열이 유은재를 끌어안고 짐승처럼
오열한다. 소리 없던 비통이 오열이 되어 터진다. 아아아아아악!!!!

17. 강의실(낮)

유은재가 코를 훌쩍인다. 가슴 찌릿하면서도 달콤한 상상이다. 귓가
에 윤종열의 '비통한 탄식'이 들리는 듯하다. 손가락으로 눈물을 찍
어내며, 강의에 집중하고 있는 윤종열을 본다. 문득 고개를 갸웃한
다. 더 좋은 생각이 났다.

18. 벨 에포크 앞 골목(밤)

윤종열이 유은재를 멀리서 쫓아간다. 그는 유은재가 걱정된다. 유은
재는 윤종열이 쫓아오는 것도 모르고 종종대며 걸어가고 있다. 그
때, 반대쪽 골목에서 고두영이 나타난다.

고두영　　(칼을 든 채 달려든다) 예은이 어딨어?

쫓아오던 윤종열이 지체 없이 달려 나간다. 고두영이 막 유은재를 덮치려는 순간 윤종열이 '은재야!' 유은재를 밀치고 그 앞을 막아선다. 한 덩어리가 됐던 윤종열과 고두영. 고두영이 윤종열을 밀치고 도망간다. 윤종열이 벌떡 일어나 두어 걸음 걷다가 어랏! 자기 배를 내려다본다. 피가! 윤종열이 무릎을 꿇고 쓰러진다. 유은재가 다가온다. 쓰러지는 윤종열의 머리를 받아 자기 무릎을 베어준다.

유은재   선배, 선배, 선배… 안 돼요. (눈물이 방울방울 흐른다) 아! …

윤종열   (유은재의 뺨을 만지려는데 자기 손에 피가 묻었다. 옷자락에 피를 닦고, 또 닦는다. 겨우 깨끗해진 손으로 유은재의 얼굴을 만진다) 다행이다, 네가 안 다쳐서…

유은재   (흐느낀다) 왜 그랬어요? 왜? 이제 우리는 아무 사이도 아닌데…

윤종열   난 한 번도 너를 마음에서 지운 적 없어. 단 한 번도… 좋아한다, 유은재.

윤종열의 손이 툭 떨어진다.

유은재   (눈물이 방울방울. 입술은 붉고, 상상 속에서는 우는 것마저 예쁘다) 안 돼요, 선배. 눈 떠요. 눈 뜨란 말이에요…

(교수)   거기 학생.

19. 강의실(낮)

유은재는 달콤 쌉싸름한 상상에 빠져 배시시 웃고 있다. 윤종열을 비롯한 모두가 유은재를 보고 있다. 유은재는 모두들 자기를 보고 있자 당황한다.

교수	뭐 좋은 일 있어요. 아주 행복한 얼굴인데…
유은재	(그제야 자기가 웃고 있다는 걸 깨닫는다) …
교수	그 행복한 얼굴로 혐오와 증오의 차이를 설명해볼까요?

20. 경영지원팀(낮)

윤진명이 서류를 챙겨서 나가려는데, 조팀장이 서둘러 들어온다.

조팀장	어디 가요?
윤진명	헤임달 전속해지…
조팀장	(급하다) 지금 그게 문제가 아닙니다.

21. 오앤박 앞(낮)

여고생 팬들로 난리다. 각종 매체의 기자들과 오열하는 팬들, '거짓 말이에요. 우리 오빠는 우리 5열리안만 사랑한다구요. 소다미가 언플하는 거예요' 기자의 리포팅. '제5열의 리드보컬 제후와 소다미의 열애 소식에 팬들은…' 팬이 기자 바로 옆에서 소리 지른다. '열애 아니라구요!'

22. 아스가르드 숙소(낮)

소음이 뚝 끊기는 느낌이다. 헤임달이 식탁에 앉는다. 볼펜을 챙긴다. 서류봉투에서 전속해지계약서를 꺼낸다. 식탁에 라면 국물이 얼룩져 있다. 휴지에 물을 적셔 식탁을 닦는다. 닦다 보니 휴지가 모자라다. 더 갖다가 닦는다. 쓰레기를 버리려 하는데 쓰레기통이 쓰레기를 뱉고 있다. 그제야 실내를 둘러본다. 다섯 명이 살다가 이사 나간 집은 엉망진창이다. 혜임달이 일단 쓰레기봉투에 쓰레기를 담는다. 그러다 보니 바닥 얼룩이 신경 쓰인다. 걸레를 찾아 바닥을 닦는다. 닦다 보니 점점 넓어진다.

23. 사무실(낮)

모두들 전화 받느라 난리다.

윤진명 아직 확인된 바 없습니다. 확인되는 대로 회사에서 공식적인 발표를 할 예정입니다. (듣다가) 시간은 확정할 수 없구요, 이제 곧이라고만…

 •**인서트** ≫
혜임달이 걸레를 빨다가 세면대의 때가 눈에 거슬린다. 세면대의 때를 닦으니, 거울이 닦고 싶다. 변기 뚜껑을 조심스럽게 들어 올렸다가 히익! 차라리 외면한다.

 •**점프** ≫
변기를 닦는다. 우욱, 토할 뻔한다. 어쨌거나 조용하다.

24. 주차장(낮)

경호원과 매니저들의 호위를 받으며 제5열이 밴으로 향한다. 기자들과 팬들이 달려든다. 난리법석이다. 기자들과 팬이 밴을 에워싼다.

경비들이 달려온다.

•인서트 》

화장실에서 나온 혜임달 실내를 둘러본다. 깨끗해졌다. 시선이 얼핏
식탁 위의 '전속해지계약서'에 머무는 듯싶더니 서둘러 외면하고 냉
장고를 연다. 으으윽, 냄새… 혜임달이 냉장고 청소를 시작한다. 그렇
다. 그는 회피 중이다.

25. 조은의 방(낮)

조은이 통화 중이다. 통화 상대는 안예지다.

조은   3개월 전에 가석방된 사람이 작년 크리스마스 때 편지를 썼다는 게
이상하잖아. (듣다가) 물론 굴러다니는 종이에 썼을 수도 있구, 자기
아닌 척할 수도 있긴 하지만. 그래서 확인해볼려구. (듣다가) 위험한
거 없어. 그냥 가서 보기만 할 건데 뭐. (듣다가) 됐어, 끊어. 출첵이나
해줘.

일방적으로 핸드폰을 끊고 옷을 갈아입는다. 다시 전화가 온다. 안
예지다. 받지 않는다.

26. 계단, 1층 정원(낮)

조은이 계단을 내려온다.

(서장훈) (조금 짜증내듯) 알았다고.

목소리가 먼저 들리고 서장훈이 등장한다.

서장훈 (눈으로는 조은을 보며 핸드폰에 대고) 지금 만났어. 됐지? 끊는다.
(핸드폰을 끊는다) 어디 가냐?

조은 알아서 뭐 하게? (나간다)

서장훈 (쫓아간다) 밀착경호하러.

조은 (본다) …

서장훈 너한테 무슨 일 생기면 날 가만 안 두시겠단다, 예지 마님이.

27. 골목(낮)

서장훈 (이제까지 얘기 들었다) 그래서 어디 가는데?

조은 예은 선배 전 남친 만나러.

서장훈 (얘 봐라) 만나서 뭐 하게?

조은 그런 문자 보냈는지 확인하게.

서장훈 너 겁 없다. 그놈 또라이라며? 칼까지 휘둘렀다며?

조은 …

서장훈 네가 덩치 좀 있다고 남자랑 맞장 뜰 수 있다고 생각하나 본데…

조은 (무시하고 그냥 가버린다)

서장훈 (갑자기 조은의 손목을 잡는다) 빼봐!

조은 (처음엔 그까짓 거, 한다. 근데 꿈쩍도 안 한다) …

서장훈 (거봐라) 남자랑 여자는 힘의 차원이…

조은 (아악 하고 비명을 지른다) …

서장훈 (얼른 놓는다)

조은 됐지. (걸어간다) …

서장훈   (쫓아가며) 반칙이잖아.

28. 고두영이 다니는 대학교(낮)

서장훈과 조은이 건물 안으로 들어간다.

29. 과 사무실 앞(낮)

남학생1   고두영? 그런 사람 우리 과에 없는데.

     •점프 》

여학생   고두영요? 그 선배 복학했나? 잘 모르겠는데요.

서장훈   (조은을 본다) …

조은   (턱으로 누군가를 가리킨다) …

서장훈   (조은이 가리킨 남학생에게 다가간다) 저기… 신소재 공학과?

남학생   예.

서장훈   혹시 고두영이라고 알아요?

남학생   예, 동긴데…

서장훈   (사람 좋게 웃으며) 고두영 선배랑 연락 돼요? 고등학교 후밴데… 요새 연락이 안 돼서…

남학생   아뇨. 걔 못 본 지 1년 넘었는데…

서장훈   (조은을 본다) …

남학생 가버린다.

서장훈   (조은에게 다가간다) 학교엔 안 나타난 거 같은데…

조은	(잠깐 생각하다가) 고두영하고 제일 친한 친구가 누군지 물어봐. 따로 연락했을지도 모르잖아.
서장훈	그럴까? (하다가) 어째 나만 바쁜 거 같다?
조은	기분 탓이야. 신경 쓰지 마.

서장훈이 지나가는 사람에게 다가간다. '저기요, 말씀 좀 묻겠는데…' 조은이 멀찌감치 서서 지켜본다.

30. 고두영 오피스텔 앞(낮)

임성민의 차가 멈춘다. 차에서 임성민이 내린다.

송지원	(조수석 문 열고) 야, 문 열어줘야지.
임성민	(스윽 쳐다보고 무시한다. 오피스텔로 걸어간다) …
송지원	(할 수 없이 스스로 문 열고 내린다. 임성민 옆으로 가며) 차 문 열어주는 건 보디가드의 기본이잖아.
임성민	보디가드? 내가?
송지원	응.
임성민	너의?
송지원	응.
임성민	(되돌아가려 한다) …
송지원	(잡는다) 알았어, 알았어. 요 앙탈쟁이…

31. 우편함 보관소(낮)

송지원이 CCTV를 피하기 위해 모자를 눌러쓴다.

송지원 (장갑 끼며) 망 봐. 누가 오면… (생각하다가) 방구를 껴.

임성민 그게 가능할까?

송지원 너라면 할 수 있어. 너 자신을 믿어.

임성민 (널 어떻게 말리냐) 니예, 니예.

송지원이 1201호 우편함을 살피는 동안 임성민은 복도 쪽을 감시한다. 조은과 서장훈이 지난다. 얼핏 조은이 고두영이라는 말을 하는 걸 듣는다. '고두영이 감옥 가기 전까지 살았다니까…' 임성민이 그 소리에 반응한다. 혹시? 임성민이 빤히 쳐다보자 서장훈도 임성민을 의식한다. 어쨌거나 서장훈과 조은은 지나간다.

송지원 (임성민에게 다가온다) 고두영, 아직 여기 있어. (고두영 이름이 적힌 우편물을 보여준다).

임성민 그놈이 네 얼굴 안다 그랬지?

송지원 응.

임성민 너 여기 있어. 내가 확인하고 올게.

송지원 어?

임성민 (가다 말고 확인한다) 괜히 나대지 말고 꼼짝 말고 있어! 내가 올 때까지.

송지원 (뭐가 저렇게 심각해. 일단 고개를 끄덕인다) …

32. 1201호 앞(낮)

조은과 서장훈이 일단 문 앞으로 오긴 왔다.

서장훈 (나름 예리하다) 누가 있나 본데. 집 앞이 깨끗하잖아.

조은	관리실에서 청소하는 거지.
서장훈	서울은 그래?
조은	(초인종 보며) 눌러봐.
서장훈	내가? 여자가 누르는 게 낫지 않겠어?
조은	나?
서장훈	그럼 네가 여자지. 모자 벗고 머리 넘기고. (모자 벗기지만, 자기보다 더 짧다. 넘길 머리가 없다. 모자를 거꾸로 씌운다)
조은	(피하며) …왜 이래?
서장훈	그나마 이게 낫네. 미인계라고는 도저히 못 하겠고 여자계 하자, 여자계. 립스틱 없냐?
조은	없어.
서장훈	이쁜 표정. (눈 동그랗게 뜨고 이쁜 표정 짓는다)
조은	(그게 뭔지 모른다) 됐어.
서장훈	이게 내 일이냐?
조은	(그건 그렇다. 나름 눈 똥그랗게 뜨고 이쁜 표정 짓는다) …
서장훈	(픽 웃는다) …
조은	(인상 쓴다) …
서장훈	이뻐, 이뻐…
조은	(어쨌거나 이쁜 표정 하고 누른다) …

두근두근한다. 아무 소리 없다.

조은	없나 봐.
서장훈	이사 갔나… (생각난다) 아, 우편함!
조은	갔다 와.
서장훈	(가다가) 어째 나만 바뻐?
조은	기분 탓이라니까…

33. 엘리베이터 앞(낮)

서장훈이 마침 도착한 엘리베이터에 탄다. 막 문이 닫히려는 찰나, 맞은편 임성민이 탄 엘리베이터가 열린다. 임성민이 서장훈을 봤다. 서장훈도 임성민을 본다. 서로를 의식한다. 서장훈이 탄 엘리베이터 문이 닫힌다. 임성민이 1201호 앞으로 다가간다. 조은이 다가오는 임성민을 보고 긴장해서 뒷걸음질 친다.

임성민   (조은을 스윽 본다) 1201호?
조은   ……
임성민   고두영 찾아왔어요?

조은은 고두영이라는 말에 한 발 물러서고, 임성민은 한발 다가서는데… 야! 소리와 함께 서장훈이 부웅 날아온다. 임성민이 슬쩍 피한다. 서장훈이 날아차기가 허공을 갈랐다. 어쨌거나 임성민과 서장훈이 엉겨 붙는다. 개싸움이 벌어진다.

서장훈   (임성민을 붙잡고 붙잡힌 채로 조은에게) 야, 뭐 하고 있어. 얼른 가!
조은   어…?
서장훈   내 걱정은 말고 얼른… 윽!

그사이, 송지원이 다가온다.

임성민   (엉겨 붙은 채로 송지원을 봤다) 야! 왜 왔어? 꼼짝 말랬잖아! 윽!
송지원   (이잉? 하다가 조은을 본다) 넌 왜 여깄냐?
조은   선배는요?
송지원   너도 고두영 찾아왔나?
조은   예…

그사이에도 임성민과 서장훈은 최선을 다해 상대를 붙잡고 꺾는 중이다.

송지원   (쭈그리고 앉는다) 야!
임성민   (여전히 흥분한 상태로) 빨리 가! 내 걱정은…
송지원   네 걱정 안 하는데… 그만해, 우리 팀이야.

임성민, 서장훈이 동작을 멈춘다. 여전히 상대를 움켜쥔 채다.

송지원   (두 사람 등짝을 툭툭 두드리며 복싱 심판처럼) 떨어져!

34. 임성민 차 안(낮)

임성민, 송지원이 앞자리에, 뒷자리에 조은과 서장훈이 앉았다. 임성민은 코피가 났고, 서장훈은 입술이 터졌다. 백미러를 통해 서로를 의식한다.

송지원   학교에도 안 나타났다?
조은   예… 봤다는 사람이 없어여.
송지원   집은 아직 고두영 명의인데…

35. 벨 에포크 앞(낮)

임성민의 차가 도착한다. 조은과 서장훈, 송지원이 내린다. 조은이 임성민에게 태워다줘서 고맙다고 꾸벅 인사한다. 서장훈이 내리다가 움찔한다.

임성민	(고개 내밀며) 어이쿠, 허리 삤나 보네. 삔 데는 냉찜질 해주는 게 좋아요.
서장훈	(빠직하지만 웃으며) 아까 코피 터트린 거 미안요. (하하하 웃는다) …
임성민	어깨 괜찮아요? 아까 암바가 너무 세게 들어갔어. (하하하)
서장훈	(팔을 쌩쌩 돌리며) 아무렇지도 않은데… 쌩쌩한데. (하하하하)
송지원	(임성민과 서장훈 사이로 스윽 들어오며) 왜 웃어? 같이 웃자.
임성민	(웃음 뚝 그친다) 알 거 없어. (차를 출발시킨다)

36. 골목, 벨 에포크 앞(저녁)

권호창이 정예은을 데려다주는 길이다. 과도하게 주변을 두리번거린다. 어깨가 바짝 솟았다. 모자를 눌러쓴 남자가 다가오자 권호창이 정예은의 손목을 잡는다. 다가올수록 점점 더 꼭 잡는다. 당연하게도 모자 쓴 남자는 그냥 지나가버리고 권호창이 안도한다. 그 후에도 권호창은 정예은 손을 놓지 않는다. 벨 에포크 앞에 도착했다.

권호창	(큰일을 해낸 것처럼 안도한다) …
정예은	고마워.
권호창	응… (하고 그제야 잡은 손목을 놓는다)
정예은	(집 앞에서 남자친구랑 헤어지는 건 참 오랜만이다) 조심해서 가.
권호창	(머뭇댄다) 저기…
정예은	(조금 빠르다. 쉽게) 왜?
권호창	나, 잠깐 너네 집에 들어갔다 가면 안 돼?
정예은	야아, 우리 집 남자 못 들어와.
권호창	아, 그래. 어떡하지? 나 오줌 마려운데… (건물 가리키며) 저기 화장실 열려 있어?

정예은   (그거였어?) 응? 응.

권호창   됐다. 잘 가, 안녕 (인사 받을 새도 없이 허둥지둥 가버린다)

정예은   (자기만 엉뚱한 생각을 했다. 왠지 무안해서 주변을 확인하고 안으
　　　　로 들어간다)

37. 오앤박 앞(밤)

　　　　팬들이 죽치고 있다. 핸드폰을 보던 누군가가 '떴다'라고 소리치자
　　　　일제히 핸드폰을 연다.

38. 사무실(밤)

　　　　노트북 모니터 인터넷 메인 화면에 뜬 대문 기사 '제5열 제후, 소다
　　　　미와 열애 아니다. 친한 선후배 사이'

조팀장   아이고, 끝났다!! 이 자유연애시대에 연애 좀 했다고 이 난리가 났
　　　　으니…

윤진명   (노트북 끄며) 둘이 호텔에서 나오는 사진 있다는 건 거짓말인가
　　　　봐요?

홍자은   (피식 웃는다) 열애설 부정하는 데 왜 하루 종일 걸렸겠어요?

윤진명   …

홍자은   딜을 한 거지, 사진이랑 다른 특종이랑. 아니면 제5열 월드투어에 참
　　　　여시킨다든가.

조팀장   자, 다들 퇴근합시다. 수고했어요.

39. 아스가르드 숙소 앞(밤)

헤임달이 쓰레기를 내놓는다. 엄청 많다.

40. 아스가르드 숙소(밤)

깨끗하다. 하루 종일 대청소를 한 결과다. 헤임달이 실내를 둘러보다가 식탁 앞에 앉는다. 한결 개운해진 마음으로 전속해지계약서를 끌어당기고 펜을 든다.

41. 거실(밤)

유은재가 물을 마시며 낮에 있었던 일을 생각한다.

•인서트 – 캠퍼스 일각 》

윤종열   은재야!

유은재   (돌아본다)

윤종열   너도 조심해.

'은재야, 너도 조심해. 조심해. 조심해…'라는 소리가 감미롭게 에코된다. 유은재가 헤벌쭉 웃는다. 정예은이 방에서 나온다. 권호창을 생각하고 있다.

•인서트 – 골목, 벨 에포크 앞 》

권호창과 함께 걸어온다. 권호창은 쉴 새 없이 주변을 경계한다. 손목을 끌어 자기 뒤에 숨긴다. 그런 게 웃기지만 행복하기도 하다. 정예은이 배시시 웃는다. 조은이 방에서 나온다.

• 인서트 ≫
서장훈이 조은에게 모자를 뒤집어 씌워준다.

서장훈   이뻐, 이뻐…

조은의 무표정한 얼굴, 그러나 볼이 발그레해진다. 정예은은 베란다로 향하고, 유은재는 설거지를 하고, 조은은 소파에 앉는데… 송지원이 화장실에서 나오며 흥얼흥얼 노래를 한다. '행복에 겨운' 노래다. 조은도 정예은도 유은재도 흥얼흥얼 따라한다. 송지원이 문득 세 사람을 본다.

송지원   뭐가 그렇게 좋아?

세 사람, 그제야 자기들이 지나치게 행복을 표현했다는 걸 깨닫는다.

정예은   네가 먼저 노래했잖아?
송지원   나야 3일치 묵은 똥을 쌌으니까…
윤진명   (들어온다) 다들 별일 없었어?
송지원   (식탁에 자리 잡으며) 오늘 고두영 오피스텔에 갔었는데, 방을 아직 안 뺐더라구.

다른 하메들도 식탁 주변으로 온다.

송지원   조장군이 학교에 가봤는데 복학도 안 했나 봐.
윤, 유, 정 (조은을 본다) …

조은	(변명하듯) 그냥… 뭐 심심하기도 하고 해서…
유은재	예은 선배 아까 보니까 남자랑 같이 오던데, 조심해요.
정예은	응?
유은재	새 남친 생긴 거 알고 더 열 받으면 어떡해요?
윤진명	남자친구 생겼어?
송지원	누구? 권호창?
정예은	아직 사귀는 건 아니구…
송지원	아, 살기 싫다. 어떤 년은 언어걸린 남자가 IT 천재구…
정예은	(싫지는 않다) 천재는 무슨…
송지원	복 없는 년은 남탕에서 자빠져도 고자 옆이라고… (갑자기 생각났다) 정 여사, 이러다가 잡스 마누라 되는 거 아니야?
정예은	또, 또, 과속한다.
송지원	(손바닥 비빈다) 정 여사 차 더 줄까? (자기 빵 내주며) 빵 더 먹을래?
유은재	누굴 만나든 좀 알아보고 만나요. 아무나 막 만나지 말고…
정예은	야, 내가 뭘 막 만나냐?
유은재	선배가 저번엔 그랬잖아요. 그 남자 이상하다고.
정예은	내가?
유은재	말하는 것도 이상하고 생긴 것도 이상하다고 그랬으면서…
정예은	생긴 게 이상하다고는 안 했다. (핸드폰이 진동한다) 예, 변호사님.

정예은이 전화 받는 동안 하메들 각자 할 일 한다. 윤진명은 옷을 갈아입으러 들어가는데…

정예은	(통화 중이다) 아뇨. 아직은 별일 없었어요. 예… (놀란다) 네?
하메들	(본다) …
정예은	(뭔가 놀라운 소식을 들었다. 당황했다) 예… 예… 예, 들어가세요. (전화 끊고 하메들을 하나하나 본다) 고두영이 아니래. 고두영, 출소

하자마자 캐나다 갔대. 한 변호사님이 확인했대.

고두영인 줄 알았는데… 하메들은 생각에 빠지고. 조은은 그런 하메들을 보다가 방으로 들어간다.

유은재	고두영 아니면… 또 누구지?
정예은	(살짝 기분이 상한다) …
윤진명	누구 짐작 가는 사람 없어?
정예은	(고개를 흔든다) …
유은재	어떻게 모를 수가 있어요. 잘 생각해봐요.
정예은	(짜증이 난다) 너 아까부터 말 이상하게 한다.
유은재	(놀란다) 내가 뭘요?
정예은	넌 지금 내가 이 남자 저 남자 아무나 만나서 이런 일 당하는 거라고 생각하지?
유은재	(조금 찔린다. 그래서 과잉 반응한다) 아뇨, 왜 그렇게 생각해요?
조은	(분홍색 편지를 들고 다시 나왔는데) …
정예은	(점점 목소리 높아진다) 네가 그런 식으로 말하니까.
유은재	(따라서 높아진다) 내가 언제요?
정예은	고두영 아니면 또 누구냐는 말은 뭐야? 내가 아주 못돼 처먹어서 날 미워하는 사람이 한둘이 아니라는 뜻이잖아.
유은재	왜 사람 말을 그렇게 들어요? 난 그냥 걱정돼서 그런 건데… 그리고 누가 그렇게 날 미워하는데 어떻게 그걸 모를 수가 있어요.
정예은	몰라, 모른다고! 난 못돼서 여기저기 미움받어. 그래서 모르겠어. 됐어? (방으로 들어간다) …
송지원	(쫓아가며) 정 여사, 왜 그래… 은재도 걱정돼서 그런 걸 가지고…
유은재	왜 나한테 그런대요? (생각할수록 억울하다. 말하면서 손바닥의 상처를 비벼댄다) 솔직히 말해서 우리가 누구 땜에 이 고생인데… 맘대로 돌아다니지도 못하고 더운데 창문도 못 열고… 남들 다 불편하

게 해놓고선 자기만 아무렇지도 않게… 남자친구나 만들고. (방으로
들어간다) …

윤진명   (쉽지 않다. 문득 조은을 본다) 왜?

조은   (분홍색 편지를 보다가) 예, 아뇨… 뭐…

42. 벨 에포크 정원(아침)

윤진명이 계단을 내려온다. 출근한다. 잠시 후 유은재와 조은이 함
께 간다. 잠시 후 정예은과 송지원이 함께 간다. 잠시 후 서장훈이 기
지개를 켜며 밖으로 나온다. 오늘도 덥겠다.

43. 복도(낮)

안예지와 조은이 걸어온다.

안예지   싸웠어?

조은   응, 막 소리 지르고. 처음 봤어.

안예지   (신기하다) 에… 맨날 하하호호 한다더니? 재밌었겠다.

조은   (뭔 반응이 그래) …넌 이게 재밌냐?

안예지   내 얘기 아니면 다 재밌지 뭐?

조은   (참 알 수 없는 애다)

안예지   고두영도 아니면 누구래?

조은   처음부터 고두영은 아닐 거 같긴 했는데… (막상 아니라니까 걱정
된다)

안예지   은재 말이 맞네.

조은   뭐가?

안예지	예은이 말이야. 뭘 어떻게 하고 다녔길래 여기저기서 미움받는 거야?
조은	야, 그래도 말을 그렇게 하면 안 되지. 예은 선배 충격받았는데…
안예지	충격? 사진에 낙서 좀 했다고? 나쁜 년이라고 문자 왔다고? 아이고… 사물함에 뱀이라도 들어 있다가는 초상났겠네.
조은	(놀란다) 뱀도 들어 있었어?
안예지	(간단하게) 고무 뱀. 어쨌든 빨리 그 집에서 나와. 괜히 너까지 휘말리면 어떡해?
조은	네가 뭐. 난 아무 상관없는데…
안예지	미친놈 미친 짓인데 상관 있구 없구가 어딨어? 한밤중에 집에 불이라도 질러봐. 너만 안 탈 수 있어? 괜히 미움받는 애 옆에 있다가 덤으로 칼침 맞는다, 너.
조은	(안예지를 본다) …
안예지	(조은의 시선을 눈치챈다) 맞다, 나도 미움받지… (헤헤 웃는다) 언제 나올 거야?
조은	편지 얘기만 하면 금방.
안예지	빨랑 해.

44. 과 사무실(낮)

유은재가 우중충한 얼굴로 앉아 있다. 좀 떨어진 곳에 윤종열이 다른 사람들과 이야기 중이다. 유은재가 한숨을 쉰다. 그러나 윤종열은 흘깃 쳐다볼 뿐. 유은재 속상하다.

김한소영	왜, 무슨 일 있어?
유은재	(윤종열을 의식하며) 응?
김한소영	(한숨 흉내 낸다)

유은재	(윤종열을 의식하며 조금 큰소리로) 사실은 우리 하메 중에 스토킹 당하는 사람이 있는데, 전 남친이 스토컨 줄 알았는데 그게 아니라는… (하면서 윤종열 쪽을 봤는데 사라지고 없다)
김한소영	그래서…
유은재	(말할 동력이 사라졌다) 아니야… 뭐 좋은 얘기라고…

45. 교내 커피숍(낮)

정예은이 권호창과 이야기 중이다. 정예은은 속상해서 눈물이 그렁그렁하고 권호창은 자기 잘못인 것처럼 두 손을 무릎 위에 놓고 눈치만 본다.

정예은	꼭 그거잖아. 맞을 만하니까 맞는다는 거랑 뭐가 달라. 그런 식이면 매 맞는 아내들도 다 이유가 있는 거겠네?
권호창	(무슨 말인지 정확히 모르겠다) 응…
정예은	그렇잖아도 속상해 죽겠는데… 미워하는 사람이 한둘이 아니래는 둥, 아무나 막 사귄다는 둥 진짜 속상해서…
권호창	응…
정예은	나도 알아. 나 때문에 지들이 얼마나 힘든지 안다구. 나도 미안해. 손바닥 상처 볼 때마다 미안해 죽겠는데… 그치만 내가 미안한 건 미안한 거고 지는 그렇게 말하면 안 되는 거잖아.
권호창	응…
정예은	(짜증 난다) 응밖에 몰라? 아까부터 응응… 그냥 응응거리는 로봇을 앉혀놓지 그래?
권호창	응… 아니…
정예은	(화내놓고는 미안해진다. 진심이다) 네가 잘못 본 건지도 몰라.
권호창	어?

정예은	나 착한 사람 아닐지도 모른다고.
권호창	착한 사람 맞는데… 예쁘고 착한 사람.
정예은	근데 나 왜 이렇게 미움받어?
(홍자은)	존재감 때문이겠지.

46. 사무실(낮)

노트북에는 각종 '혐오의 댓글'이 가득하다. 홍자은이 악성 댓글을 캡처한다.

홍자은	(그런 글을 읽는 것만으로 에너지가 다운된다) 인기가 있으니까 악플도 있는 건데… 그래도 이건 좀 너무하다. 엄마 아빠를 죽인 원수도 아니고 뭘 이렇게까지 미워하냐?
윤진명	(몇 개를 읽어본다. 저절로 인상이 찌푸려진다) …고발하는 거예요?
홍자은	해야죠. (캡처한 링크를 첨부한다) 아우, 기분 상해. 애들은 이걸 어떻게 맨날 읽냐? 안 읽으면 그만인데 또 죽어라 읽어요. 그러다 우울증 걸리고 공황에 빠지고… (서류 챙겨들고 일어나는 윤진명 본다) 어디 가요?
윤진명	아스가르드 숙소요.
홍자은	혜임달?
윤진명	예. (나간다)
홍자은	(악성 댓글 캡처하며 혼잣말한다) 하긴 아스가르드 입장에서 보면 이런 것도 부러울 텐데…

47. 오앤박 앞(낮)

헤임달이 뚜벅뚜벅 다가온다. 뭔가 큰 결심을 한 것 같다. 들고 온 커다란 가방을 내려놓는다. 주변에는 여고생 팬들 대여섯 명이 죽치고 있다. 가방을 찌익 연다.

48. 로비(낮)

엘리베이터에서 내린 윤진명이 밖으로 나간다.

50. 오앤박 앞(낮)

여고생 팬들이 호기심 가득한 얼굴로 사진을 찍고 있다. 윤진명이 흘깃 보고 그냥 지나치려는데… 여고생들의 떠드는 소리가 귀에 들어온다. '쟤 누구야?' '아스가르드' '아스가르드? 그런 게 있었어?' 발길을 돌려 여고생들이 모여 있는 곳으로 간다. 헤임달이 피켓을 들고 있다. '7년 계약 이행하라. 5년밖에 안 지났다. 일방적인 계약해지. 회사가 갑질한다' 이른바 1인 시위다. 헤임달과 윤진명의 시선이 부딪친다.

윤진명	(다가간다) 뭐 하는 거예요?
헤임달	보면 몰라요?
윤진명	사인 한다 그랬잖아요?
헤임달	(조금 켕기지만) 내가 언제요? 생각해본다 그랬지…
윤진명	요구 사항이 있으면 먼저 말을 했어야죠. 다짜고짜 이러면 어떡해요?
헤임달	회사는 뭐 우리 자른다고 미리 알려줬나? 누나도 아무 말 안 했잖아요.

윤진명 … (핸드폰이 진동한다. 홍자은이다) 예, 선배님. (돌아선다) 예, 지금 가겠습니다.

50. 사무실(낮)

윤진명이 들어온다.

조팀장 (전화 받고 있다) 예, 파악해서 곧 보고하겠습니다. 예… (전화 끊고 윤진명을 본다. 말을 하려다가 참고. 뭔가 말하려다가 참는다. 간신히 평정심을 되찾는다) …나중에 얘기합시다. (재킷을 입으며 사무실을 빠져나간다)

잔뜩 긴장했던 팀원들, 조팀장이 나가자 안도한다.

홍자은 인터넷에 벌써 퍼진 거 아니야? (검색어를 친다. '오앤박 1인 시위')

다른 직원들도 SNS를 뒤지거나 각자 할 일을 한다. 윤진명도 자기 자리에 앉아 컴퓨터 화면을 켠다.

51. 캠퍼스 일각(낮)

임성민이 걸어간다. 등 뒤에서 나타난 송지원이 살금살금 다가와 까치발을 서서 목을 휘어 감는다.

송지원 빠져나와봐. 빠져나와봐!
임성민 (귀찮다. 그냥 달고 간다) …

송지원   나한테 가르쳐준 호신술, 아무짝에도 소용없는 거지. 어? (손에 힘을 주며) 빠져나와봐!

임성민이 순식간에 벗어나 가볍게 송지원의 손을 꺾는다.

송지원   (진심 비명을 지른다) 아아악.
임성민   요새 매가 부족했지? 도발도 정도껏 해야지. 응? 어떡할 거야? 빠져나와봐?

하는데, 앞쪽에 한 여학생이 두 사람을 물끄러미 보고 있다. 임성민은 오해받을까 봐 얼른 손을 놓는다. 송지원이 팔이 빠진 듯 덜렁거린다.

송지원   (멀쩡한 팔로 투쟁 구호 외친다) 학내 폭력 물러가라, 물러가라!

그러면서 그 여학생의 얼굴을 확인하는데 송경아다. 송경아는 두 사람을 심각하게 바라본다.

송지원   안녕…
임성민   (송지원에게) 아는 사람이야?
송경아   잠깐 나 좀 보자.
송지원   응?
송경아   (먼저 자리를 뜬다) …
송지원   (쫓아가려는데) …
임성민   (걱정된다) 엉뚱한 소리하지 마.
송지원   (잊었던 게 생각난다. 아픈 팔을 한 손으로 받들고 다리를 절뚝이며 간다) …
임성민   (웃기지도 않는다) 야! …다리는 왜 저냐?

52. 캠퍼스 일각(낮)

송경아가 송지원을 기다린다. 송지원은 송경아가 '송구라'라고 아웃팅시킨 일이 있어서 조금 껄끄럽다.

송지원　왜?

송경아　예은이 일 좀 상의하려고… 고두영이 한국에 없다는 게 사실이야?

송지원　어, 변호사가 확인했대.

송경아　고두영 말고 의심 가는 사람이 있어?

송지원　아니… 지금으로선…

송경아　(생각에 빠진다) …예은이 어떻게 할 생각이래? 경찰에 신고한대?

송지원　경찰에 신고하는 건 좀 그런가 봐. 엄마 아빠랑 상의도 해야 하고…

송경아　…

송지원　근데… 예은이한테 물어보면 될 걸 왜 나한테 물어봐?

송경아　좀 사정이 있어서… (한숨 쉰다) 일단 알았어, 고마워. (인사하고 돌아서는데 생각이 많은 얼굴이다)

송지원　(지켜보다가 갸웃한다) …

53. 사무실(저녁)

사무실 복도. 다른 부서의 직원들이 퇴근하는 소리가 들린다. '수고하셨습니다' '먼저 퇴근하겠습니다' 경영지원팀은 조용하다. 조팀장의 자리가 아직 비어 있다. 기다리던 조팀장이 들어온다. 직원들이 긴장한다.

조팀장　(짧은 한숨을 쉬고 조용하다) 윤진명 씨, 자기가 할 수 있는 일과 할 수 없는 일을 구별하는 것도 능력입니다.

윤진명	…
조팀장	아스가르드 건은 내가 마무리 지을 테니까 그렇게 알아요.
윤진명	(좌절을 들키지 않기 위해 노력한다) 예…

54. 오앤박 앞(저녁)

헤임달이 1인 시위 중이다. 지나가던 사람이 사진을 찍을라치면, 그 와중에도 얼짱 각도로 슬쩍 포즈를 잡는다. 직원들이 헤임달을 흘 깃 보고, 수군대며 지나간다. 윤진명이 나온다. 헤임달 앞을 지나쳐 갈 길을 간다.

55. 거실(밤)

유은재는 식탁 의자에 앉아 있고, 정예은이 냄비에 물 올려놓고 화 장실로 들어간다. 두 사람은 서로를 없는 사람 취급한다. 소파에 앉 은 조은이 두 사람 눈치를 본다. 물이 끓는다.

유은재	조은!
조은	응?
유은재	물 끓는다.
조은	(지가 말하면 되지. 어쨌거나 소리를 높인다) 예은 선배, 물 끓어요.
정예은	(씻으며) 불 좀 꺼줘.
조은	(유은재를 본다) …
유은재	(못 들은 척한다) …
조은	(할 수 없이 일어나 불을 끈다) …
유은재	(혼잣말이지만 들으라는 듯) 세수하러 갈 거면서 뭐 하러 물을 올려

놨대. 전기 아깝게.

정예은   (들었다. 혼잣말인 듯 그러나 들으라는 듯) 그렇게 전기 아까운 사람이 지난번에 화장실 불은 왜 켜놓고 나갔대.

유은재   (어이없다) 나는 비누칠하면서 물 틀어놓는 사람이 제일 이상해. 그게 뭐 하는 짓이래. 물 부족 국가에서. (조은에게) 안 그래?

조은   (곤란하다) …

정예은   아, 그렇구나. 물이 아까워서 잘 안 씻는구나. 해수부에서 상 줘야겠네. (조은에게) 그치?

유은재   (어이없다) 해수부래? 여기서 해수부가 왜 나와? 환경부겠지.

정예은   아우, 되게 똑똑하셔.

유은재   무식한 것보단 낫지.

두 사람은 빠직 하는데, 조은은 안절부절못하고. 송지원이 들어온다.

조은   (살았다. 격하게 반긴다) 송 선배! 왜 이렇게 늦게 와요?

송지원   9시도 안 됐는데.

조은   일찍일찍 다녀요. (유은재와 정예은 눈치 보며) 당분간만이라도…

유은재, 정예은   (각자 자기 방으로 문을 쾅 닫고 들어간다)

송지원   (그제야 조은의 상황을 눈치채고) 아, 쟤네들! 저러다 말어.

조은   (그런가 싶은데) …

윤진명이 들어온다. 송지원과 조은이 인사하려는데, 윤진명은 오늘 힘든 하루를 보냈다. 거실에 있는 하메들에게 시선도 주지 않은 채 방으로 들어간다.

56. 조은의 방(밤)

조은이 들어온다. 『지연된 정의』에 꽂아놓은 분홍색 편지를 꺼낸다. 오늘은 기필코 편지에 대해 고백할 생각이다.

57. 거실(밤)

송지원, 유은재가 거실에 나와 움직이고 있고. 윤진명이 막 씻고 나온다. 조은이 방에서 나온다.

조은   (정예은 방을 노크한다) 예은 선배, 잠깐만… (다른 하메들에게) 나할 말 있어요.

윤,유,송   (본다) …

정예은   (나온다) 왜? (유은재를 흘깃 본다)

유은재   (무시한다) …

조은   사실은 며칠 전부터 애길 하려고 했는데… 그때마다 일이 생겨 갖고… (부담스럽다. 심호흡한다) 이 집에 왜 오게 됐냐고 전에 물어봤잖아여. 그때 사실은 (분홍색 편지를 식탁 위에 놓는다) 이걸…

그때 초인종이 울린다. '에잇' 조은이 인상 쓴다. '또냐?' 모두들 모니터를 본다. 정예은이 '아' 하고 놀란다.

58. 현관(밤)

문이 열린다. 50대 후반의 아줌마가 서 있다.

정예은   (뜻밖이다) 엄마?!

하메들   (엄마라는 말에 일단 인사한다) …

정예은	(엄마 앞에서 굉장히 수동적이고 저자세다) 왜요? 갑자기… 무슨 일이에요?
정예은엄마	(정예은이 저자세인 만큼 고자세다) 짐 싸! 집으로 들어갈 거야.
정예은	엄마?
정예은엄마	한 변호사한테 들었다. 너 또 이상한 놈한테 연락 온다며? 행실을 어떻게 하고 다녔길래 또 이런 일이 생겨? 한 번만 더 이런 일 생기면 그땐 당장 집으로 들어온다고 그랬지? 너 방 어디야? 여기야? (방으로 들어간다) …

하메들은 멀뚱히 서서 지켜볼 뿐이다. 정예은은 하메들 보기에 부끄럽기도 하지만, 엄마가 더 무섭다. 방으로 따라 들어간다.

59. 정예은, 송지원의 방(밤)

정예은의 엄마가 정예은의 옷을 싸고 있다. 정예은 엄마는 나쁜 사람은 아니다. 자신이 하는 일이 백 퍼센트 옳다고 믿는 사람이다.

정예은엄마	뭐 해? 짐 안 싸고.
정예은	(하메들을 보지 못하도록 일단 문을 닫는다. 엄마 앞에서 주눅 든다) 엄마아!
정예은엄마	(딸이 못마땅하다) 뭐어? 하라는 공부는 안 하고 진짜… 연애질만 하고 다니니까 이런 일이 생기지. 다른 집 딸들은 안 그러는데 너만 왜 그래? 이모 딸들 봐봐. 생선 그런 일이 생기나?
정예은	…
정예은엄마	(짐 싸며) 아빠 몰래 그 일 처리하느라고 얼마나 힘들었는 줄 알아? 아빠가 알아봐? 너하고 나하고 죽는 거야. 아무 말 말고 짐 싸서 집으로 들어와.

60. 거실(밤)

하메들은 정예은, 송지원의 방에서 떨어져서 식탁 쪽에 앉거나 서성인다. 그럼에도 정예은 방에서의 대화가 고스란히 들린다.

(정예은)　　엄마, 이러지 마요. 학교는 어쩌구…

(정예은 엄마)　그러게 왜 일을 이렇게 만들어?

(정예은)　　(아직은 소리를 자제한다) 내가 뭘 어쨌다구?

(정예은 엄마)　너 또 남자 생겼다며? 넌 도대체가 누굴 닮아서 그렇게 남자를 밝히니?

식탁에 앉아 있던 하메들이 각자 시선을 돌린다. 고개를 숙이고 있던 유은재 표정이 굳어진다.

(정예은 엄마)　결혼도 안 한 게 남자 집에나 드나들고… 네가 행실을 그 따위로 하니까 이런 일이 생기지? 그러고 또 얼마나 지났다고 또 남자를 만나? 창피해서 진짜… 이게 소문이라도 나봐. 엄마 아빠 어떻게 얼굴 들고 다니나.

문이 열린다.

정예은 엄마　다 챙겨 갖고 나와. 엄마 차에 가 있을 테니까. 빠트린 거 없이 챙겨. 두 번 안 오게.

하메들이 어쨌거나 인사한다. 정예은 엄마는 스윽 쳐다보는 걸로 인사를 대신한다. 정예은이 가방을 챙겨 나온다. 한 손에는 인형을 들었다. 정예은, 하메들을 보고 웃으려고 하는데 잘 안 된다.

송지원	정 여사…
정예은	(창피하기도 하고 속상하기도 하다. 인형의 눈을 만진다) 미안. 시끄럽게 해서… 우리 엄마 화나서 그래. 원래는 안 그런 분인데…
송지원	갈 거야?
정예은	일단은 가야 할 거 같애. 나중에 다시 오더라도.

정예은이 든 짐이 많다. 윤진명이 들어준다. 하메들이 배웅 간다. 유은재는 꼼짝도 안 한다. 정예은이 유은재를 슬쩍 보고는 그냥 나간다.

61. 벨 에포크 앞(밤)

정예은과 하메들이 트렁크에 짐을 싣는다. 정예은 엄마는 운전석에 앉아 정면만 바라본다.

정예은	(하메들을 본다) 전화할게.
송지원	응.
윤진명	(할 말은 없고 정예은 손을 잡아준다) …

빵! 정예은 엄마가 경적을 울린다. 정예은이 서둘러 조수석에 타려는데… 유은재가 손을 잡는다.

정예은	(돌아본다) …
유은재	(긴장해서 울 것 같은 얼굴이다) …
정예은	잘 있어.
유은재	(숨만 몰아쉴 뿐이다) …
정예은	그동안 나 때문에 불편했지.

유은재	(긴장을 쫓기 위해 큰 소리를 낸다) 예! 불편했어요!
정예은	미안했다. 잘 있어.
유은재	(즉각적으로) 싫어요!
정예은	…
유은재	(큰 소리로 말한다) 가지 마요!
정예은	은재야.
유은재	왜 아무 말도 못 해요? 예은 선배, 할 말은 하는 사람이잖아요. 또박또박 말 잘하잖아요. 다른 사람한테는 얄미운 말 탁탁 잘하면서 왜 지금은 아무 말도 안 해요. 선배 엄마가 잘못한 거잖아요. 엄마가 그렇게 말하면 안 되는 거잖아요. 선배가 뭘 잘못했다고 엄마한테 그런 말을 들어요. 선배는 피해잔데 왜 선배 탓을 해요? 사과하라고 해요. 엄마한테 사과하라고 해요. 바보같이 왜 듣기만 해요?
정예은 엄마	(차에서 내린다) 뭐래는 거야?
유은재	(정예은 엄마는 무서워서 차마 못 쳐다본다) 예은 선배가 뭘 잘못했어요? 잘못한 거 없잖아요. 근데 왜 그런 말을 해요. 속상하게…
정예은 엄마	학생, 할 말 있으면 나한테 해요.
유은재	…
정예은 엄마	빨리 타!

유은재는 여전히 정예은의 손을 잡고 있다.

정예은	(유은재의 손을 잡는다. 그만 놓으라고) 은재야…
윤진명	(정예은의 한쪽 손을 잡는다) 내 생각에도 안 가는 게 좋겠다.
정예은	(엄마 눈치를 본다) …윤 선배.
정예은 엄마	뭐 하는 거야, 다들… 학생들이 뭔데? 학생들이 책임질 거야?
윤진명	(당당하다) 아뇨, 내가 왜 책임져요? 우리가 어떻게 책임져요. 남의 인생을… 아무도 책임 못 져요. 그건 어머니도 마찬가지구요. 예은이 인생은 예은이가 책임져요. 그럴 수밖에 없잖아요. (정예은을 본

다) 그러니까 네가 결정해.

정예은이 하메들을 본다. 유은재는 정예은을 잡은 손에 힘을 준다.
송지원은 정예은과 눈이 마주치자 고개를 끄덕인다.

정예은엄마　뭐 해? 빨리 타!
정예은　　　(엄마를 본다) …

•점프 》
정예은 엄마의 차가 출발한다. 벨 에포크 앞. 정예은의 짐과 인형이
내려져 있다. 하메들이 서 있다.

정예은　　　(멀어지는 차를 보며. 말과는 달리 홀가분한 얼굴이다) 큰일났다, 우리
　　　　　　엄마 되게 무서운데…
송지원　　　무서워봤자 자식 이기는 부모 없대잖아.
정예은　　　우리 엄마는 이길걸.
송지원　　　지금이라도 갈래?

다들, 짐을 들고 돌아서려는데 유은재가 주저앉는다.

유은재　　　다리에 힘이 없어요.
송지원　　　대차게 시작해놓고 겁먹기는…
조은　　　　아까는 무서워서 몰랐는데 은재 선배 되게 웃겨… 엄마한테 말하는
　　　　　　건데 예은 선배 보면서 말해… '사과하라고 해요'

조은과 정예은이 유은재 손을 잡아 일으킨다. 하메들이 안으로 들
어간다.

62. 거실(밤)

하메들이 들어온다.

윤진명 (핸드폰으로 시계를 확인한다) 아, 11시 넘었다.

다들 서둘러 동선대로 움직인다. 조은이 식탁 위에 놓인 분홍색 편지를 바라본다. 또 고백 못 했다. 될 대로 되라. 편지를 식탁 위에 그냥 두고 방으로 들어가버린다.

63. 정예은, 송지원의 방(밤)

송지원이 충전 중인 핸드폰을 챙겨들고 침대로 향한다. 책상 앞에 '문효진과 찍은 사진'이 붙어 있다. 그냥 그렇다는 얘기다. 송지원이 2층 침대에 눕고, 정예은은 이제 막 짐 정리를 마치는 중이다. 인형을 원래 자리에 두고 불을 끈다. 둘 다 잠든 듯 조용하다.

정예은 자?

송지원 …

정예은 자냐구?

송지원 (자다가 깨어났다) 응, 왜?

정예은 자는지 궁금해서.

송지원 (이런) 에이… 겨우 잠들었는데…

정예은 (잠시 후에) 나 진짜 얄미운 이미지야?

송지원 (또다시 잠으로부터 소환되어 나왔다. 잠결이라 한 번에 못 알아들었다) 뭐?

정예은 은재가 그랬잖아. 얄미운 말 탁탁 잘한다고.

송지원	그전에 할 말은 하는 사람, 똑똑한 사람이라고도 했을걸.
정예은	그랬나… (좀 있다가) 네가 보기에도 내가 얄미워?
송지원	이 상황에 넌 그게 궁금하냐?
정예은	응…
송지원	너 얄미워.

64. 벨 에포크 전경(아침)

아침이다.

65. 거실(아침)

토요일 아침이다. 하메들이 청소를 한다. 주방을 청소하던 정예은이 분홍색 편지를 들고 행주질을 한다. 조은이 그 모습을 본다. 그때 초인종 소리.

윤진명	(인터폰에 대고) 누구세요?
(조영학)	저기, 여기 조은이라고…
조은	(큰 키를 이용해 높은 곳의 먼지를 털고 있었다. 인터폰에 비친 조영학을 본다) …

66. 벨 에포크 앞(낮)

조영학과 일곱 살쯤 여자애가 적당한 곳에 앉아 있다. 여자아이는 머리를 위로 당겨 묶었고, 아이스크림을 먹고 있다. 조은이 나온다.

조영학이 겸연쩍게 웃으며 일어난다. 여자아이는 조은을 빤히 본다. 사랑을 듬뿍 받고 자란 아이들이 그런 것처럼 시선을 굴리지도 피하지도 않는다.

조은	왜 왔어요?
조영학	계속 전화해도 안 받길래…
조은	(뭐라고 하려다가 아이를 보고 그만둔다) …
조영학	현아!

현이라고 불린 아이가 아빠 옆으로 온다.

조영학	현이야, 현. 외자. (아이에게) 언니한테 인사해.
현	안녕! 근데 언닌데 왜 머리가 짧아요?
조은	(아이의 질문을 무시한다) 그래서요?
현	(무시당하자 입 내밀고 아빠를 본다) …
조영학	내년에 학교 들어가.
조은	그래서요?
조영학	(쩔쩔맨다) …엄마 좀 설득해줬으면 하는데…
조은	(아버지를 빤히 본다) 내가 왜요?
조영학	…
현	(분위기를 느낀다. 아버지 팔을 잡아 흔들며) 아빠! 아빠아…
조영학	응, 잠깐만…
조은	좋아요. 그렇게 할게요. 그 대신 하나만 대답해줘요. 나중에 더 좋은 사람 생기면 그때도 다 버리고 떠날 거예요? 애도 버리고 애 엄마도 버리고?
조영학	…
현	아빠, 싸우지 마. 응? 응?
조은	말해봐요. 더 좋아하는 사람 생기면 또 버리고 떠날 거냐구요.

조영학   ·········미안하다.

조영학이 현의 손을 잡고 돌아선다. 차가 오나, 안 오나 살피면서 길을 건넌다. 아이의 올려 묶은 머리가 걸음걸음마다 좌우로 흔들린다. 그걸 보는 조은이 고개를 숙인다.

67. 골목, 벨 에포크 앞(낮)

서장훈이 자전거를 타고 온다. 시장에 다녀오는 길인가 보다. 집 앞에 조은이 고개를 숙인 채 서 있다. 찌릉찌릉 벨을 울려도 조은은 꼼짝도 하지 않는다. 서장훈이 자전거를 멈추고 내린다.

서장훈   (자전거 바퀴로 툭 치며) 진로 방해야!
조은   난 왜 이렇게 생겨먹었을까.
(조은)   내가 너무 싫어질 때가 있다.
서장훈   …
조은   나도 내가 싫은데…
(조은)   그러니 누군가에게 나 좀 좋아해달라고 말할 수 없다.
서장훈   …
조은   못됐으면 끝까지 못됐든가, 어중간하게 못돼 갖고…
(조은)   어중간한 미움, 어중간한 후회, 어중간한 희망.
서장훈   왜 그러냐, 갑자기?
조은   좀 단순하고 솔직했더라면 좋았을 텐데…
(조은)   (서장훈을 본다) 어쩌면 이런 나라도 좋아해줄 사람이…
서장훈   …
(조은)   (포기한다) 소용없어. (돌아선다) 비웃을 거야.

68. 계단(낮)

(조은) (계단을 올라간다) 놀림 받는 것보다 외로운 게 나아. 아무도 좋아
하지 않으면 상처받을 일도 없어. 원하는 게 없으면 슬프지도 않을
거야.

69. 거실(낮)

하메들이 청소를 하고 있다. 거의 막바지다. 조은이 들어온다.

(조은) 어설픈 희망 갖지 마. 아무것도 원하지 마. 겹겹이 문을 닫아.

유은재 (재활용 쓰레기통을 들고 나온다) …

정예은 (분홍색 편지를 들고 있다 조은에게) 이거 네 거지? 버려도 돼?

(조은) 모르는 척하면 원래대로 돌아갈 수 있어. 관심 두지 않으면 관심 받
을 일도 없어.

정예은 버린다. (종이 재활용 쓰레기 상자에 버린다)

(조은) 모르는 척해.

유은재 (쓰레기를 버리러 나가려는데)

조은 (편지를 집어 든다) 편지 때문이에요.

하메들 …

조은 내가 이 집에 온 이유, 이 편지 때문이에요.

70. 에필로그(하메들의 속옷)

— 속옷 매장

유은재가 들어온다. 서울의 속옷 가게는 참 현란하구나. 현란하다.

현란하다. 마침내 마음에 드는 속옷을 찾았는데…

점원	선물하시게요?
유은재	아뇨, 제가…
점원	거긴 아동용인데…

— 속옷 매장
조은이 들어온다. 섹시한 속옷을 고른다.

점원	선물하시게요?
조은	아녀, 내가 입을 건데여.

가게에 있던 손님들, 홱 돌아본다.

— 속옷 매장
송지원이 들어온다. 보기에도 컵이 큰 브라를 집어 든다.

점원	선물하시게요?
송지원	아뇨, 내가 입을 건데요.
점원	사이즈가…?
송지원	75D.
점원	(스윽 보고는 애매하게 웃는다)
송지원	진짜예요.
점원	(줄자를 빼든다)
송지원	(있는 힘껏 숨을 들이마신다) ……
점원	(송지원이 한계에 다다라 숨을 내쉴 때 얼른 잰다) …

— 속옷 매장

정예은과 권호창이 들어온다. 권호창은 눈 둘 곳이 없다. 전후상하 현란하기가…

정예은 이거 이쁘지?

권호창 응…

정예은 눈 뜨고 얘기해.

 — 속옷 매장

윤진명이 들어온다. 매장 안을 휘 둘러본다.

점원   도와드릴까요?

윤진명 세일 코너가 어디죠?

8회

나는 상처가 되었다

1. 프롤로그1

조은이 분홍색 편지를 발견하게 된 경위다.

— 아버지와 이복동생을 만나고.
— 우연히 헌책방에 들어가고.
— 책이 발밑에 떨어지고.
— 책 속에서 분홍색 편지가 발견되고.
— 편지 뒷면에 주소가 적혀 있고.
— 뒷면 주소를 찾아 벨 에포크에 오게 되었다.

2. 프롤로그2

거실이다. 토요일 오전의 청소를 막 끝낸 그 시점. 조은이 분홍색 편지를 식탁 위에 놓는다. 그리고 적당한 곳으로 물러나 벽에 기대선다. 모두들 쉽게 움직이지 못한다,

정예은 (분노보다는 슬픔이 몰려든다) 나… 무슨 짓을 저지른 걸까? 무슨

짓을 저질렀길래 이렇게…… (방으로 들어간다) …

유은재는 머뭇대다가 재활용 쓰레기를 버리러 나가고, 송지원은 쓰레기봉투를 들고 나간다. 세탁기 종료음이 들린다. 윤진명은 베란다로 나간다. 거실에는 조은만 남았다. 조은이 잠깐 그렇게 서 있다가 방으로 들어간다. 식탁에 분홍색 편지가 놓여 있다.

타이틀 제8회 ― 나는 상처가 되었다 (부제: 실낙원)

3. 타이틀 이미지 몽타주

비눗방울. 한꺼번에 날아가는 비둘기. 햇빛이 만드는 무지개. 민들레 홀씨를 부는 아이들. '행복' 하면 떠오르는 이미지들.

4. 벨 에포크(아침)

아침이다. 윤진명이 계단을 내려온다.

5. 버스 정거장, 오앤박 앞(아침)

버스가 도착하고 윤진명이 내린다. 유동인구가 많은 곳, 아줌마가 전단지를 나눠준다. 많은 사람들이 무시하고 지나간다. 누군가는 받자마자 버린다. 아줌마가 바닥에 버려진 전단지를 주우며 그 사람을 바라본다. 윤진명이 그 옆을 지나간다. 회사 앞에 아무도 없다. 윤진명이 자기도 모르게 안도하는 순간, 혜임달이 나타난다. 주섬주섬 가방에서 '피켓'을 꺼내든다. 경비가 와서 뭐라고 한다. 건물 출입구와 너무 가깝다는 말을 하는 것 같다. 줄자로 잰다. 결국 가방과 피켓을 들고 조금 더 떨어진다. 윤진명은 그사이 회사 안으로 들어간다.

6. 사무실(낮)

윤진명이 조팀장에게 자료를 건넨다.

윤진명	아스가르드 네 명 전속해지계약서구요. 이건 혜임달에 관한 자룝니다.
조팀장	(말없이 받아든다)
윤진명	(꾸벅 인사하고 자리로 돌아간다)

7. 강의실(낮)

안예지가 흘깃 조은을 본다. 조은은 강의에 집중하지 못한다. 물끄러미 한 지점을 바라볼 뿐이다. 교수가 농담을 해서 모두가 웃는데도 조은은 딴생각하느라 웃지 않는다.

•점프 》
강의가 끝났다. 안예지가 조은에게 다가온다.

안예지	(일부러 밝게) 점심 뭐 먹어? 밖에 나가서 먹을까?
조은	맘대로.

안예지	떡볶이 먹을까? 너 매운 거 좋아하잖아.
조은	(열의 없다) 응.
안예지	밥 먹고 영화 보러 가자.
조은	(가방을 챙겨 나가는데) …
안예지	(결국) 야! 세상 끝났어?

조은보다 다른 애들이 놀라 돌아본다.

안예지	뭐가 그렇게 속상한데? 그 집에서 이사 나오는 거? 남친이랑 한 집에 서 살다가 헤어지는 거? 뭔데?

학생들, '쟤 남친 있었어?' '헐, 동거!' 놀란다.

조은	(안예지를 보다가 돌아선다) …
안예지	(툴툴대면서도 쫓아간다. 다시 사정조다) 야아, 네가 너무 속상해하 니까 내가 속상하잖아. 응? 하메들이 뭐라 그랬는데? 막 지랄했어?

8. 거실(낮)

정예은이 문을 연다. 송경아와 한유경이 들어온다. 정예은은 방금 전까지 누워 있었나 보다.

정예은	뭐 하러 왔어?
송경아	어디가 아픈 거야?
정예은	그냥 몸살이야…
한유경	(들어오며) 많이 아퍼?
정예은	그냥 좀… (하다가 눈물이 울컥한다) 나 그냥 다 그만두고 싶어.

한유경	그러지 마. 왜 그래? (정예은을 다독인다) 무슨 일 있었어?
송경아	(한유경을 한 번 보고) 또 문자 왔어?
정예은	문자가 아니라…

• **점프** 》

송경아, 한유경, 정예은이 식탁에 앉아 있다. 송경아가 분홍색 편지를 읽고 한유경에게 건넨다.

송경아	너네 새 하메가 이걸 갖고 있었다고?
정예은	응.
송경아	혹시 걔가 쓴 거 아니야?
정예은	아니야, 걔랑 나랑 접점이 하나도 없는 걸. 말이 안 돼.
송경아	우연히 발견한 편지 때문에 이사까지 왔다는 건 말이 되냐? 걔 또라이야?
정예은	어쨌든 걘 아니야.
한유경	(편지를 두 번 세 번 읽었다. 혼잣말한다) 누구지?
송경아	(한유경을 돌아본다) …???
한유경	(송경아가 자신을 보는 것도 모른 채 편지 뒷장을 본다) 이상하다. 이거 너한테 쓴 거 맞아?
정예은	…
한유경	주소가 여기라는 것만 있지 너한테 썼다는 증건 없잖아. 다른 하메한테 쓴 건지도 몰라.
정예은	(자기 비하에 빠졌다) 나 아니면 누구? 오줌 싼 사람이 똥도 싼다잖아. 문자도 받고 편지도 받고… 나 맞아.
송경아	(한유경을 슬쩍 보며) 그래서 어떡할 거야?
정예은	(확신은 없다) …할 수 없잖아. 경찰에 신고해야겠지.
송경아	엄마한테는 뭐라고 하고?
정예은	(모르겠다. 머리를 감싼다) …

한유경	(자기 생각에 빠져 있다가 편지를 보며 골똘히) 누굴까?
송경아	(한유경을 본다) …
한유경	(송경아의 시선을 눈치챈다) 왜?
송경아	(시선을 정예은에게로 돌리며) 경찰에 신고하는 건… 좀 더 생각해 보고 해. 이 정도로는 경찰도 별거 안 해줄 거야.
정예은	그렇겠지…

9. 벨 에포크 앞, 골목(낮)

한유경과 송경아가 나온다.

한유경	예은이 얼굴이 더 작아졌어. 아무것도 못 먹은 거 같지?
송경아	(건성이다) 응…
한유경	뭐라도 사 갖고 올걸. 빈손으로 왔네.
송경아	…
한유경	죽이라도 사서 다시 갈까?
송경아	(한유경을 보다가 외면한다) …지금은 뭐 먹고 싶은 기분 아닐 거야.
한유경	그럴래나… 한동안 학교는 못 오겠다.

송경아와 한유경을 지나쳐 조은이 걸어온다.

10. 거실(낮)

조은이 들어온다. 식탁에 물끄러미 앉아 있던 정예은이 문소리에 고개를 든다. 인사를 주고받을 기분이 아니다. 방으로 들어간다. 조은도 딱히 뭔가를 할 수 있는 상황이 아니다. 방으로 들어간다.

11. 조은의 방(낮)

조은이 짐을 싼다. 그사이 짐이 늘었다. 가방에 들어가지 않는 물건이 많다. 어쩔까 하다가 밖으로 나간다.

12. 1층 정원(낮)

그늘 적당한 곳에서 서장훈이 의자를 만들고 있다. 의자 모양이 보이는 정도다. 문소리가 난다. 슬쩍 보면 조은의 뒷모습이 보인다. 다시 못질을 하는데 조은이 들어온다. 조은은 종이상자를 들고 있다.

서장훈 (별 생각 없이) 상자는 왜? 짐 싸냐?

조은 어.

서장훈 (손가락을 찍었다. 으읍! 일단 아파하고) 진짜?

조은 (쭈뼛대다가) 군대 언제 가?

서장훈 10월 23일…

조은 어… (뭔가 말하고 싶은데) 잘 갔다 와. (계단을 올라간다) …

서장훈 너 진짜 이사 가?

조은 (조금은 쓸쓸하게 웃는다) …

서장훈 (어리둥절하다) …

13. 거실(낮)

조은이 종이상자를 들고 방으로 들어가려는데 전화가 온다. '송지원'이다. 전화를 받는다.

조은   예…

14. 연대 랜드마크(낮)

유은재가 기다리고 있다. 조은이 뛰어온다.

유은재   일찍 왔네.
조은   어, 지원 선배는…
유은재   아직… (하다가 땀을 흘리는 조은을 본다. 가방에서 휴지를 꺼내준
          다) 땀!
조은   (땀을 닦는다) …
유은재   땀 많이 난다. 뛰어왔어? (조은 목덜미에 달라붙어 있는 젖은 휴지
          를 떼어낸다) …

          • 점프 ≫
          멀리 김한소영과 친구 몇 명이 지나가다가 유은재가 조은의 목덜미
          에서 뭔가를 떼어주는 모습을 본다.

조은   (슬쩍 물어본다) 지원 선배… 왜 불렀대?
유은재   몰라. 5시에 여기서 보자는 얘기만 들었는데. 온다.
송지원   (온다) 갖고 왔어.
조은   (가방에서 책 『지연된 정의』를 꺼내려는데)
송지원   (다짜고짜) 가자.
유은재   어딜요?
송지원   (당연하잖아) 헌책방. (조은을 향해) 그 편지 발견한 데, 홍대 역에
          서 가깝다 그랬지?
조은   (책을 가방에 다시 넣고 쫓아간다) 예…

송지원	여기서 걸어갈 수 있어?
조은	(쫓아가며) 갈 수는 있는데 좀 멀어요.
유은재	(쫓아간다) …

15. 헌책방 입구(낮)

송지원, 유은재, 조은이 온다.

송지원	여기야?
조은	예.
유은재	나도 여기 몇 번 왔었는데. 책 팔러.
송지원	그래? 우리 집에서 여기까지 몇 분 정도 걸려?
유은재	걸어오면 15분?
송지원	되게 가깝네… (잠깐 생각하다가 계단을 내려간다).

조은과 유은재가 따라 내려간다.

16. 헌책방(낮)

조은과 송지원, 유은재가 서가 사이에 선다.

조은	여기 이쯤 꽂혀 있었어요.
송지원	근데 왜 이 책을 골랐어?
조은	(생각해본다)

•인서트 ≫

그날의 광경이다. 뒤쪽에서 책을 너무 깊숙이 밀어 넣었나 보다. 조은 발 앞에 책이 떨어진다.

조은   그냥 내 앞에 떨어졌어요. 우연히.

송지원   (조은에게서 『지연된 정의』를 건네받는다) …

• **점프** ≫

송지원, 유은재, 조은이 헌책방 주인과 이야기한다. 헌책방 주인은 통통하고 귀엽게 생긴 40대 중반의 아줌마다. 아직도 로맨틱한 상황을 꿈꿀 것 같은, '한때는 문학소녀'의 냄새를 폴폴 풍긴다.

송지원   지난 8월에… (조은에게) 8월 며칠이라고?

조은   18일요.

송지원   8월 18일에 얘가 이 책을 샀거든요.

주인   …

송지원   이 책을 판 사람에 대한 기록이 있나요?

주인   (경계한다) 왜 그러시죠?

송지원   (그 질문에 대한 대답을 미리 준비했다) 책 속에 어떤 편지가 꽂혀 있었는데요. 읽어보니까 되게 소중한 편지더라구요. 돌려줘야 할 것 같아서요.

주인   …

송지원   (주인의 침묵을 지레짐작한다) 물론 개인정보는 중요하죠. 보호해야 하는 건 아는데…

주인   …

송지원   (주인 몰래 입모양으로 욕한다. 망할 개인정보… 하는데)

주인   잠깐만요. (컴퓨터에 책 제목을 친다. 결과를 본 다음에) 이 책은 올 6월 달에 구입했는데요. 6월 9일! 영수증 찾아보면 책 판 사람 연락처가 있을 거예요.

송지원	고맙습니다.
손님	계산해주세요.
주인	잠깐만요, 먼저 온 손님부터…
송지원	(눈치가 보인다) 죄송합니다…
주인	(그런 말 말라는 듯, 영수증 철을 뒤지며) 러브레터?
송지원	예?
주인	(꿈꾸는 눈으로) 책 속에 있었다는 편지 말이에요. 러브레터죠? 오래전 첫사랑에게 받은 러브레터, 맞죠? 흐음… 왠지 분홍색 편지지에 만년필로 썼을 것 같아요.
송지원	(아주머니 참…) 분홍색 편지지긴 하죠. (조은과 유은재에게) 그치?
유은재	맞아요, 분홍색…
주인	거봐! 그럴 줄 알았어. 흐음, 너무 낭만적이다. (영수증을 찾았다) 여기 있다, 김영수! (살짝 실망한다) 이름은 되게 평범하네.
송지원	(영수증에 적힌 전화번호로 전화를 건다)
손님	(기다리다가) 저기요.
주인	(정신이 온통 이쪽 일에 팔려 있다) 잠깐만요.
손님	(기분 상했다. 그냥 간다) …
송지원	결번인데요.
주인	예? 진짜요?
송지원	(다시 해본다) …
주인	(귀 대본다) …
(소리)	지금 거신 번호는 결번이거나 없는 국번입니다. 다시 한 번 확인하고 걸어주십시오.
주인	이상하다… 가끔 있긴 있거든요. 영수증에 가짜 이름 쓰고 가짜 번호 쓰는 사람이…
송지원	(영수증을 본다) 11만 7천 원이면 책을 몇 권 판 거예요?
주인	(컴퓨터를 본다) 37권 팔았네요. 한꺼번에.
송지원	같이 판 책의 목록 좀…

17. 회의실(낮)

혜임달이 들어온다. 조팀장이 혜임달을 맞이한다. 윤진명은 조팀장 뒤쪽에 서 있다.

조팀장   (자리에서 일어나며) 경영지원팀 팀장 조승현입니다.
혜임달   (꾸벅 인사하려다가 조팀장의 악수를 청한 손을 보고 어정쩡하게 손을 잡는다) …
조팀장   혜임달… 본명으로 부르겠습니다. 이진광 씨, 밖에 많이 덥죠? 이쪽이 시원합니다. 이쪽으로 앉으세요.
혜임달   (잔뜩 각오하고 왔는데 어리둥절하다. 앉으라는 쪽에 앉는다) …
조팀장   뭐 시원한 거 드세요. 아이스커피? 레모네이드?
혜임달   예, 아니… 뭐, 아이스커피.
조팀장   (윤진명을 본다) …
윤진명   (밖으로 나간다).

18. 휴게실(낮)

윤진명이 아이스커피를 만든다. 커피 머신에서 에스프레소를 뽑는다. 유리잔에 얼음을 뽑고, 뜨거운 에스프레소를 넣으면 얼음 갈라지는 소리가 '쩍쩍' 들린다.

19. 회의실(낮)

윤진명이 아이스커피를 들고 들어온다.

조팀장	…3억이 넘습니다.
헤임달	(놀랐다) 예?
조팀장	(서류를 헤임달이 보기 좋도록 돌려놔준다) 숙소 임대, 차량지원비, 식대, 피부미용, 헬스 PT…
윤진명	(헤임달 앞에 아이스커피를 놔준다) …
조팀장	앨범을 내달라고 하셨죠? 앨범 한 장 내는 데 얼만 줄 아십니까? 작곡, 작사비, 스튜디오 대여료, 뮤직비디오도 찍어야죠. 두 곡 정도는 찍어야 할 겁니다. 재킷 촬영해야죠. 최소 10억입니다.
헤임달	그렇게… 많이요.
조팀장	이것도 최소한도로 잡은 겁니다.
헤임달	(웅얼웅얼대게 된다) 우리 앨범 퀄리티가 그 정도는 아닌데… 이상하다. 그리고 우리 사는 데는 방세 얼마 안 된다고 그랬어요. 밥도 거의 집에서 해 먹었구…
조팀장	보세요. 숫자는 거짓말하지 않습니다. (자료를 건넨다)
헤임달	(봐도 모르겠다. 도표와 숫자만 있을 뿐) …
조팀장	아티스트들은 회사가 자신들에게 얼마나 투자하고 있는지 모릅니다. 계약을 유지하는 데 돈이 든다는 생각을 안 해요. 이진광 씨 말대로 2년 계약을 지속한다고 해봅시다. 그래서 행복한 사람이 누굽니까? 팀원들은 이미 마음이 다 떠났어요. 다른 회사 알아보고, 다른 길 찾아보고 있습니다. 이진광 씨 혼자서 이러고 있는 거 아닙니까? 회사가 이진광 씨 한 사람을 위해 1년에 3억이 넘는 손실을 봐야겠습니까?
헤임달	…
조팀장	솔직히 말해 회사 사정이 안 좋습니다. 수익이 얼마다, 주가가 얼마 올랐다 그러지만, 부풀린 숫자예요. 그래야 투자를 받고 회사가 돌아가니까요. 회사 어렵다고 하면 누가 투자하겠습니까? 이 회사에 딸린 식구가 얼맙니까? (헤임달의 망연자실한 표정을 보고 승리를 예감한다. 윤진명에게 손을 내민다) 물론 저희도 계약서대로 하고

싫죠.

윤진명	(전속계약해지계약서를 내민다) …
조팀장	회사 사정 좀 봐주세요. (서류를 헤임달 쪽으로 스윽 민다) 어쨌거나 이진광 씨도 7년 넘게 우리 오앤박 가족이었지 않습니까?
헤임달	(서류를 보다가 그 대목에서 고개를 든다) 가족요…?
조팀장	예, 도와주십시오.
헤임달	(흔들림이 멈췄다. 의자에 몸을 기댄다) 근데 가족한테 왜 이래요?
조팀장	…
헤임달	안 나가는 가족, 호적 파는 거예요? 우리가 잘나가고 있는데 중간에 계약해지해달라고 했어봐요. 해줄 거예요?
조팀장	(다 됐었는데…) 만약을 얘기해봐야 무슨…
헤임달	소송 걸고 난리 칠 거잖아요. 근데 우리 못 나가니까 자르는 거잖아요. 그럼 나도 난리 칠 권리가 있는 거 아녜요, 안 그래요?
조팀장	여기서 난리 쳐봐야 이진광 씨가 얻는 게 뭔데요?
헤임달	그거야 모르죠.
조팀장	(짜증이 나기 시작한다) 막말로 아스가르드가 못 뜬 게 왜 회사 책임입니까?
헤임달	회사가 밀어줬어봐요. 벌써 떴지? 제5열 반만 밀어줬어도…
조팀장	(젠틀은 사라졌다) 밀어봐야 똥차니까 안 민 거지. 실력이 없어서 못 뜬 걸 회사 탓은… 안 되는 것들은 꼭 남의 탓을 해요. 나 같으면 창 피해서라도 관두겠다.
헤임달	실력이 없는데 왜 뽑았대? 뭐 하러 뽑아서 5년이나 뺑이 쳤냐고.
조팀장	그때는 될 줄 알았지.
헤임달	그러니까 니늘이 잘못 본 기잖아. 그것부터 사과해요!
조팀장	(감정을 죽인다) 그래요, 잘못 봤어요. 우리가 실수한 점도 있어요. 미안합니다. 그러니까 해지합시다.
헤임달	(간단하게) 싫어요!
조팀장	이런 씨…

헤임달   (밖으로 나간다)

조팀장   (열받았다) 아, 저 또라이 진짜…

20. 오앤박 앞(저녁, 밤)

헤임달이 나온다. 원래 있던 자리로 돌아가 피켓을 든다. 노상 죽치고 있던 여학생들.

여학생   아저씨, 그거 뭐예요?

헤임달   아저씨는… 나 오빠야?

여학생   (그러거나 말거나) 연예인이에요?

헤임달   아스가르드! (노래해본다) …이거 알지? (계속 노래한다)

여고생들, 낄낄대며 핸드폰으로 찍는다.

21. 거실(밤)

윤진명이 화장실에서 나온다. 조은, 송지원, 유은재가 책을 쌓아놓고 일일이 살펴보는 중이다. (37권은 아니다. 대략 20여 권쯤 된다)

윤진명   (수건으로 물기를 닦으며) 이게 다 한 사람이 판 거야?

송지원   응.

윤진명   많네. (책을 세어본다) …

송지원   책방 주인이 그러는데 이렇게 한꺼번에 책을 파는 경우가 세 개 있대. (손가락까지 꼽는다) 첫째, 이사 갈 때. 둘째, 졸업이나 취직해서 환경이 바뀔 때. 셋째, 누군가의 유품을 정리할 때.

윤진명	(그럴 것 같다) 뭐 찾는 거야?
송지원	메모나 영수증이나 사진이나… 뭐든 책 주인의 신원을 알 만한 거.
유은재	(책에 줄 친 걸 발견한다. 읽는다) '착한 여자들은 누군가가 공격적이 되면 그걸 자기 탓으로 돌리지요. 나쁜 여자들은 절대 어떤 것도 제 탓이라 여기지 않아요'(『호텔 뒤락』 P.116, 문학동네) 무슨 뜻일까요?
송지원	이 사람, 책 읽다가 마음에 드는 구절이 있으면 줄긋는 습관이 있었나 봐. (읽어준다) '여기서 죽는 것보다 비참한 것은 여기서 사는 것이라는 데 생각이 미친다'(『현기증』 P.72, 은행나무)
조은	(자기 책에서 밑줄을 발견한 밑줄을 읽어준다. 그 책은 『혼자서 잘해주고 상처받지 마라』 P.128, 21세기북스) '우울증은 정신 질환이 아니라 전신 질환이기 때문, 무작정 움직이는 것만으로 증세가 좋아진다'
윤진명	(책을 집어 든다) …
유은재	(책을 넘기며) 나도 책 읽다가 가끔 밑줄 긋고 그러거든요. 내 생각하고 비슷한 문장에. 이 사람도 그렇다고 치면, 되게 어두운 사람이었나 봐요.
윤진명	(책을 후루룩 넘겨본다) 밝은 사람이 그런 편지를 쓰진 않았겠지.

분위기 어두워진다. 방에서 정예은이 나온다. 어두운 얼굴로 화장실에 들어갔다가 다시 방으로 들어간다.

조은	(자기 책임인 것 같다) …이사 가면 방세는 어떻게 해요?
하메들	(본다) …
조은	20일 날 이사 왔으니까 지금 이사 가면 한 달치 내는 거예요? 아니면…
유은재	이사 갈라구?
조은	(당연한 거 아냐) 이사 가야지.

윤진명	왜?
조은	(이 사람들 뭐야?) 왜냐뇨? 당연히… 이런 일이 생겼으니까… (눈치를 본다)
송지원	아, 너 편지 때문에 이사 왔다 그랬지… 그렇다고 뭐 그렇게 빨리 이사 가냐?
윤진명	방세는 한 달치 단위라서 언제 이사 가든 한 달치는 내야 하는데…
유은재	그럼 그냥 한 달 채워. 20일 날 가.
조은	(어리둥절하다) 그래도 돼?
유은재	당연하지. 한 달 방세 냈는데…
조은	아니… 나 이사 안 가도 되냐고?
송지원	그거야 네 맘이지.
유은재	너 혹시 눈치 보여서 이사 가려는 거야?
조은	어? …그게… 이사 온 이유도 그렇고, 그동안 속인 것도 그렇고… 기분 안 나빠?
유은재	뭐, 딱히…
송지원	(긁적긁적) 기분 나빠야 하는 건가?
조은	그치만 예은 선배는… 내가 미리 솔직하게 얘기했으면 상황이 이렇게까지…
윤진명	(뜬금없이 읽는다. 『모두 다 예쁜 말들』 P.330, 민음사) '과학자들은 실험할 때 박테리아든 쥐든, 일부를 택해 특정한 조건을 부여하지. 그러고는 자연 상태 그대로 있었던 두 번째 무리와 비교해. 그 두 번째 무리를 대조군이라고 부르지. 역사에는 대조군이 없어. 달리 이랬을 수도 있다고 아무도 말할 수 없는 거지. 그저 이랬을 수도 있는데, 라고 한탄할 뿐. (조은을 본다) …네가 미리 얘기했다고 해도 일이 어떻게 됐을지는 아무도 몰라. 이럴 수도 있고 저럴 수도 있는데… (말하다 보니 자기에게 해당되는 얘기기도 하다) 그래. 그런 거 뭐 하러 고민해. (책을 놓고 방으로 들어간다) …
조은	…

송지원	감동받았지? '세상에 이렇게 좋은 사람들이… 흑흑!' 하고 생각했지? 그 마음 찐하게 담아 라면 하나만 끓여주렴.
조은	(치… 한다. 조금 있다가 일어나면서) 하나면 돼요?
유은재	난 반 개만 먹고 싶은데…

22. 쓰레기 버리는 곳(밤)

서장훈이 쓰레기 버리는 곳을 청소한다. 밖으로 떨어진 재활용품을 다시 넣기도 하고 물청소를 하는데 발자국 소리가 들린다. 돌아보면 조은이다. 종이상자를 들고 있다. 종이 쓰레기 버리는 곳에 툭 던져 넣는다.

서장훈	야, 음식물 쓰레기 버릴 땐 좀 꼭 묶어서…
조은	(다 말하기도 전에 흔쾌히) 알았어.
서장훈	비닐은 떼서 버리구.
조은	오케이.
서장훈	이런 게 밖에 떨어져 있으면 내가 그런 거 아니래도 제대로 집어넣구.
조은	(순순히 집어넣는다)
서장훈	너 왜 이러냐?
조은	(활짝 웃는다) 나 이사 안 가.
서장훈	이랬다저랬다 아주…
조은	(헤 웃으며 바닥을 닦느라 허리를 구부리고 있는 서장훈을 툭 민다)
서장훈	(휘청한다) …
조은	(그사이 집 쪽으로 가는데)
서장훈	(농담한다) 나랑 안 헤어지는 게 그렇게 기쁘냐?
조은	(활짝 웃는다) …

서장훈   (예상했던 반응이 아니다. 다시 한 번 쳐다본다) …

23. 오앤박 앞(낮)

혜임달은 여전히 1인 시위 중이다. 혜임달은 이제 풍경이 되어버린 느낌이다. 간혹 처음 지나가는 사람들이 희미한 관심을 가질 뿐이다. 혜임달이 피켓을 내려놓고 회사 건물로 들어간다.

25. 오앤박 로비(낮)

혜임달이 들어오자 경비원이 다가온다.

경비원   무슨 일입니까?
혜임달   (별일 아니다) 화장실 좀…
경비원   다른 화장실을 이용해주십시오.
혜임달   (농담이라고 생각한다) 에이, 아저씨… 참…
경비원   (막아선다) 여긴 공용 화장실이 아닙니다.
혜임달   (진심이냐는 듯 쳐다본다) …
경비원   (밖으로 나가달라고 손짓한다) …
혜임달   진짜 드럽고 치사해서… 오줌도 못 싸게 하냐?

25. 오앤박 앞(낮)

혜임달이 다른 건물의 화장실을 이용하고 돌아오는 중이다. 자기가 서 있던 자리에 토르와 티르가 서 있다. 반갑다.

헤임달	(반갑다) 야!

달려와 아이돌 때 만들었던 화려한 손 인사 나눈다. 토르와 티르는 열의 없이 해준다.

토르	쪽팔리게…
헤임달	발두르하고 우르는?
티르	(딴 데 본다) …
토르	(피켓을 툭 차며) 이게 뭐냐? 쪽팔리게…
헤임달	(응원하러 나온 거 아니었어) …
토르	집어쳐. 이런다고 뭐 달라지냐?
헤임달	왜? SNS도 있고. 인터넷에 한 번 퍼지기 시작하면…
토르	놀고 있네. 너 인터넷 안 보냐?
헤임달	이상하다. 나 사진 찍어 간 애들 되게 많은데…
티르	(안됐지만) 네 얘기 하나도 없어.
토르	아, 하나 있더라. 뜨려고 별 쇼를 다한다고… 노이즈 마케팅이란다.
티르	회사에서 다 막나 봐.
헤임달	…
토르	날 더운데 무슨 개고생이야. 너 그러다 쓰러져. 쓰러지면 너만 똥 되는 거야.

• 점프 ≫

저 멀리 토르와 티르가 뭐라고 말한다. 헤임달은 들었는지 마는지 피켓을 든다. 토르와 티르도 어쩔 수 없다. 햇빛이 뜨겁다. 자리를 뜬다.

26. 휴게실(낮)

윤진명이 창밖으로 헤임달을 내려다본다. 헤임달은 햇빛에 그대로 노출되어 있다. 홍자은이 커피를 뽑았다.

홍자은   가요.

윤진명   (양손에 커피를 들고 따라간다)

홍자은   (코를 훌쩍인다) 냉방병 걸렸나 봐…

27. 거실(낮)

송지원, 유은재, 조은이 식탁에 앉아 있다. 정예은이 방에서 나온다.

정예은   (여전히 기운이 없다) 왜?

송지원   지금까지 상황을 정리해보려구.

정예은   (별 관심 없지만 자리에 앉는다) …

송지원   범인…

정예은   (그 말이 주는 어감이 무섭다) 범인…

송지원   좋아, 그럼 발신자라고 하자. 발신자는, 크리스마스 즈음에 이 편지를 썼어. 그 사람은 예은이가 자기 인생을 망가트렸다고 생각해.

정예은   (표정이 어두워진다) …

송지원   물론 이건 그 사람 생각이야. 진실은 몰라. 여기서 문제는 이 주소야. 발신자는 아마 그때까지 예은이 주소를 몰랐던 거 같애. 이미 알고 있었다면 이렇게 급하게 편지 뒷장에 주소를 적을 리가 없었겠지.

유은재   근데요. 이거 편지라기에 너무 밑도 끝도 없지 않아요? 아무리 저주의 편지래도, 일단은 누구야, 나는 누구다 이렇게 시작하잖아요. 이건 편지라기보다는 그냥 그때의 분노를 메모한 느낌이에요. 휘갈겨 쓴 것도 그렇고.

조은   사실… 나 처음에 은재 선배를 의심했는데…

유은재	(놀라 말 끊고 들어간다) 나? 왜? 내가 뭘 어쨌는데? (말해놓고 정예은 눈치가 보인다) 아니, 내 말은…
정예은	됐어. 일일이 설명 안 해도 돼.
송지원	왜 은재를 의심했는데?
조은	그게 편지를 받을 사람으로 의심한 게 아니라 혹시 쓴 게 아닐까 하구요.

• 인서트 ≫
은재가 윤종열에 대한 분노를 휘갈겨 쓴다.

유은재	아… (생각났다) 그건 그때 너무 화가 나서…
조은	알아. 나도 그럴 때 있으니까. 혹시 (편지를 가리킨다) 이 사람도 그런 게 아닐까 하고… 욱해서 쓰긴 썼는데 그 다음엔 그냥 흐지부지된 거면… (하메들을 둘러본다) 사실은 별 것도 아닌데 우리가 오버하는 걸 수도 있잖아.
유은재	(고개를 끄덕인다) …
정예은	(생각 자체를 하지 않는다) …
송지원	그건 아닐 거야. 발신자는 뭔가 행동을 하려고 했어. 그냥 분노를 표현한 거라면 굳이 주소를 적어놨을 리가 없잖아.
유은재	그래. 그 후에 예은 선배가 받은 문자도 있고.
송지원	12월 달에 이 편지를 썼고. 8개월쯤 뒤, 문자 테러를 시작했어.
유은재	왜요? 왜 8개월이나 참았다가 문자를 보내기 시작했을까요?

잠시 생각할 시간이 필요하다.

송지원	(정예은에게) 너가 공황발작이 심해진 게 언제지?
정예은	올 2월…
송지원	그래. 작년에 휴학할 때는 아파서라기보다는 쪽팔려서였구, 진짜 힘

들었던 건 올 봄부터였어. 밖에도 못 나가고, 사람도 못 만나고… 발신자가 봤을 때도 예은이가 행복한 상황은 아니었던 거야. 문자는 복학하고 나서 시작됐어. 맞지?

정예은 응…

유은재 그럼 범인이… (앗차) 발신자가 계속 지켜보다가 예은 선배가 다시 행복해지는 것 같으니까 문자를 보낸 거예요?

송지원 (대답하지 않지만 그렇다고 생각한다) …

정예은 (우울하게) 다행이다. 당분간 아무 짓도 안 하겠네. 내가 이렇게 우울에 빠진 걸 보면…

분위기 무거워진다.

정예은 (편지를 다시 읽어본다) 누굴까? 내가 누구 인생을 망가트린 걸까?

조용하다.

정예은 누군가의 인생을 망가트렸는데 그게 누군지도 몰라. 나 최악이다. 그치?

유은재 이건 뭘까요? (분홍색 편지지의 마크를 가리킨다) 수앤수…

조은 이거 미용실이나 회원제 카페나 그런 걸지도 몰라요.

하메들 (본다)

조은 우리 엄마가 미용실 하는데 이런 종이 주문해서 연말연시에 손님한테 보내거든요. 전에는 아예 프린트하고 마지막에 사인만 해서 보냈는데 요새는 성의 있게 보일라고 직원들한테 손 글씨 쓰라고 해요.

하메들이 핸드폰으로 수앤수를 입력한다.

유은재 있다. 수앤수 노래방…

송지원	(같은 걸 찾았다) 로고가 달라.
유은재	(그렇구나 하다가 시간 확인한다) …나 2시 수업 있는데…

28. 벨 에포크 계단, 1층(낮)

송지원, 유은재, 조은이 각각 책을 들고 계단을 내려온다. 수사를 위해 헌책방에서 빌려온 책들이다. 서장훈이 정원에 빨래를 널고 있다. 서장훈이 유은재와 조은의 책을 들어준다.

서장훈	뭐예요? 이게 다?

29. 벨 에포크 앞(낮)

서장훈이 자전거에 책을 싣는다. 유은재와 서장훈이 앞서가고.

서장훈	남친 마음 돌리기는 어떻게 됐어요?
유은재	그냥 그래요.
서장훈	어떤 남잔지 한 번 보고 싶네…

조은과 송지원이 뒤따라간다.

송지원	엄마네 가게… 미용실이랬나?
조은	(눈으로는 앞에 가는 서장훈과 유은재를 보면서) 예.
송지원	편지지 만드는 인쇄소 연락처 좀 알아봐줄 수 있어?
조은	…?
송지원	전문가 보면 뭔가 단서가 보일지도 모르잖아.

조은	예…

하는데 서장훈이 뭔지 모르지만 깔깔 웃는다.

송지원	(무심코) 야, 너네 커플룩이다.

그러고 보니 그렇다.

30. 강의실(낮)

유은재가 들어온다. 강의 들을 준비를 하다가 시선이 느껴진다. 돌아보면 우연일까? 윤종열과 시선이 마주친다. 윤종열은 서둘러 시선을 돌린다. 강의 중간에도 문득 돌아보면 윤종열이 자기를 보고 있는 것 같다.

•점프 》
강의가 끝났다. 유은재가 가방을 챙기는데 김한소영과 여학생이 지나가다가.

김한소영	남친 생겼어?
유은재	누구, 나? 누가 그래?
김한소영	데이트하는 거 봤는데.
여학생	(자기도 봤다. 고개를 끄덕인다)
유은재	에?
여학생	잘생겼던데.
유은재	(짐작이 간다) …

•**인서트** 》
우연히 깔맞춤 옷을 입은 유은재와 서장훈.

그것 때문이었나? 유은재가 윤종열을 본다. 윤종열이 서둘러 시선
을 돌리더니 신율빈 등을 쫓아가느라 허둥댄다.

31. 골목, 벨 에포크 앞(낮)

서장훈이 자전거를 타고 온다. 시장을 봐서 돌아오는 중이다. 문득
자전거를 멈추고 어딘가를 본다. 자전거를 팽개치고 뛰기 시작한다.
자전거가 픽 쓰러진다. 벨 에포크 2층을 기웃대던 누군가를 덮친다.

서장훈   너 뭐야?

밑에 깔린 누군가가 도망가려고 바둥댄다.

32. 정예은, 송지원의 방(낮)

인형이 적당한 곳에 엎어져 있다. 정예은은 침대에 누워 있다. 정예
은도 인형도 무기력한 상태다. 밖에서 다툼 소리가 들린다. '야!' '이
게 어딜' '놔요' '아야, 아야…' 처음에는 인식 못 하다가 소란이 계속
되자 창문으로 내다본다.

33. 벨 에포크 앞(낮)

서장훈이 팔을 꺾어 잡은 건 권호창이다. 권호창이 아프다고 소리
지르고, 서장훈이 느슨해진 틈을 타서 권호창이 빠져나온다. 도망
가려는 권호창의 퇴로를 서장훈이 막는다. 벽에 몰린 권호창이 초등
학생처럼 눈을 감고 팔을 마구 휘두른다. '참 특이한 앨세' 서장훈이
좀 떨어져서 지켜보다가 지친 권호창의 목을 휘두른다.

서장훈   누나! 경찰요. 경찰 불러요.
정예은   (현관 앞에서 두 사람을 지켜본다)
권호창   (정예은을 보자 누그러진다) …안녕!
서장훈   이 자식이 우리 집을 훔쳐보는 걸 내가 몸을 날려서… (안녕? …권호
         창과 정예은을 번갈아 본다)

34. 1층 거실(낮)

서장훈이 창문 밖을 본다. 정원, 권호창과 정예은이 보인다. 권호창
은 정예은의 눈치를 보고 있다. 거참… 서장훈이 시장 봐 온 물건을
정리한다.

35. 정원(낮)

정예은은 말이 없고, 권호창은 눈치 보며 움찔거리다가…

권호창   안 올라고 했는데… (눈치 본다)
정예은   …
권호창   그냥 몰래 와서 잘 있는지만 보고 갈라 그랬는데…
정예은   (비난하는 게 아니다) 내가 오지 말라고 그랬잖아.

권호창	(혼내는 거라고 오해한다) 미안…
정예은	그래도 와줬으면 했어.
권호창	(이해하지 못했다) …
정예은	(권호창 손을 잡는다) 고마워.

권호창은 잡힌 손이 신경 쓰인다. 발목이 가렵다. 몸을 숙이면 손을 놓을까 봐, 신발 한쪽을 벗어 발가락으로 발목을 긁적긁적한다.

36. 학보사 (낮)

송지원이 『지연된 정의』를 정독한다. 간혹, 중요하다 싶은 구절은 노트에 옮겨 적는다. 분홍색 편지를 옆에 놓고 비교하기도 한다. 임성민이 들어와서 어깨 너머로 들여다본다.

임성민	뭣 좀 알아냈어?
송지원	아직… 하지만 반드시 발신자를 찾아내겠어.
임성민	어떻게?
송지원	(웅? …주먹을 불끈 쥔다) 할아버지의 명예를 걸고.
임성민	너네 할아버지, 노름으로 집 팔아먹었다고 그러지 않았어?
송지원	(그랬나? 다시 주먹을 불끈 쥔다) 그럼 외할아버지의 명예를 걸겠어.
임성민	(편지를 다시 한 번 읽는다) 네 룸메는 뭐래? 짐작 가는 사람이 없대?
송지원	전혀.
임성민	어떻게 그럴 수가 있지?
송지원	내 말이…
임성민	내 생각엔 다른 사람한테 보낸 거 같은데.
송지원	다른 사람 누구?

임성민　(턱으로 송지원을 가리킨다) …

송지원　나? (택도 없다) 으으응, (자기 몸을 감싸며) 난 사랑받기 위해 태어난 사람이야.

임성민이 어딘가를 본다. 송지원의 등 뒤, 오하나가 송지원을 째려보고 있다.

임성민　(포기한다) 그래, 그렇게 살아라. 속 편하게…

송지원　(뭐래는 거야. 다시 수사로 돌아간다) …

37. 헤임달의 1인 시위 몽타주

헤임달이 1인 시위 중이다. '꺄아아악' 소리에 홱 돌아본다. 여학생들 팬이 선팅이 까맣게 된 차를 향해 달려간다. 다리가 아프다. 체중을 옮겨본다. 무릎을 살짝 살짝 구부려본다. '꺄아아악' 여학생 팬들이 어딘가를 올려다보며 소리 지른다. 헤임달도 돌아본다. 옥상에 제5열 멤버들이 서성인다. 그들은 팬들의 함성에 신경 쓰지 않는다. 헤임달이 하품을 한다. 졸음이 쏟아진다. 졸지 않으려고 안간힘을 쓴다. 저녁. 퇴근시간이다. 직원들이 퇴근한다.

여직원1　말도 안 돼? 진짜?

여직원2　(혀를 내밀며 웃는 걸로 긍정한다) …

여직원1　진짜, 너 이 나쁜…

여직원1이 쫓아오자 여직원2가 뒷걸음질 치다가 헤임달과 부딪친다.

여직원2　(쳐다보지도 않고 건성으로) 죄송합니다.

해놓고는 자기들끼리 까르르 웃으며 가버린다.

38. 오앤박 로비(저녁)

윤진명이 창밖의 헤임달을 본다. 퇴근하는 직원들 어느 누구도 헤임달을 신경 쓰지 않는다. 헤임달은 그냥 풍경이 되어버렸다.

39. 오앤박 앞(밤)

퇴근 시간도 지나갔다. 회사 앞은 한적해졌다. 헤임달이 무릎 운동을 한다. 스트레칭도 한다. 가방을 챙기는데⋯ 발소리. 올려다보면, 윤진명이다.

윤진명　이런다고 뭐가 달라져요?

헤임달　(빈정댄다) 뭔 참견?

윤진명　시위에는 목적이 있을 거잖아요. 원래 계약대로 2년 채운다고 해봐요. 그래서 좋을 게 뭐예요?

헤임달　그 사이 빵 뜨지.

윤진명　5년 동안 안 된 게 왜 그때 되겠어요?

헤임달　원래 기적이란 건 마지막의 마지막의 마지막에 일어나는 거예요. 포기하지 않는 사람한테! 10년 무명이다가 한순간에 빵 뜬 사람도 있고, 어쩌다 라디오에 한 번 나왔는데 차트 역주행도 하고. 사람 일 어떻게 될지 누가 알아? 싸이는 뭐 원래 월드 스타였나. 우연에 기석이 겹친 거지.

윤진명	왜 하필 그 기적이 당신에게 일어나야 하죠?
헤임달	노력하니까!
윤진명	노력하는 모든 사람에게 기적이 일어나진 않아요.
헤임달	(말에 밀리다 보니 흥분한다) 그래. 너 잘났는데, 그래도 난 한다구! 난 성공할 거라구! 그러니까 참견하지 말라고!
윤진명	(짜증 난다) 한 번만 제대로 생각해봐요. 이런다고 뭐가 달라지나? 아스가르드 일곱 명 중에 여섯 명이 팀 해체를 받아들였어요. 일곱 명 중에 여섯 명이 더 이상 해봤자 소용없다고 생각한 거예요. 근데 혼자만 못 받아들이고 있잖아요. 본인한테 진짜 재능이 있다고 생각해요?
헤임달	있어!
윤진명	좀 잘하는 거 말고 모두가 인정하는 재능!
헤임달	(필사적이다. 아이처럼 우긴다) 있어, 재능!! 나 재능 있다구! 네가 뭘 안다고?! 인턴 주제에. 언제 잘릴지 말지 지도 모르는 주제에. 네 걱정이나 해. 아하, 나 자르면 정직원 시켜준대? 그래? 그래서 이러는 거야?
윤진명	(발끈한다) 나 인턴 아니야. 정직원이야.
헤임달	(비꼰다) 어유, 그러셨어요. 정직원이셨구나. 훌륭하네, 정직원! (양손 엄지척까지 하며) 대단해요.
윤진명	(열 받았다) 그래, 너보다 잘났다. 지 못난 건 생각 안 하고 남 탓만 해대는 너보다 백 배는 잘났다. 네가 진짜 재능이 있었어 봐. 어떻해서든 살아남았겠지. 아스가르드 중에도 두 명은 살아남았잖아. 너 재능 없어. 꼴찌 아스가르드 중에서도 넌 또 꼴찌야. 그거나 알고서…

헤임달이 윤진명을 밀어버린다. 윤진명이 뒤로 넘어지면서 손을 짚는다. 아까부터 큰소리에 나와서 지켜보던 경비가 달려온다. 헤임달이 윤진명을 쳐다보다가 가버린다.

경비	(윤진명을 부축하려 한다) 괜찮아요?
윤진명	(혼자 일어선다) 예. (바닥을 짚었던 손이 아프다) …

40. 아스가르드 숙소(밤)

혜임달이 들어온다. 현관의 센서불은 들어오지 않는다. 어둠 속에서 혜임달은 가장 아픈 말을 떠올린다.

(윤진명)	지 못난 건 생각 안 하고 남 탓만 해대는 너보다 백 배는 잘났다. 네가 진짜 재능이 있었어 봐. 어떡해서든 살아남았겠지. 아스가르드 중에도 두 명은 살아남았잖아. 너 재능없어. 꼴찌 아스가르드 중에서도 넌 또 꼴찌야.
혜임달	씨…

혜임달이 불을 켜는데 불이 들어오지 않는다. 다른 곳 불을 켜봐도 마찬가지다. 전기를 끊은 것이다. 수돗물을 틀어본다. 나오지 않는다.

41. 화장실(밤)

쏟아지는 수돗물, 윤진명이 세수를 한다. 수도꼭지를 잠그고 비누칠을 한다. 역시 가장 아픈 말을 생각한다.

(혜임달)	네가 뭘 안다고?! 인턴 주제에. 언제 잘릴지 말지 지도 모르는 주제에. 네 걱정이나 해. (비꼰다) 아하, 나 자르면 정직원 시켜준대? 그래? 그래서 이러는 거야?

다시 수도꼭지를 연다. 세수를 한다.

42. 벨 에포크 전경(아침)

아침이다. 새가 울고 나름 평화롭다. 유은재의 이상한 비명소리!

43. 거실(아침)

출근하던 윤진명, 하품하며 화장실로 가던 송지원, 커피를 내리던 정예은, 방에서 나오던 조은이 유은재 방 쪽을 본다. 유은재가 핸드폰을 움켜쥔 채 뛰쳐나온다. 유은재가 삐끔댄다.

송지원   왜 또? 오빠야한테 '자요'라고 문자 보냈냐?
유은재   (고개를 흔든다) …문자 왔어요. 자냐고.

핸드폰 보여준다. 새벽 2시 18분에 '송달 선배에게 온 문자' '자냐?'

44. 윤종열의 방(아침)

윤종열이 머리를 싸매고 괴로워한다. 다시 확인해도 자신이 문자 보낸 거 맞다. (윤종열 방에도 유은재 방의 인형과 같은 인형이 있다.)

(윤종열 엄마)   (밖에서) 윤종열, 밥 먹어!
윤종열   (가뜩이나 속상한데) 안 먹어!

(윤종열 엄마)	술을 그렇게 처먹고 들어왔으니 밥맛이 있을 리가 있나. 그래도 처 먹어!!
윤종열	(바둥거린다. 할 수 없다. 밖으로 나간다. 등짝을 얻어맞는 소리)
(윤종열)	왜 때려어?
(윤종열 엄마)	술 좀 작작 먹어.

45. 거실(아침)

유은재, 조은, 송지원, 정예은이 커피, 음료 등과 토스트를 먹는다.
유은재는 왠지 입을 꾹 다물고 있다.

정예은	웃고 싶으면 웃어. 내 눈치 보지 말고.
유은재	아뇨, 뭐… (하지만 입꼬리가 스멀스멀 올라간다) …딱히…
송지원	비결이 뭐야? 뭐에 넘어갔어? 애교?
유은재	(고개를 흔든다)
송지원	섹시?
유은재	아뇨. (눈치를 슬쩍 보고) 질투…
하메들	(뭔 소리야 싶다) …
유은재	저번에 장훈 씨랑 같이 가는 걸 누가 봤나 봐요.
송지원	아, 그날 커플룩 입었던 날.
유은재	(배시시 웃는다) 예.
송지원	하긴 그날 둘이 잘 어울리긴 했어.
조은	(남몰래 기분 나빠진다) …
송지원	이 기회에 집주인 대리로 갈아타! 장훈이 괜찮잖아.
조은	(송지원이 먹으려는 빵을 가로채서 유은재 접시에 놓아주려는데)
유은재	에, 싫어요. 장훈 신 좀… 느끼하잖아요.
조은	(유은재 접시에 놓으려는 빵을 정예은에게 건넨다)

유은재	(빵을 잡으려다가 헛손질하고) …
정예은	(조은이 느닷없이 빵을 건네자) 난 됐어.
조은	(박력 있다) 먹어요! 먹어야! …기운이 나죠…
정예은	(박력에 밀린다) 어, 알았어…

어쨌거나 유은재는 행복하다.

46. 대학교 복도(아침)

유은재가 걸어온다. 맞은편 윤종열과 신율빈이 마주 온다. 유은재를
발견한 윤종열이 움찔한다.

윤종열	(살짝 긴장했다) 저기… 어젠 내가 번호를 잘못 눌러서…
유은재	(뭐 좋은 일이라고 활짝 웃으며) 예, 알아요. 흐흐흥.
윤종열	(뭔 반응이 이래) 어… 그래? 아무튼 미안.
유은재	예… 흐흐흥. (행복한 얼굴로 가버린다) …
윤종열	(얘가 변했네. 돌아보다가 자신을 물끄러미 보고 있는 신율빈을 발견한다) 뭐?
신율빈	너 얼굴 참 길다.
윤종열	(이 자식이) 뭐?
신율빈	전부터 알고는 있었지만, 오늘 보니 새삼스레 기네. (진지하다) 얼굴도 자라나?
윤종열	(멱살을 잡는다) …

47. 사무실(아침)

윤진명이 키보드 작업을 한다. 오른쪽 손목에 파스를 붙였다. 가끔 왼손으로 오른쪽 손목을 주무른다.

조팀장   (들어오면서) 윤진명 씨.
윤진명   (돌아본다) 예.
조팀장   (파스가 붙은 손목 보면서) 그 손목, 헤임달 때문에 다쳤다면서요.
윤진명   별거 아닙니다.
조팀장   (윤진명 말을 듣기 위해 물어본 게 아니다. 거의 곧바로) 왜 말을 안
            했어요? 당장 병원 가봐요.
윤진명   진짜 별거 아닙니다.
조팀장   회사 일로 다친 거잖아요. 얼른 병원 가봐요. 엑스레이든 엠알아이
            든 필요한 거 있으면 다 검사받고, 영수증 첨부해요.
윤진명   (왜 이러나 싶다) …
조팀장   뭐 해요. 얼른 다녀와요.

48. 오앤박 앞(낮)

헤임달은 여전히 1인 시위 중이다. 그는 이제 풍경이 되어버렸다. 아무도 신경 쓰지 않는다. 윤진명이 건물에서 나온다. 하늘을 힐긋 본다. 먹구름이 막 모여든다.

49. 충무로 인쇄 골목(낮)

인쇄소에서 나오는 조은과 송지원. 송지원은 분홍색 편지를 들고 있다. 다음 집으로 들어간다. 유리창 너머, 송지원이 분홍색 편지를 보여주며 질문하면, 인쇄소 사장인 듯, 50대 아저씨가 고개를 흔든다.

편지지를 만져보고, '되게 흔한 건데…' 이야기한다. 조은, 송지원이
꾸벅 인사하고 나온다.

송지원 　역시 생활의 달인처럼은 안 되는 건가.

조은 　…?

송지원 　(분홍색 편지 만지며) 촉감으로 봤을 때 이 종이는 경남 창원 공장
　　　에서 2015년 만들어진 종이로 이 종이를 쓰는 인쇄소는 딱 세 군데
　　　밖에 없습니다.

조은 　…

송지원 　밥이나 먹자. (걸어간다)

조은 　(쫓아간다) …

송지원 　(핸드폰이 진동한다. 유은재다) 왔구나! (전화 받는다) 오냐.

50. 문과대 앞(낮)

유은재 　(통화 중이다) 어떻게 된 거예요? (말하면서 어딘가를 보는데) …

서장훈이 뻘쭘히 서 있다. 심리학과 학생들이 지나가면서 유은재와
서장훈을 힐끗 본다.

51. 충무로 골목(낮)

송지원 　(통화 중이다) 뭘 뭘 해? 학교 구경시켜줘. 여기저기, 종달 선배 출몰
　　　지역으로다가… 은근슬쩍 팔짱도 끼고.

(유은재) 　아, 진짜… 선배는 나한테 물어보지도 않고…

52. 문과대 앞(낮)

유은재   (통화 중이다) 아, 됐어요. 끊어요. (전화 끊고 서장훈을 본다) …

서장훈   (듣고 있었다) 지원누나가 거짓말한 거예요?

유은재   예…

서장훈   (긁적긁적한다) 그런 거짓말을 왜 하지?

유은재   그게요. (슬쩍 눈치를 본다) …

53. 충무로 골목(낮)

조은   (전후 사정 들었다) 에?

송지원   놀랍지? 이 바쁜 와중에도 후배의 연애까지 챙기는 이 자상함! 이런
          사람 또 없습니다. (혼자 감탄하며 눈물 찍어내는 시늉한다)

조은   (짜증 나서 처다본다) …

송지원   (중국집으로 가다 돌아본다) 뭐 해?

조은   됐어요. 혼자 먹어요 (쿵쿵 가버린다) …

송지원   (왜 저러지? 물어본다) 짜장면 싫어? 그럼 딴 거 먹어.

조은   (뒤도 안 돌아보고 가버린다) …

송지원   (멀어지는 조은 보면서 구시렁댄다) 애 참, 먹는 거에 예민하네.

54. 유은재의 캠퍼스 앞 버스 정거장(낮)

조은이 뛰어온다. 학교로 향한다.

55. 캠퍼스 여기저기

문과대 앞. 조은이 유은재와 서장훈을 찾는다. 없다. 도서관 앞에도 없다. 구내식당에도 없다. 식당에서 나오던 조은이 휙 숨는다. 서장훈과 유은재가 걸어온다. 두 사람의 뒷모습 아담하니 잘 어울린다.

• 점프 ≫

서장훈 팔짱 낄까요?

유은재 그건 좀…

서장훈 그쵸, 그건 좀 오버죠.

두 사람이 구내 커피숍으로 들어간다.

56. 구내 커피숍(낮)

유은재와 서장훈이 들어온다. 서장훈이 장난 삼아 의자를 잡아준다.

서장훈 잘 보여야 되니까…

유은재 그렇죠?

둘이 하하하 웃는다. 그러고 나서 할 말이 없다. 어색하다. 서로 어색한 시선 교환한다.

• 인서트 – 커피숍 앞 ≫

적당한 곳에 숨은 조은이 두 사람을 지켜본다. 조은의 눈에는 두 사람의 어색함이 로맨틱한 시선 교환처럼 느껴진다.

갑자기 서장훈이 하하하 웃는다.

유은재	왜 웃어요?
서장훈	사이 좋아 보이려고.
유은재	맞다. (하하하 웃는다) …

•인서트 – 커피숍 앞 》

조은	(혼잣말한다) 아주 좋아 죽네…

조은의 시각과는 달리 두 사람은 어색해 죽겠다.

서장훈	(대화를 하긴 해야겠는데) 운동 좋아해요?
유은재	아뇨.
서장훈	예… (화젯거리를 찾는다) 〈아는 형님〉 봐요? 그거 되게 재밌던데…
유은재	그게 뭔데요?
서장훈	아… 예능 프론데… 강호동 나오는… 안 보는구나.
유은재	텔레비전 잘 안 봐서…
서장훈	에…… (또 할 말이 없다) 영화는 좋아해요?
유은재	(드디어 공통의 화젯거리) 예, 난 공포물 좋아하는데…
서장훈	아, 난 공포물 못 보는데… 공포물 좋아하는구나…

또 할 말이 사라졌다. 뻘쭘하다.

유은재	은이도 공포물 못 보던데…
서장훈	진짜요?
유은재	예, 귀신 나오는 것도 싫어하고. 피 나고 그러는 것도 못 본대요.
서장훈	에… 전기톱 살인사건 보면서 육회 먹게 생긴 애가…
유은재	그러니까요. 애가 겉으로는 되게 와일드해 보이잖아요. 안 그래요. 아기자기한 거 좋아하고, 수첩 같은 것도 만화 캐릭터 들어간 거 좋아하고.

서장훈	(편하게 대화를 이어간다) 하긴 걔가 애기 같은 데가 좀 있죠. 누가 칭찬하면 무안해서 툴툴대고…
유은재	맞아요. 처음엔 진짜 못마땅해서 그런 건 줄 알았는데, 쑥스러워서 그런 거더라구요.
서장훈	(조은 흉내 낸다) 내가 뭐, 치…
유은재	(박수까지 치며) 맞아요, 진짜 똑같다.

57. 커피숍 앞(낮)

활기차게 이야기를 나누는 유은재와 서장훈. 두 사람을 지켜보는 조은은 욱신거리고 마음이 아파온다. 두 사람은 뭐가 그렇게 할 얘기가 많은 걸까? 조은이 돌아선다.

58. 골목, 벨 에포크 정원(낮)

조은이 걸어온다.

•인서트 ≫
커피숍에서 마주 보고 웃던 서장훈과 유은재.

두 사람이 잘 어울려서 슬프다.

(안예지)	어디 갔다 와?
조은	(고개를 든다) …
안예지	(정원 의자에 앉아 있다) 어디 아퍼?
조은	아니…

안예지	근데 왜 학교 안 나왔어?
조은	아, 그냥 좀…
안예지	진짜 괜찮아? 좀 아파 보이는데.
조은	아픈 건 아니고… 좀 피곤해서…
안예지	(살피듯 조은을 본다) …
조은	가. 버스 타는 데까지 데려다줄게.

59. 버스 정거장 근처(낮)

조은과 안예지가 걸어온다. 안예지가 뭐라고 떠드는데 조은은 건성이다.

안예지	그날 우리 엄마 카드 얼마치 쓴지 알아? 2백! 웃기지 않냐? 남편이 바람을 폈으면 이혼을 하든가 머리끄덩이를 잡아야지 카드는 왜 써. 그래놓고 나 땜에 이혼 못 한대지. (곧바로 이어서) 저것들 뭐야?
조은	(듣는 둥 마는 둥 하다가) 어?

마침 도착한 버스에서 유은재와 서장훈이 내린다.

조은	(하필. 난감하다) …
안예지	어쭈…

• 점프 》
다정하게 걸어오던 두 사람, 유은재가 한쪽 신발을 벗어 턴다. 유은재가 균형을 잡느라고 비틀거리자 서장훈이 잡아준다.

유은재	(신발을 신으며 변명처럼) 이뻐서 샀는데 신발이 좀 커요.

무서운 기세가 느껴진다. 와다다다! 안예지가 달려와 서장훈의 조인
트를 걷어찬다. 서장훈, 비명도 못 지르게 아프다.

안예지   야! (유은재를 눈이 찢어져라 노려보다가 서장훈에게) 너 뭐 하는
         거야?

서장훈   (무척 아프다) 아오오오!!

유은재   (무섭다. 마침 다가오는 조은 옆에 찰싹 붙는다) …

안예지   죽을래? 왜 아무 여자한테나 실실 웃고 지랄이야, 임자 있는 새끼가.

유은재   (놀랐다. 조은에게) 둘이 사겨?

안예지   (들었다. 당당하다) 이녀!! (조은을 끌어다 서장훈 옆에 세운다) 얘
         랑 둘이 사귀어요!

유은재   (놀랐다) …너는… 너는…

안예지   왜여? 얘가 뭐여?

조은   (안예지를 잡아끈다) 야, 일단 가자. 응, 네가 본 그런 게 아니야, 가
         서 얘기하자.

안예지   (끌려가며 소리친다) 야! 너 행동 똑바로 해. 바람 피면 죽어!

유은재   (끌려가는 안예지와 조은과 서장훈을 번갈아본다) …

서장훈   (아직도 정강이가 아프다) …

60. 버스 정거장(낮)

조은이 막 안예지에게 상황 설명을 끝냈다. 안예지는 흥분한 상
태다.

안예지   (답답하다) 이 바보야, 하지 말라고 했어야지. 암만 가짜래도 네 남
         자친구가 다른 여자랑 데이트하는 거 싫잖아. 싫은데 왜 싫다고 말
         을 안 해?

조은   싫고 말구 뭐…

안예지   네 하메들 되게 웃긴다. 왜 그런 걸 시켜? 남의 남친한테.

조은   그거야 모르니까…

안예지   몰라? 너랑 서장훈이랑 사귀는 거 니네 하메들 몰라? 왜? 말 안
        했어?

조은   응, 그냥 어쩌다 보니까…

안예지   왜? 그 새끼가 비밀로 하재? 이 나쁜 새끼 진짜…

조은   아니, 그게 아니라… 그냥 좀… 야, 버스 왔다. 얼른 가. (안예지를 재
        촉해 버스에 태운다. 돌아선다. 한숨을 쉬는데)

(안예지)   야, 조은!

조은   (돌아본다) …

안예지   (창문으로 얼굴을 내민다) 집에 가자마자 앤 네 거다 선언을 해.

61. 버스 안(낮)

        안예지가 창문으로 상체를 내민 채 소리친다. 좌석에 앉은 사람이
        안예지 때문에 몸을 사린다.

안예지   침 발라놔야 딴 년들이 접근을 안 하지. 알았어? (조은이 멀어지자
        창문에서 떨어지며) 으이, 저 바보.

62. 골목, 벨 에포크 정원(낮)

        조은이 들어온다.

(송지원)   (기름진 야유) 어얼!

고개를 들면, 송지원, 유은재, 서장훈이 있다.

송지원   이런 얌… (하려다가) 키 큰 고양이 같으니라구.

유은재   (좀 미안하기도 하고 재밌기도 하다) 왜 말 안 했어? 언제부터야?

조은   (무안해서 툴툴댄다) 뭘? 그런 거 아니야. (서장훈에게) 말해! 우리
안 사귄다고.

서장훈   (피식 웃는다) …

유은재   쟤 봐요. 쟤 또 툴툴대요.

서장훈   (웃는다) 그러게요.

조은   (자기들끼리만 아는 얘기하는 것도 꼴 보기 싫다) …

송지원   (가상의 마이크 잡는다) 짤막 인터뷰 송지원입니다. 조은의 어디가
좋았습니까? 쓸데없이 큰 키? 파르스름하니 깎은 머리? 개방적인
앞니?

서장훈   (고민된다는 듯 생각하다가) 역시 말투죠. (통통거리는 거 흉내 낸
다) 치, 내가 뭐…

조은   (놀림받는 기분이다 울컥한다) 야, 나는 뭐… 나도 너 별로야. (하는
데 눈물이 날 것 같다. 도망치듯 계단을 올라가버린다)

유은재, 송지원, 서장훈이 서로 눈치를 본다.

유은재   좀 너무했어요.

송지원   그래. (서장훈에게) 너 너무했어.

서장훈   예? 제 탓입니까? 저만의 잘못입니까? 좀 전까지 같이 웃었잖습
니까?

송지원   사과하십시오.

63. 거실(낮)

조은이 들어온다. 속상하다. 발자국 소리. 문 여는 소리가 들린다. 방으로 들어가버린다.

64. 사무실(낮)

윤진명이 키보드 작업 중이다. 오른쪽 손목에 압박붕대를 감았다. 전화벨이 울린다. 홍자은이 전화를 받는다.

홍자은   경영지원팀 홍자은입니다. 예… 예… 알겠습니다. (전화를 끊고는) 진명 씨, 회의실로 오라는데…

윤진명   (뭔지 모르지만 일어선다) …

65. 회의실(낮)

노크 소리에 이어 윤진명이 들어온다. 회의실에는 조팀장과 헤임달이 앉아 있다.

윤진명   (들어온다. 헤임달을 보지만 감정을 드러내지 않는다) …

조팀장   팔은 괜찮아요?

윤진명   (헤임달을 슬쩍 보고는) 예…

조팀장   꼭 진명 씨가 있어야 사인하겠다는데… 애초에 진명 씨가 맡았던 일이니까 마무리까지 해봐요. (일어나 윤진명을 지나쳐가며 미소 띤 얼굴로 고개를 한 번 끄덕인다. 밖으로 나간다) …

윤진명   (좀 전에 오간 일을 눈치챈다. 일단 팀장이 앉았던 자리에 앉는다) …

헤임달   (펜을 잡는다) 어디다 사인해요?

윤진명	(사인해야 할 곳을 알려준다) 여기…
헤임달	(압박붕대가 감긴 윤진명의 손목을 바라본다. 사인하며 퉁명스럽게) 일부러 그런 건 아니에요.
윤진명	(오른손을 테이블 아래로 내리고 왼손으로 사인할 곳을 가리킨다) 여기…
헤임달	(사인한다) 이 사인… 팬한테 해줄려고 돈 주고 만든 건데…
윤진명	(다음 페이지 사인할 곳을 가리킨다) 여기…
헤임달	(사인한다) 거금 10만 원.
윤진명	(가리킨다) …
헤임달	(사인한다) 멋있죠?
윤진명	(가리킨다) …
헤임달	(사인하며 피식 웃는다) 그래도 누나는 내 1호 팬이니까…
윤진명	…
헤임달	어디다 해요?
윤진명	…
헤임달	(마지막 이름 쓰여진 곳을 가리킨다) 여기요?
윤진명	(목이 잠겼다) 예.
헤임달	(사인하고 펜을 내려놓는다. 두 손을 테이블 위에 올려놓는다. 잠깐 침묵이 흐른다) 어제 누나가 그랬잖아요. 왜 이러냐고. 이래봤자 무슨 소용이 있냐고. 나도 아는데요… 소용없다는 거 아는데, 뭔가 억울했어요. 중3 때부터 지금까지… 진짜 열심히 했는데… 알아요. 열심히 하는 것만으로 안 된다는 거… 그래도 열심히 했는데… 말도 못 하게 열심히 했는데… 갑자기 그만두라니까, 난 아무 준비도 안 됐는데… 회사 맘대로… 그래서 뭔지 모르지만 억울하고 화가 나는데, 뭐라도 하긴 해야겠는데… 어디다 화를 내야 할지도 모르겠고… (고개를 숙인다. 테이블에 눈물이 후두둑 떨어진다. 서둘러 손바닥으로 눈물 자국을 닦아낸다) 에이, 쪽팔려. (일어난다) 갈게요.
윤진명	(죄인처럼 고개를 들 수가 없다)

헤임달   다치게 한 거 미안해요. (나간다)

윤진명   (오래도록 움직이지 못한다. 천천히 일어나 서류를 챙겨 들고 나간
           다) …

66. 오앤박 앞(낮)

헤임달이 나온다. 갑자기 비가 쏟아진다. 헤임달은 우산이 없다. 무
턱대고 빗속으로 나왔는데 어디로 가야 할지 모르겠다. 좌우를 번
갈아보다가 마음 가는 대로 가버린다.

67. 식영과, 건물 1층(낮)

비가 쏟아진다. 정예은이 쏟아지는 비를 바라본다.

(한유경)   미안. 늦었지?

정예은   (돌아본다)

           한유경과 송경아가 건물에서 나온다. 한유경은 환하게 웃고 있고 송
           경아는 우중충한 얼굴이다.

정예은   (한유경에게) 뭐, 좋은 일 있어?

한유경   응, 맞춰봐.

정예은   …

한유경   경아 취직됐어.

정예은   진짜? 축하해… 진짜 축하해. (송경아를 끌어안는다) …

송경아   (왠지 반응이 미적지근하다) …

정예은	(송경아의 반응에) 어딘데?
송경아	(마지못한 듯) 수원공단…
정예은	(너무 좋은 데다) 야! 완전 좋은 데잖아. 한턱 쏴.
송경아	쏘는 거야 뭐…
정예은	(송경아 반응에 퍼뜩 생각이 난다) 유경이는? 너도 거기 시험 봤잖아.
한유경	(아무렇지 않다) 난 안 됐어.
정예은	(그제야 너무 좋아했다는 걸 알게 된다) 아… 어떡하냐.
한유경	괜찮아. 경아 합격된 게 어디야. 경쟁자가 하나 줄었으니까 다음엔 내가 되겠지.
정예은	(한유경의 반응이 참 다행이다) 그래, 그거네.
한유경	우리 맛있는 거 먹으러 가자, 이렇게 좋은 날 축하해야지. 가자.

한유경이 활짝 웃으며 우산을 팡! 편다. 정예은도 우산을 편다. 송경아가 마지막으로 우산을 편다. 송경아는 얼굴이 어둡다.

68. 레스토랑(낮)

와인 잔을 부딪친다. 한유경과 정예은이 '축하해'라고 말한다. 송경아는 우물거릴 뿐.

한유경	(한 모금 마신다. 진짜 행복해 보인다) 진짜 오늘 너무 좋다.
정예은	(송경아에게) 비결이 뭐야? 면접까진 둘 다 갔잖아?
한유경	그래, 비결 좀 알려줘. 다음에 나 써먹게…
송경아	(회피한다) 그런 게 어딨어. 그냥 운이지…
한유경	하긴. 내가 면접관이라도 경아 뽑겠다. 앤 되게 있어 보이잖아.
송경아	…

정예은	(왠지 눈치가 보인다. 한유경에게) 에이, 됐어. 너도 금방 합격할 거야. 더 좋은 데…
한유경	응, 그랬으면 좋겠다. 나 잠깐 화장실 좀… (일어난다) …
정예은	(한유경 멀어지면) 유경이는 진짜 굉장한 데가 있어. 그치?
송경아	…
정예은	나라면 저러지 못할 거 같은데… 물론 축하하는 마음도 있겠지만… 나랑은 그릇의 크기가 다른가 봐.
송경아	(한숨 쉰다) …
정예은	야, 누가 보면 네가 떨어진 줄 알겠다. 그냥 즐겨. 할 수 없지 뭐. 네가 속상해한다고 유경이가 붙는 것도 아니고.
송경아	(와인을 마신다) …

테이블에 올려놓은 핸드폰이 문자 왔다고 진동한다.

69. 레스토랑 화장실(낮)

부스에서 나온 한유경이 손을 닦고, 화장을 고친다. 얼굴에서 미소가 떠나지 않는다.

70. 레스토랑(낮)

한유경이 미소를 지으며 자리로 돌아온다.

한유경	(창밖을 본다) 비 그쳤네…

창밖, 그러고 보니 비가 그쳤다. 저녁 햇살이 가득하다.

| 한유경 | (정예은 표정이 심상치 않다) 왜? |

핸드폰을 건넨 정예은은 손이 벌벌 떨린다. 핸드폰 속에는 악의에 찬 문자가 가득하다. '죽어. 죽어. 죽어버려. 죽어버려. 죽어버려'

한유경	(벌벌 떠는 정예은은 손을 잡는다) 세상에… 어떡해? 물 마셔. (물을 쥐어준다) …
정예은	(한유경을 보자 감정이 북받친다) 유경아, 나 어떡하지? 나…
한유경	(정예은을 끌어안는다) 괜찮아… 울지 마… 괜찮아질 거야.

한유경이 정예은을 끌어안고 토닥인다. 송경아는 웬일인지 꼼짝도 안 하고 한 지점을 노려볼 뿐이다. 정예은이 '나 어떡해… 더는 못 참겠어… 도대체 왜…' 칭얼대고. 한유경이 달랜다. '괜찮아. 괜찮아질 거야. 내가 있잖아. 걱정하지 마.'

| 송경아 | (마침내. 차갑다) 그만 좀 해! |

두 사람이 놀라 송경아를 바라본다.

한유경	경아야, 왜 그래? 험한 일 당한 애한테…
송경아	(정예은에게) 따지고 보면 네 잘못도 있어.
정예은	(억울하다) 내가 뭘?
송경아	(정예은을 똑바로 본다) 유경이 아빠 가게 문 닫은 거 너 모르지?
정예은	(몰랐다) 어?
한유경	송경아, 너 취했어? 갑자기 왜 그런 얘길 해?
송경아	유경이 지금까지 원서 일곱 번 써서 일곱 번 떨어졌어. 세 번은 시류도 통과 못 했어.
한유경	왜 이래? 뭐 하러 그런 얘기를…

정예은	나한텐 두 번이라고 했잖아.
송경아	(정예은한테) 꼭 말해야 아니? 친구가 힘들어서 원형탈모가 생길 정도면 네가 알아보기도 하고, 짐작하기도 하고 그래야 하는 거잖아. 너 힘든 것만 징징대지 말고.
정예은	그치만 난… (또 눈물이 나오려 한다) …
송경아	그래, 너도 힘들었지. 힘든 거 아는데. 너만 힘든 거 아니잖아.
한유경	송경아! 그만해. 친구끼리 왜 이래!
송경아	(한유경한테) 그러니까 너도 그만해!
한유경	…
정예은	…?
송경아	(마침내) 친구라며? 친구한테 너 왜 그래?
정예은	무슨 소리하는 거야? 뭘 그만해?

송경아와 한유경이 서로를 응시한다. 정예은만 모르는 뭔가가 있다.

정예은	야, 무슨 얘기야?
한유경	… (한참 만에 조용히 묻는다) 어떻게 알았어?
정예은	(답답하다) 뭘?
송경아	(사물함에 붙어 있던 사진, '창녀'라고 낙서된 사진을 내려놓는다) 이거, 이거 네가 찍어준 거잖아.
정예은	(한유경을 본다. 아직은 확실치 않다) …
한유경	(사진을 본다) 그랬나… 근데 왜 지금까지 아무 말 안 했어?
송경아	설마 설마 했으니까… 믿기 싫었으니까. (말할수록 숨이 가빠진다) 근데 그 편지… 너 전에 문자 왔을 때는 한 번도 그 문자 누가 보냈냐고 안 물어봤잖아. 근데 그 편지는 보자마자 누가 보냈을까 그러더라. 다들 편지랑 문자랑 같은 사람이 보낸 거라고 생각했는데 너만… 너만…
한유경	(슬쩍 웃는다) 그랬구나.

송경아   (얼굴이 일그러진다) 나보고 어떡하라고? 둘 다 내 친군데… (얼굴을 가리고 운다)

송경아는 얼굴을 가린 채 울고. 정예은은 멍해서 한유경을 바라보고 한유경은 날씨 구경하는 사람처럼 창밖을 본다.

71. 오리엔테이션 장소(낮-과거)

4년 전 식영과 오리엔테이션 장소다. 그린 길 알려주는 플래카드 같은 게 걸려 있다. 오리엔테이션은 아직 시작 전이다. 4년 어린 대신 그만큼 촌스러운 정예은이 어색하고 긴장한 자세로 앉아 있다. 정예은은 소리가 날 때마다 주변을 둘러본다. 송경아가 옆자리에 앉아 핸드폰을 들여다본다. 할 게 없어서 핸드폰을 들여다보는 것이다.

(한유경)   저기… 여기 자리 있어요?

역시 4년 어린 대신 그만큼 촌스러운 한유경이 정예은과 송경아 사이의 자리를 가리킨다.

송경아   (가방을 옮긴다) 아뇨, 앉아요.

한유경, 송경아, 정예은, 새내기들 세 명이 서로를 본다.

(정예은)   그때부터였다.
한유경   (어색하지만) 난 한유경이라고 하는데…
송경아   송경아.
정예은   예은, 정예은…

세 사람이 어색해서 웃는다. 무슨 말을 해야 좋을지 모르겠다. 침묵
이 부담스럽다.

(정예은)　우연이었다. 다만 우연히 같은 테이블에 앉았던 것뿐이었다. 생각이
　　　　비슷했던 것도 아니고, 취미가 같았던 것도 아니고, 성장배경이 비슷
　　　　했던 것도 아니었다. 그저 우연히 같은 테이블에 앉았다는 것. 이유
　　　　는 그뿐이었다.

송경아　우리 머리 똑같은 거 알어?

한유경　진짜네.

정예은　난 고등학교 졸업하자마자 파마부터 했는데…

한유경　나두, 나두…

송경아　너네 둘 다 범생이였지?

세 사람이 진짜로 웃는다.

(정예은)　그리고 그거면 충분했다.

72. 레스토랑 앞(저녁)

햇빛이 찬란하다. 지나가던 사람들이 '무지개다' '어디? 어디? 진짜
네' 가던 길을 멈추고 무지개를 바라본다. 유리창 너머, 정예은은 숨
을 헐떡이고, 한유경은 무심하게 와인을 마신다. 송경아는 얼굴을
가리고 운다.

(정예은)　그날 우리는 친구가 되었다.

73. 에필로그(헌혈하는 하메들)

― 은재가 팔을 내밀고 한쪽으로 고개를 돌린다. 긴장했지만 참을 만하다.

소리　따끔합니다.

움찔한다. 평범한 반응이다.

― 간호사가 송지원의 팔뚝에 고무줄을 두르고 혈관을 툭툭 치고 바늘을 꽂으려는데 송지원이 눈도 깜빡 안 하고 쳐다본다.

간호사　저기 딴 데 보시면 안 될까요?
송지원　왜요?

― 윤진명이 피 뽑을 준비를 한다.

윤진명　(앞에 붙여놓은 공고 읽다가) 문화상품권만 주나요? 초코파이는요?

― 조은이 피 뽑을 준비를 한다. 간호사가 얼굴을 붉힌다. 조은이 또냐? 한숨을 쉰다.

― 정예은이 피 뽑을 준비를 한다.

간호사　혈관이 예쁘시네요.
정예은　예, 그런 소리 많이 들어요.
간호사　아, 예!

9회

나일지도 모른다

1. 프롤로그

　　— 정예은, 송지원의 방

정예은이 울어서 퉁퉁 부은 얼굴로 책상 앞에 앉아 있다. 멍하다. 노크 소리. 대답할 수 없다.

(윤진명)　　들어간다.

　　윤진명이 들어온다. 송지원의 의자를 끌어다가 앉는다.

윤진명　　(위로의 역할이 익숙하진 않다) 얘기 들었어.

정예은　　…

윤진명　　충격이 크겠지. 제일 가까운 친구가 그랬다는데…

정예은　　…

윤진명　　(말하다 보니 냉정해진다) 그치만 다른 사람 마음은 네가 어쩔 수 있는 게 아니잖아. 그런 일로 마음 아파해봤자 감정 소비만 될 뿐이구… 잊어버려.

정예은　　…

윤진명	이러고 있어봤자 너만 손해야. 응? 기운 내! (정예은의 어깨를 잡아
	준다. 밖으로 나간다) …

윤진명이 나가고 정예은은 책상에 엎드린다. 잠시 후, 조용히 문이
열리고.

송지원	(조심스럽게 들어오며) 정 여사.
정예은	(엎드린 채 눈을 뜬다)
송지원	아, 참… 이런 일이 다 있냐?
정예은	…
송지원	근데 그런 일이 꽤 있나 봐. 내가 책을 찾아봤는데, 뮌하우젠 신드롬
	이라고, 자기 아이를 일부러 다치게 해서 주변의 관심을 끄는 정신병
	의 일종인데. 네 친구는 자기를 네 보호자처럼 생각했나 봐. 근데 네
	가 점점 나아지니까 위기의식을 느낀 거지. 네가 정신적으로 불안해
	야 자기 역할이 생기고, 그래야 주변 사람들한테 칭찬과 관심을 받
	고 그러는 건데, 그러니까 좋게 생각하면 네가 나아지는 중이라서
	이런 일이…
정예은	(말을 끊는다) 미안, 나 머리가 아파서…
송지원	어? 어…

정예은이 침대로 가 눕는다. 송지원이 눈치 보다가 조용히 나가버린
다. 잠시 후…

(유은재)	선배…

조용히 문이 열린다. 유은재가 우유와 빵을 들고 온다. 들어올 때부
터 무거운 분위기에 압도되었다. 들고 온 것을 적당한 곳에 내려놓고

쭈뼛 댄다.

유은재　예은 선배!

정예은　(돌아누워 유은재를 본다) …

유은재　(정예은의 얼굴을 보니 슬픔이 솟구친다) 괜찮아요?

정예은　(위로받으면 울고 싶어진다. 힘없이 눈물이 흐른다) …

유은재　(우느라 말이 끊긴다) 어떡해요… 예은 선배… 얼굴이… 밥도… 안
　　　먹고…

　　　― 거실
　　　윤진명, 송지원, 조은이 방문에 귀를 대고 듣고 있다.

(유은재)　(흐느낀다) 그러다가 쓰러지면… 선배, 울지 마요…

이건 아니지… 하메들이 문을 열고 들어간다.

　　　―정예은, 송지원의 방
　　　유은재가 정예은 손을 잡고 울고 있다가 윤진명, 송지원, 조은에게
　　　끌려 나간다. 유은재가 마지막까지 정예은의 손을 놓지 않는나.

　　　―거실
　　　끌려 나온 유은재. 아직도 흐느낀다.

송지원　(안에서 들을까 봐 큰 소리는 못 내고) 달래랬더니 더 울리면 어
　　　떡해?

유은재　예은 선배 얼굴 보니까… (아직도 슬픔의 여파가 남았다) …

할 수 없다. 조은이 남았다. 나요? 하듯 조은이 하메들을 바라본다.

—정예은, 송지원의 방
정예은은 등을 돌리고 누워 있다. 조은이 들어온다. 뭐라고 말해야
할지 모르겠다. 한참 서 있다가, 방 안을 슬쩍 봤다가, 목덜미를 긁적
이고는 조용히 나간다. 등 돌리고 누운 정예은, 흐느낌 반, 한숨 반의
숨을 몰아쉰다.

—거실
윤진명, 송지원, 유은재, 조은이 식탁에 앉아 있다. 새삼스럽지만, 분
홍색 편지는 냉장고에 자석으로 붙어 있다. 문소리에 일제히 돌아
본다. 정예은이 우울한 오라를 뿜어내면서 정수기에서 물을 따른다.
그사이, 윤진명이 송지원에게 눈짓한다. 송지원이 고개를 젓는다. 유
은재가 송지원 팔을 툭 친다. 송지원이 입모양만으로 '왜'라고 한다.
그사이, 물을 다 마신 정예은은 컵을 씻어 식기건조기에 올려놓는
다, 마음이 급한 조은이 테이블 밑으로 송지원 발을 툭 친다.

송지원   (자기도 모르게 버럭) 뭐? 나보고 뭘 어쩌라구. (돌아보는 정예는 눈
        치 보며 말이 사그라든다) 나도 안 되는 일이 있다구.
정예은   미안… 분위기 흐려서… (방으로 들어가버린다)

하메들, 더욱 할 말이 없어지고. 분위기는 더할 나위 없이 가라앉는
데. 삑삑삑 디지털 잠금 여는 소리. 땅동 초인종 소리. 모니터에 비치
는 얼굴은 아!!! 우리의 강 언니다.

•점프 ≫
문이 열린다.

강이나	(먹을 걸 들어 보이며) 나 왔어!

애매하게 자신을 반기는 하메들을 보고, 뭐냐? 싶다.

•점프 》
식탁을 중심으로 서거나 앉은 강이나와 하메들, 방금 정예은 사건을 들었다.

강이나	(진심을 담아 버럭) 뭐 그딴 미친년이 다 있어? 예은이 어딨어? (대답을 들을 사이도 없다) 방에 있어? (방으로 향한다) 야, 정예은.
송지원	(말린다) 살살해, 살살. 정 여사는 지금 깨진 유리병 같은 상태라…
유은재	(역시 말린다) 강 언니…
윤진명	뭐 할라구?
조은	(이 사람 캐릭터는 뭐지? 하메들과 강이나를 번갈아 본다) …
강이나	(하메들이 말리거나 말거나 정예은 방문을 벌컥 연다)

—정예은, 송지원의 방

강이나	(문이 열리기도 전에 버럭 한다) 야, 이 병신아. 네가 왜 엎어져 있어?
정예은	(침대에 누워 있다가 일어나 앉는다) 왔어…
강이나	그년은?!! 그년은 어떻게 됐어?
정예은	…
송지원	(눈치 보며 이른다) 너무 놀래서 그냥 왔대.
강이나	이런 병… 그걸 그냥 놔뒀어. 그년 집 어디야? 내가 가서 머리끄댕이를 뽑아놓을 테니까… (정예은을 잡아 일으킨다) 뭐 해? 일어나!
정예은	(일으키는 바람에 일어난다) …
윤진명	(강이나에게) 야, 너 너무 흥분했어.
송지원	강 언니, 강 언니, 강 언니, 먼저 진정하고 전후 사정이란 게 있으니

까… 얘길 좀 들어보구…

유은재 예, 그쪽도 사정이 있더라구요. 아빠 가게도 망하고 취직은 안 되고. 스트레스가 엄청 심한 데다가…

강이나 (더 열 받는다) 스트레스 좋아하네. 그게 뭐? 미친년. 저만 힘들어? 사는 거 안 힘든 사람 어딨어? 다 힘들어. 지가 힘든 건 지가 알아서 해야지, 왜 우리 예은이한테 지랄이야. 지랄이! 그리구 니들 누구 편이야? 그년 편이야? 왜 그년 편을 들어?

하메들 (움찔거린다)

강이나 (정예은에게) 뭐 해? 이 바보야. 빨리 옷 입어.

정예은 (강이나 손을 잡는다) …

강이나 뭐?

정예은 고마워!

하메들 (어랏! 고맙다고라…) …

정예은 정말 고마워. 근데 내가 할게. 내가 그년 가만 안 둘게. 내가 할 수 있어.

강이나 (확인한다) 진짜야?

정예은 (고개까지 끄덕인다) 응.

강이나 (그렇다면 할 수 없지) 하여튼, 소리만 빽빽 지를 줄 알았지, 순해빠져 갖고는… 그러니까 뭣도 아닌 것들이 만만하게 보지. 나와! 나와서 아이스크림 먹어!

강이나가 먼저 나간다. 정예은이 따라 나간다. 지켜보던 윤진명, 유은재, 송지원, 조은… 오올! 감탄하며 따라간다.

—거실

하메들이 강이나가 사온 것들을 세팅하고 각자 의자에 앉으려는데, 강이나와 조은이 한 의자에 앉으려다가 멈칫한다. 식탁엔 의자가 다섯 개뿐이다. 조은과 강이나가 서로를 바라본다. 신경전?!! 송지원, 오올 한다. 그러고 보면 센 두 캐릭터. 조은과 강이나의 첫 만남인 게 다. 기대에 차서 두 사람을 바라본다. 유은재가 자리를 양보하려고 일어나는 걸 송지원이 말린다.

강이나	너구나. 새로 들어왔다는 애가?
조은	(처음부터 반말이야) 에…
강이나	(올려다보며) 너 키 크다?
조은	(내려다보며) 누구랑 비교하냐에 따라 다른 거져.
강이나	(이것 봐라) …
조은	(지지 않고 쳐다본다) …
송지원	(두 손을 가슴 앞에 모으고 두근두근 조은과 강이나를 번갈아본다. 호기심으로 눈이 반짝인다) …
유은재	(송지원만큼 노골적이지 않지만 흥미진진하다) …

의자 하나를 사이에 두고 조은과 강이나가 맞붙었다! 그때,

윤진명	됐어. 내가 여기 앉을게. (자기 의자를 밀어주고 간이의자에 앉는다. 그사이 분홍색 편지를 건드렸고 바닥에 떨어졌다)

그러나, 이제 자존심 싸움이다. 조은과 강이나 서로 하나의 의자에 엉덩이를 들이댄다. 말없이 힘을 쓴다.

윤진명	강이나, 네가 일루 와.
강이나	(억울하다) 왜에? (그러느라 조은에게 밀린다)
조은	(앗싸, 의자에 앉는다) …
강이나	(분한 얼굴로 윤진명을 본다) 나 여기 안 산다 그거야?

윤진명	(애들도 아니구) 그게 아니라, 내 옆에 앉으라구.
강이나	(그래? 그런 거라면 자리를 옮긴다) …
송지원	(세기의 대결이 이렇게 끝나다니. 아쉽다) …
강이나	(의자에 앉으려다가 바닥에 떨어진 분홍색 편지를 발견한다) 수앤수네.

하메들이 확 돌아본다.

강이나	(별 관심 없이 냉장고에 다시 붙이며) 거기 괜찮지? 깨끗하고 조용하고. (고개를 돌린다. 그제야 하메들 반응을 눈치챈다) …???
윤진명	수앤수가 뭐야?
강이나	(당연하잖아) 마사지숍.
유은재	강 언니, 거기 다녔어요?
강이나	응…
송지원	혹시 작년 겨울에도 갔었어? 크리스마스 즈음에…
강이나	아니, 10월에 이사 가고는 못 갔지. 그래서 남은 쿠폰 당신들 췄잖아. 해 바뀌면 못 쓰니까 쓰라고.
윤진명	(생각났다) 아… 그때 우리 다 같이 갔던 데가.
유은재	그게 거기였어요?
조은	(하메들을 본다) 그럼… 네 명 다 거기 갔었던 거예요?

타이틀 제9회 ― 나일지도 모른다 (부제: 예감은 틀리지 않는다)

2. 타이틀 이미지 몽타주

3. 수앤수 건물 앞(낮 - 겨울)

피부 마사지숍이 들어설 법한 건물이다. '수앤수'라는 간판이 보인다.

(윤진명) 그때가 겨울이었지.

그렇다. 겨울이다. 이야기 흐름상 어쩔 수 없다. 겨울옷을 입은 윤진명, 송지원, 정예은, 유은재가 등장한다.

(유은재) 크리스마스 전이었어요. (딸랑딸랑 소리에 옆을 본다) …

구세군 냄비가 보인다. 유은재가 돈을 찾는데, 다른 하메들이 안으로 들어간다. 정예은이 빨리 오라고 재촉한다.

(정예은) 그런 건 그냥 스킵해.
유은재 (쳐다본다)

4. 거실(밤)

강이나와 다섯 명의 하메들, 강이나가 사온 것을 먹으며 그날의 이야기 중이다.

정예은 빨리 본론으로 가야지.
유은재 (핀잔 들었다) …
송지원 아니야, 어디에 단서가 숨어 있을지 모르니까 기억나는 건 모두

말해.

유은재   (거봐요) …

5. 수앤수 건물 앞(낮)

유은재가 천 원짜리를 냄비에 넣고 하메들을 쫓아간다.

(윤진명)   그때가… 편의점 알바 가기 전이었으니까 오후 세 시쯤…

6. 엘리베이터 앞 복도(낮)

(유은재)   맞아요. 되게 조용했어요.

(정예은)   복도에 그림도 있었어.

그림이 걸린다.

(정예은)   유명한 그림인데… 뭐지?

(송지원)   고흐?

(정예은)   아니.

(유은재)   샤갈?

(정예은)   아니.

(윤진명)   피카소?

(정예은)   아니.

그때마다 화가의 대표작이 나타났다가 바뀐다.

(정예은)	그, 커피 잔으로도 나와 있는 그거… 노란색 바탕에 여자가 누워 있는.
(송지원)	아, 그거, 유디트, 클림트의 유디트.

벽에 걸린 그림이 정해진다.

•인서트 – 거실 》

조은	(그게 뭐야… 조용히 검색하고)
유은재	그런 건 그냥 넘어가요. 어차피 가짤 텐데…
강이나	(고개를 끄덕인다) …
정예은	기억나는 건 다 얘기하라며.
윤진명	(중재하듯) 어쨌거나 되게 고급지긴 했어.

복도는 고급져 진다.

(유은재)	맞아요. 빨간색 카펫도 깔려 있구.
(정예은)	웅, 런웨이 같았어.

엘리베이터 문이 열리면서 폼 나는 음악이 흐른다. 윤진명, 송지원, 정예은, 유은재가 차례로 내린다. 네 명의 하메가 〈어벤져스〉처럼 혹은 런웨이의 모델처럼 걸어온다. 카메라의 마술로 길어 보이기까지… 품! 웃음소리에 송지원이 삐끗한다.

•인서트 》

윤진명, 정예은, 송지원, 유은재가 조은을 쳐다본다.

강이나	정도껏 해야지. 아무리 지들 기억이라지만 심하잖아.

조은   (고개를 끄덕인다) …

윤, 정, 송, 유, '좀 심했나' 반성한다. 겸손 모드로 돌아간, 윤, 정, 송, 유가 조금은 주눅 들어 수앤수 앞에 도착한다. 모두 이런 곳은 처음이다. 유은재는 두리번거리다가 윤진명과 부딪치고. 송지원은 두 손으로 공손하게 '자동문' 버튼을 누른다.

7. 수앤수 로비(낮)

하메들이 들어온다.

(송지원)   그때까지 마주친 사람은?
(윤진명)   없었어.
(유은재)   (거의 동시에) 없었어요.
(송지원)   그럼 거기서 처음 본 사람이…

하메들이 한곳을 본다. 데스크 직원이 통화 중이다.

데스크 직원   (하메들에게 잠깐만 기다려달라는 눈짓하면서) 네… 아… 예, 그럼 다음 주에 뵙겠습니다. (통화 끝낸다. 하메들에게) 전화 통화가 길어져… 죄송합니다. (우리 손님은 아닌 것 같지만) 예약하셨습니까?
송지원   예…
데스크 직원   성함이…
송지원   저요. 송지원…
유은재   (툭 친다)
정예은   (작은 목소리로) 아니잖아.

윤진명	강이나요.
데스크 직원	아, 강이나 님. (확인한다) 네 분 예약하셨네요. 이쪽으로 오세요. (앞장서며) 강이나 님은 요새 많이 바쁘신가 봐요?
윤진명	예, 아무래도 좀…

데스크 직원을 따라 네 명의 하메가 복도를 지나간다. 직원이 하메들을 위해 다인실의 문을 열어준다.

(윤진명)	잠깐만…

하메들, 멈칫한다.

8. 거실(밤)

윤진명	잠깐만 쉬었다 하자.
유은재	(참고 있었다) 나, 화장실.

정예은, 송지원이 기지개를 켜고, 물을 마시고. 목을 푼다.

강이나	(이 사람들 왜 이래. 조은을 보며) 왜들 이래?
조은	(자기도 모르겠다)
송지원	여기까진 정확하지? 에러 없지?
하메들	(고개를 끄덕인다)
유은재	(화장실에서 돌아와 자리에 앉는다)
송지원	자, 계속 간다.

9. 다인 마사지룸(낮)

네 명의 하메들이 들어온다.

(송지원) 방으로 들어간 다음에… 뭘 했지?

기억이 안 나는 듯 하메들은 멈췄다.

• **인서트 》**
윤, 정, 송, 유, 뭐 대단한 걸 생각해내려는 것처럼 고뇌한다.

윤진명 뭘 했지?

정예은 방으로 가서…

유은재 (기억이 날 듯 괴롭다)

강이나 (얘들 진짜 왜 이래 툭!) 뭘 뭘 해? 옷을 갈아입었겠지.

송지원 맞다!

유은재 강 언니, 천재!

조은 (기침이 난다) …

네 개의 베드에 갈아입을 옷이 생겨난다. 하메들이 옷을 갈아입으려
고 하는 순간 음흉한 카메라가 스윽 줌인 한다. 윤진명이 옷을 갈아
입으려다가 카메라를 째려본다. 카메라가 움찔하며 바닥으로 향했
다가 다시 돌아오면 하메들은 벌써 옷을 갈아입었다.

윤진명 (본인의 옷을 옷장에 넣으며) 이런 덴 얼마나 할까?

송지원 알면 뭐 해? 또 올 것도 아닌데. (침대에 눕는다) 좋다!

유은재 (조심스럽게 침대에 올라가 앉으며 둘러본다) 강 언니 피부 진짜 좋

다 생각했는데…

정예은 　(약간의 질투가 섞여 있다) 야, 이 정도 돈 들여서 그 정도 안 좋아지면 뭐? 돈 들인 것 치고는 그닥 좋은 것도 아니야.

윤진명, 송지원, 유은재, 그건 아니다 싶은 얼굴로 정예은을 보는데.

10. 거실(밤)

정예은 　(부정한다. 강이나를 보며 손을 흔들다가 버럭) 내가 언제? 그런 식으로 말하진 않았다.

강이나 　(뭐, 정예은을 모르는 것도 아니고. 놀리듯) 그럼 어떤 식으로 말했는데…

정예은 　(생각한다) 어… 어… 어… 강 언니 피부가 좋긴 좋은데… 음…

윤진명 　(정예은을 구해준다) 그러니까 우리가 그때까지 본 사람은…

　　•인서트 ≫
데스크 직원이 '나요?' 하듯 쳐다본다.

윤진명 　나올 때 본 사람도…

　　•인서트 ≫
피부에 광이 나는 네 사람이 나온다. 자기 피부에 감탄 중이다. 송지원은 두 손으로 볼을 눌렀다 뗀다. 수분이 꽉 찬 피부가 쩍 하고 달라붙어 올라온다.

데스크 직원 　안녕히 가십시오.

| 강이나 | 거긴 백 퍼센트 예약제라서 쓸데없이 누구랑 부딪히고 그럴 일은 없어. |
| 윤진명 | 그렇단 얘기는… |

11. 마사지룸(낮)

네 명이 침대에 올라앉았거나 누워 있다.

| (윤진명) | 편지를 쓴 사람은 그날 우리 방에 들어온 마사지사 중에 하나란 얘기야. |

기다렸다는 듯, 노크 소리 들린다.

| (송지원) | 왔다! 집중해! |

그러나 과거의 하메들은 전혀 집중하지 않는다. 유은재는 카톡을 하고, 정예은은 베개를 편안하게 하고, 특히 송지원은 하품을 한다. 문이 열리고 유니폼을 입은 네 명의 마사지사가 들어온다. '안녕하세요' 인사한다. 하메들은 침대에 눕거나 베개를 베거나, 이불을 덮는 등 움직이느라 마사지사의 얼굴을 얼핏얼핏 볼 뿐이다. 마사지사의 얼굴이 보일락 말락 할 때마다 하메들의 안타까운 탄성이 들린다. 유은재가 마사지사의 얼굴을 막 보려고 하는데.

| 송지원 | 나 봐라. (인어공주 자세 하며) 섹시하쥐. |

화면 밖의 하메들 안타까워 죽는다. 아~~~

• 인서트 ≫

정예은	이 바보.
유은재	볼 수 있었는데…
송지원	(미안하긴 하지만) 난 그냥… 늘 하던 대로… (도와달라는 듯 윤진명을 보지만) …
윤진명	(한숨을 쉴 뿐이다) …

강이나와 조은, 이 사람들 무섭다고 생각한다. 눈치 본다. 어쨌거나 마사지사들이 하메들 머리에 하나씩 자리 잡는다. '스팀 타월 올립니다' 소리가 들리고 수건이 송지원, 윤진명, 정예은, 유은재의 얼굴을 가린다. 화면 밖에서 '아아' 안타까운 탄식이 들린다.

(유은재) 그게 마지막 기회였어요.

12. 거실(밤)

유은재	그다음엔 계속 눈을 감고 있었어요.
강이나	마사지 받는데 눈 뜨고 있는 사람은 없지…

• 인서트 ≫

스팀 타월을 거둬내지만, 마사지 받는 동안 눈을 뜰 일이 없다. 하메들은 계속 눈을 감고 있고. 마사지사들은 그 머리맡에서 하메들을 내려다본다.

정예은	(눈을 감고 그때를 생각해본다) 손이 되게 작고 부드러웠어.

•인서트 ≫
작은 손이 하메들 얼굴 위에서 춤을 춘다.

(마사지사)   석고 팩 올려드리겠습니다. 눈 가려드릴까요?
윤,송,정,유   (눈 감은 채) 예!

하메들 얼굴에 석고 팩이 가려진다.

하메들   아~ 아깝다.
정예은   눈은 가리지 말걸.
유은재   그러게요. 한 시간이나 같이 있었는데 얼굴을 못 봤어요.
강이나   (왠지 겁에 질려 네 사람을 번갈아 본다) …지금 그게 문제가 아
        니라…
하메들   …?
강이나   당신들 죽을 뻔한 거 아니야?

•인서트 – 마사지룸 ≫
무방비한 상태로 석고 팩을 하는 네 명의 하메들, 남은 석고를 목에
까지 바르는데, 쇠붙이가 목 부분을 오간다.

하메들이 늦게 공포를 느낀다. 자기 목을 만져본다. 정예은은 소름이
돋았다.

13. 벨 에포크 정원(밤)

서장훈이 의자를 만든다. 발자국 소리. 하메들이 내려온다. 강이나

와 서장훈은 처음 본다.

송지원   한밤중에 뭐 해?

서장훈   (강이나의 화려함에 홀렸다) 예? 아, 그게…

강이나   남자네?

서장훈   (헤벌쭉한다) 예, 남잡니다.

조은   (삐죽거린다) …

정예은   (조은을 가리키며) 얘 거야. 손대지 마.

강이나   (오올, 본다) …

조은   (툴툴댄다) 아, 진짜 아니라니까… (서장훈에게) 넌 왜 아무 말도 안 해?

서장훈   (놀리듯) 뭘…

송지원   (어쨌거나 소개한다) 집주인 대리.

강이나   아! (배꼽 인사한다) 잘 부탁합니다.

서장훈   (마주 배꼽 인사한다) 저야말로… 근데 뭘요?

강이나   나중에 이 집에 다시 들어올 건데, 그때 잘 부탁한다구요.

서장훈   그 말씀 부디 꼬옥!

조은   (삐죽거리다가 윤진명과 눈이 마주쳤다)

윤진명   (다 안다는 듯 웃는다) …

윤, 송, 정, 유, 조은이 마중 나가고 서장훈이 의자에 마지막 못을 박으려는데 혼자 하기는 힘든 작업이다. 하메들이 배웅하는 소리 들린다.

(유은재)   자고 가면 좋은데…

(정예은)   그러게. 다음엔 자고 가.

(윤진명)   운전 조심하고.

(송지원)	이제 백미러는 볼 줄 알지?

차 소리가 멀어진다. 하메들이 들어온다. 윤진명, 송지원, 정예은, 유은재가 올라가기를 기다렸다가 조은에게…

서장훈	이것 좀 잡아봐.
조은	왜 나한테… (툴툴대며 잡아준다. 못질하는 서장훈 슬쩍슬쩍 보다가) 왜 사실대로 말 안 해? 오해받으면 기분 나쁘잖아.
서장훈	그래? 난 별로 상관없는데… (쳐다본다. 못을 박느라 가깝다) 넌 기분 나빠?
조은	(너무 가깝다. 뒤로 물러난다. 그래놓고 그런 걸 의식하는 자기가 바보 같다. 올라가버린다)
서장훈	야!

14. 거실(밤)

조은이 들어온다. 가슴이 두근거린다. 얼굴이 빨개졌다.

송지원	(화장실에서 나오다가 조은을 발견하고 볼에 손을 대는 척하다가) 앗, 뜨거! 이거이거… 이건 분명 남녀상열지사의 열긴데…
조은	(뭐라 변명하기도 그렇고… 차라리 방으로 들어가버린다) …

15. 조은의 방(밤)

조은이 침대에 누워버린다.

서장훈 난 별로 상관없는데 (바로 코앞에서 시선을 들며) 넌 기분 나뻐?

조은이 부끄러워진다.

•인서트 ≫

서장훈 (바로 코앞에서 시선을 들며) 넌 기분 나뻐?

이불을 뒤집어쓰고 바둥바둥대다가 책상을 걷어찬다. 깜짝 놀라 일어난다. 바둥대기에 조은은 너무 길다.

16. 강의실(낮)

윤종열의 입술이 부르텄다. 머리도 부스스하다. 전체적으로 꺼칠해진 느낌이다. 유은재가 그 모습을 보며 남몰래 미소 짓는다. 강의가 끝난다. 김한소영과 여학생이 옆자리에 앉는다.

여학생 남친 생겼다며?
유은재 어? 아, 그게 남친은 아니구…
여학생 뭘. 학교까지 데려왔으면서…
김한소영 (슬쩍본다) …
여학생 되게 잘생겼더라.
유은재 (뭐, 기분 나쁘진 않다) 그래?
여학생 뭔가 분위기도 있고.
유은재 (생각해본다)

•인서트 ≫

서장훈이 케헬헬 웃는다.

유은재　(갸우뚱한다) 그런가?
여학생　몸이 완전 모델 핏이던데.
유은재　(그제야) 에?

17. 강의실(낮)

조은이 혼자 앉아 있다. 거추장스러울 정도로 긴 다리를 꼬고. 구부
정한 어깨를 더 구부정하게 만 채… 모델 핏이긴 하다. 강의 전이다.

안예지　마사지숍?
조은　응.
안예지　네 명이 다?
조은　응.
안예지　그럼 네 명이 다 용의자라는 얘기잖아.
조은　(그 말은 좀) 용의자?
안예지　(호기심이 인다) 25퍼센트의 확률이네.

교수님이 들어온다. 수업 받을 준비를 한다. 안예지가 연습장에 뭐
라고 쓴다. '서장훈하고는 어떻게 됐어?' 조은에게 보여준다. 조은 '?'
한다. 안예지 '연애 공개했어?' 조은, 연습장을 뒤집어버리고 교수
님만 바라본다. 안예지는 조은을 보다가 할 수 없이 교수님을 바라
본다.

18. 과 사무실 앞(낮)

정예은이 과사무실 앞에 붙은 공고를 본다. 필요한 건 사진 찍는다.
과 사무실로 들어가려는데 나오는 한유경과 마주친다. 한유경을 정
면으로 마주하게 된 정예은, 자기도 모르게 움찔하는데.

한유경   (정예은을 향해 웃기까지 한다) 안녕. (가버린다) …

정예은   (어이없어 웃음이 난다) …

(정예은)   미친 거 아냐?

19. 구내식당(낮)

정예은과 송경아가 밥을 먹는다.

정예은   (좀 전의 일을 격렬히 성토한다) '안녕' 이러더라구. 웃으면서. 마치
아무 일도 없었다는 듯이. 너무 아무렇지 않아서 하마터면 나도 '안
녕' 그럴 뻔했다니까…

송경아   (묵묵히 밥을 먹는다) …

정예은   뭐 그런 게 다 있냐? 지가 거기서 웃음이 나와? 잘못했다고 싹싹 빌
어야 되는 거 아냐?

송경아   …

정예은   (상대방이 호응 안 해주자 점점 더 세게 나가게 된다) 일 크게 만들
기 싫어서 봐줬더니 진짜 별일 아닌 줄 아나 본데 이거 제대로 하면
완전 고소감이잖아.

송경아   …

정예은   (송경아가 호응 안 해주자 서운하다) 너 왜 그래?

송경아	뭐가?
정예은	나한테 뭐 화났어? 내가 뭐 잘못 말했어?

그때, 지나가던 여학생 두 명이 송경아, 정예은을 발견하고 옆에 앉는다.

여학생1	(지나가는 투로) 여기 자리 있어?
정예은	(가방 치워준다) 앉아.
여학생1	(농담이다) 너네 요새 유경이 왕따 해? 요새 유경이 떼놓고 둘이 다니더라.
정예은	(순간 애매해져서 송경아를 보는데) …
송경아	(식판 들고 일어난다) 나 먼저 갈게.

여학생1, 2는 자기 이야기로 넘어갔고 정예은은 왠지 상실감을 느낀다.

20. 데이트할 만한 곳(밤)

야외여도 좋고 실내여도 상관없다. 과학박람체험관일 수도 있겠다. 정예은과 권호창은 데이트 중이다. 권호창은 관심을 갖고, 보고 설명하는데 정예은은 집중할 수가 없다. 그러다 보니 혼자 들뜬 권호창도 꼴 보기 싫다.

정예은	재밌어?
권호창	(곧이곧대로) 어, 너도 해볼래?
정예은	됐어. 너 많이 해. 나 먼저 갈게. (가버린다)

| 권호창 | (쫓아가야 되는데 하고 있던 것을 갑자기 멈출 수가 없어서 시간이 지연된다) … |

21. 벨 에포크 정원, 계단(밤)

정예은이 들어온다. 계단에서 내려오는 유은재와 마주친다.

유은재	오늘 늦는다고 안 했어요?
정예은	그냥 일찍 왔어. 어디 가?
유은재	요 앞에 친구가 왔다고 해서…

정예은은 안으로 들어가고 유은재는 밖으로 나간다

22. 거실(밤)

정예은이 물을 마시다가 문득, 냉장고에 붙어 있는 분홍색 편지를 본다.

23. 술집(밤)

유은재가 들어온다. 누군가를 발견하고 그쪽으로 다가간다. 조금은 긴장했다. 혼자 있다가 고개를 드는 사람은 김한소영이다.

| 김한소영 | 갑자기 전화해서 놀랐지? |

유은재	(무안하면 늘 그렇듯 웃는다) 어, 조금… (왜 불렀는지 궁금하지만 대놓고 물어보기도 그렇다. 눈치를 본다) …?
김한소영	그냥. 술 한잔하고 싶어서… (술을 따라준다)
유은재	(두 손으로 받으려다가 김한소영이 쳐다보자 한 손을 엉거주춤 빼다)
김한소영	(잔 부딪치며) 우리 둘이 술 마시는 건 처음이지?
유은재	어. (홀짝 마신다) …
김한소영	하긴 넌 누구랑도 둘이 마신 적 없잖아.
유은재	어… 내가 좀 낯을 가려서…
김한소영	쫌?
유은재	좀 많이… (헤헤 웃는다)
김한소영	난 너 처음 봤을 때 모자란 앤 줄 알았어.
유은재	에?
김한소영	말할 때 사람 눈도 안 쳐다보고 목소리도 잔뜩 기어들어가서 웅얼웅얼하고… 그런 애가 종열 선배랑 사귄다고 그래서 진짜 놀랐는데…
유은재	…
김한소영	우리 동기 여자애들 중에 종열 선배 좋아하는 애들 꽤 있었거든.
유은재	에? 진짜?
김한소영	너 OT 안 왔지?
유은재	응, 감기 걸려서…
김한소영	OT 때 3학년 선배가 취해 갖고 진상 부렸거든. 신입여자애들한테 막 이상한 농담하는데, 화내기도 애매하고 기분은 나쁘고… 뭐, 그런 상황이었는데, 그때 종열 선배가 테이블 위를 막 건너와 갖고는 자기랑 마시자고, 여자애들한테는 다른 자리로 가라고 그러고…
유은재	(자기 칭찬을 듣는 거 같다. 실실대는데) …
김한소영	그때 종열 선배한테 반한 애들 많아. 나도 그중에 하나고.
유은재	(실실대며 듣다가 어라, 싶다) …

김한소영	뭐 대단한 일을 한 건 아닌데… 그냥 이 사람 좀 멋있구나 싶었어. 그래서 고백할 타이밍 보고 있었는데… (유은재를 보고 웃는다)
유은재	어…… 전혀 몰랐어.
김한소영	뭐, 내가 포커페이스잖아.
유은재	(술을 마신다. 왠지 멍하다) 응, 그러게…
김한소영	지금에 와서 이런 얘기 하는 이유 안 물어봐?
유은재	(이유가 있어?) 어?
김한소영	솔직히 말할게. 너랑 종열 선배랑 헤어졌다고 했을 때 기회다 하는 마음도 있었어.
유은재	어…
김한소영	그렇다고 기다렸다는 듯이 대시하긴 좀 그래서 미적댔는데…
유은재	(가만히 안도의 한숨을 쉰다) …
김한소영	근데 최근에 너한테 남친 생긴 거 보고 아, 이젠 고백해도 되겠다 싶어서.
유은재	(왜 얘기가 그렇게 되지) 에에?
김한소영	너한테 이런 말하는 것도 뭐가 애매하고 그렇긴 한데… 그렇다고 몰래 고백하는 것도 왠지 뒤통수치는 거 같고. 난 뒤에서 말 듣는 게 딱 질색이라… 혹시 기분 상했어?
유은재	(기분 상했지만 억지로) 아니… 뭐, 종열 선배가 내 것도 아니구…
김한소영	그건 그렇지.

24. 벨 에포크 앞, 계단(밤)

유은재가 걸어온다. 멍하다.

25. 거실(밤)

유은재가 방으로 들어가려다가 냉장고에 붙은 분홍색 편지를 본다.

26. 분식집(낮)

서장훈이 들고 있는 접시에 안예지가 이것저것 담는다. 서장훈이 감탄하며 본다.

서장훈　이걸 다 먹어?
안예지　응, 왜?
서장훈　넌 먹는 거에 비하면 진짜 날씬한 거다.

두 사람, 테이블에 자리를 잡는다.

안예지　(아무렇지도 않게) 많이 먹은 날은 집에 가서 토해.
서장훈　(뭔가 말하려는데) …
안예지　아무 말 하지 마. 잘난 척하지 마. 다 알어.
서장훈　안다면야… (먹을 준비를 한다)
안예지　(갑자기 손을 든다) 은아!

보면 조은이 입구에 서 있다. 서장훈을 스윽 보고 다가온다. 안예지는 자기 옆자리의 가방을 치우고. 서장훈은 자기 옆에 앉으라고 한 칸 안쪽으로 들어가는데… 조은은 별 생각 없이 안예지 옆에 앉는다. 안예지가 '이겼지롱' 혀를 내민다. 서장훈은 그래 '너 좋겠다' 썩은 표정한다.

조은	(서장훈에게) 뭐야? 왜 왔어?
서장훈	(안예지 턱짓하며) 쟤한테 물어봐.
안예지	(조은에게) 네가 너무 바보 같으니까 그렇지. (서장훈에게) 너 똑바로 대답해!
서장훈	(선서하듯 손을 들었다 내린다) …
안예지	너 우리 은이 좋아하는 거 맞지?
조은	뭐 할라구?
안예지	가만있어! 대답해!
서장훈	(슬쩍 조은을 본 다음) …어.
안예지	근데 왜 비밀로 해?
서장훈	…은이가 비밀로 하자 그래서…
조은	불편하잖아. 한 집에서 그런 거 소문나면…
안예지	좋아. 그건 그렇다 쳐. (서장훈에게) 너 친구들한테 은이 얘기 했어?
서장훈	…
안예지	내가 알아봤는데, 남자들은 좋아하는 여자 생기면 친구들한테 막 자랑하고 소개하고 그런다는데? (조은에게) 너 쟤 친구 만난 적 있어?
조은	어?
안예지	없지? (서장훈에게) 너 왜 그래?
서장훈	그거야 내 친구들은 지방에 있구…
안예지	너 좀 있으면 군대 가잖아.
서장훈	…!
안예지	너 그거 아냐? 군대 가기 전에 '싱숭싱숭'해서 아무 여자나 사귀고 그러는 거.
조은	(짜증난다) 야!
안예지	가만있어봐! 군대 가기 직전에 연애하는 거잖아. 잘 생각해야지. 애매한 마음으로 사귀자 그래놓고 2년 수절했는데 제대한 다음에 아

니었네, 그러면 어쩔 건데. 너만 바보 되는 거야.

서장훈　(왠지 가라앉았다) …

안예지　똑바로 해!

서장훈　알았어. (화력을 줄인다) 먹어도 되겠다.

서장훈이 접시에 덜어서 먼저 조은에게 준다. 조은은 서장훈의 '가라앉은' 반응이 신경 쓰인다.

27. 분식집 앞(낮)

서장훈, 조은, 안예지가 나온다. 서장훈이 먼저 인사하고 걸어간다. 주머니에 손을 넣고 터덜터덜 걷는다. 조은이 멀어지는 서장훈을 지켜보는데, 안예지가 조은의 팔짱을 낀다. 다른 곳으로 간다.

28. 강의실(낮)

유은재가 앉아 있다. 윤종열 쪽을 본다. 윤종열은 평소와 다름없는 것도 같다. 김한소영이 들어온다. 유은재가 긴장한다. 김한소영이 주변 사람들과 인사하며 가다가 윤종열 근처에 앉는다. 치… 유은재 입이 나온다. 김한소영이 윤종열과 뭔가 이야기한다. 유은재 입이 점점 나오는데…

(여자)　둘이 사겨?

유은재　(깜짝 놀라 돌아본다) …

여학생 두 명이 핸드폰을 보고 있다. 강소라, 현빈의 사진이다.

여학생 애네 사권 지 언젠데.

유은재가 안도의 숨을 쉬는데, 김한소영이 뭔 얘기 끝인지 깔깔 웃는다. 김한소영이 웃을수록 유은재는 짜증이 난다.

(유은재) 꼴 보기 싫어.

29. 거실(낮)

유은재가 송지원, 정예은, 조은에게 성토 중이다.

유은재 하하하 호호호 콧소리 내는데 토 나올 뻔했어요. 어울리지도 않게…

하메들, 유은재의 격분에 그저 듣기만 한다.

유은재 그리고, 고백을 하든 말든, 지가 알아서 하지 왜 나한테 말해? 내가 하지 말랜다고 안 할 건가? 지 하고 싶은 대로 할 거면서 웃겨. 암튼 처음부터 재수 없었어. 잘난 척이나 하구.
송지원 너 개 좋아했잖아. 똑똑하고 멋있다구.
유은재 (버럭) 내가 언제요!
정예은 (말 돌린다) 그래서? 고백했대?
유은재 몰라요. 알 게 뭐야? 하든 말든… 해봤자 안 될 게 뻔하구.
정예은 왜? 안 이뻐?

유은재	(단정한다) 안 이뻐요! 머리도 짧고 남자같이 하고 다녀서 남자들이 좋아하는 스타일이 아니에요, 전혀!
정예은, 송지원	(야아… 싫다) …
유은재	왜요? (하다가 그제야 조은에게) 아니, 머리 짧다고 다 그렇다는 게 아니라… 그게… 어…

그때, 초인종이 울린다. 인터폰에 비치는 건 서장훈이다.

송지원	(다행이다) 나이스 타이밍! (문 열어주러 나간다)
정예은	(따라간다) …
유은재	(눈치 보며) 미안…
조은	자꾸 사과하는 게 더 이상해.

현관에서의 말소리가 들린다.

(서장훈)	낮에 택배 온 거…
(송지원)	아, 깜박했다. 고마워… 벌써 갈라구? 에에이, 들어와. 들어와. 놀다가.
(서장훈)	예?
(정예은)	들어와요.

서장훈이 송지원과 정예은에게 끌려온다. 송지원은 한 손엔 택배를 들었다. 서장훈과 조은, 낮에 있었던 일 때문에 약간 어색하다.

송지원	(서장훈을 툭 치며) 뭘 그렇게 내외를 하고 그러실까? 왜? 뒷방 늙은 이들 때문에 부끄러워? 비켜줘? 그렇겐 못 하지. 어딜 남녀가 유별…
서장훈	(말 끊는다) 우리 안 사겨요!

조은	(자기도 모르게 놀란다. 서장훈을 본다) …
서장훈	(조은에게) 맞지? 너 나 안 좋아하지?
조은	(당황을 숨긴다) 어…
유은재	근데 왜 사귄다고 그랬어요?
서장훈	그냥 좀 사정이 있어서… 그럼… (나가려 한다) …
정예은	진짜야?
조은	(왠지 창피하고 속상하다) 몇 번이나 말해여! 아니라고. 키 작고 느끼한 애 싫다고! (방으로 들어가버린다) …
서장훈	(그때까지 신발을 신고 있었다. 꾸벅 인사하고 나간다) …

송, 정, 유… '이게 뭔 일이래' 싶다.

30. 조은의 방(낮)

조은이 침대에 걸터앉는다. 속상하다.

31. 사무실(밤)

윤진명이 서류를 보다가 포스트잇을 붙인다. 그리고 그곳에 뭐라고 메모를 한다. 책상 한쪽에 막대사탕 통이 놓여 있다. 사탕 몇 개가 빠졌다.

32. 복도, 엘리베이터 앞(밤)

오앤박 소속 아티스트들의 사진이 걸려 있는 곳. 아스가르드의 사진을 떼어내고 다른 신인그룹의 사진을 건다. 그 옆을 윤진명이 지나간다. 퇴근하는 길이다. 엘리베이터를 누른다. 엘리베이터가 열린다. 엘리베이터에는 세 명쯤 타고 있다. 그중 하나가 아스가르드 전 매니저 이실장이다. 윤진명이 이실장에게 살짝 목례하고 엘리베이터에 탄다.

33. 엘리베이터(밤)

이실장 혹시 헤임달 소식 아는 거 있어요?

윤진명 (쳐다본다) …?

이실장 (다른 사람들이 자신들의 대화에 관심 없음을 확인하고) 애하고 연락이 안 된다고 집에서 전화가 왔는데… 아무것도 모르는 눈치여서…

윤진명 (파스를 붙인 오른쪽 팔목이 욱신거린다. 왼손으로 오른손 팔목을 움켜쥔다) …

이실장 새끼가 워낙 또라이라… (엘리베이터 문이 열린다) 끝까지 속을 썩이네…

윤진명 (제일 마지막으로 밖으로 나간다) …

34. 오앤박 앞(밤)

윤진명이 나온다. 건물 한쪽을 본다. 헤임달이 1인 시위를 하던 곳이다. 그곳은 비어 있다.

35. 버스 안(밤)

윤진명이 창밖을 본다.

•인서트 ≫
자신을 향해 격렬한 미움을 드러내던 혜임달. 창밖, 신촌 로터리를
지난다. 윤진명이 갑자기 하차 벨을 누른다.

36. 건물 앞(밤)

윤진명이 수앤수 간판을 올려다본다.

38. 수앤수 로비(밤)

마감 시간인가 보다. 데스크 직원이 퇴근 준비를 한다. 데스크 직원
은 우리가 이미 아는 얼굴이다.

데스크 직원　아, 저희 영업시간 끝났는데요.
윤진명　아뇨, 사람을 찾는데요.
데스크 직원　(다음 말을 기다린다) …
윤진명　제가 작년 12월 달에 여기 왔었는데, 그때 저를 담당했던 분 중의 한
분요.
데스크 직원　(경계하기 시작한다) 예…무슨 일 때문에 그러시는지…
윤진명　(담담하다) 제가 사과할 일이 있는 거 같아서요.
데스크 직원　담당했던 분 성함이…

윤진명	모르겠어요.
데스크 직원	…
윤진명	작년 12월 13일 오후 3시경에 네 명이서 왔었거든요. 기록이 있을까요?
데스크 직원	아뇨. 기록은 세 달 전까지만 보관하거든요.
윤진명	아…

퇴근 준비를 끝낸 마사지사들이 우르르 몰려나온다. 대략 10여 명 정도 된다. 윤진명이 그들을 하나하나 바라본다. 데스크 직원이 그런 윤진명을 바라본다.

38. 거실(밤)

송지원, 정예은, 유은재가 밤 시간을 보내고 있다. 윤진명이 들어온다. 하메들이 대충 인사한다.

윤진명	(물 따르다가 냉장고에 붙은 분홍색 편지를 본다) 나 저기 갔었어, 수앤수. 편지 쓴 사람 찾아서…
송지원	에? 혼자서? 계획 짜서 다 같이 가기로 했잖아.
윤진명	미안… 갑자기 나일지도 모른다는 생각이 들어서. 저 편지 받을 사람이…
송지원	그래서? 뭘 알아냈는데?
윤진명	그런 데는 직원이 금방금방 바뀐대. 별로 알아낸 건 없어.
송지원	이렇게 작전 개념이 없어서야…
정예은	(조용히 두 사람 대화 지켜보다가) 사실은 나도 갔었어. 그게 한유경하고 관련된 거 아닌가 싶어서… (눈치 본다)

39. 수앤수 로비(낮)

문이 열리고 정예은이 들어온다. 전 신과는 정반대의 얼굴이다. 데스크 직원이 영업용 얼굴로 인사하려다가 정예은의 기세에 멈칫한다.

정예은　(분홍색 편지 테이블에 쾅 내려놓는다) 이거 여기 거 맞죠?

데스크 직원　(확인한다) 예, 맞는데요…

정예은　(뒷장 보여준다) 이 주소… 우리 집이거든요.

데스크 직원　(당황한다) 그게 왜 거기…

정예은　그러니까요. (핸드폰 속 한유경 사진 보여준다) 얘 알죠?

데스크 직원　(본다) 처음 보는 분인데…

정예은　진짜요?

　　•점프 ≫
마사지사들, 한유경 사진을 본다. 고개를 흔든다.

40. 거실(밤)

송지원　(답답하다. 그래도 참는다) 그래서?

정예은　(송지원 눈치 보고) 앞으로는 고객정보 노출 안 되도록 더욱 주의하겠대.

송지원　그러니까 이 편지만 노출됐다 그거지.

정예은　(미안하지만) 유경이하고는 상관없는 일이라는 거는 알아냈잖아.

송지원　(한숨을 푹 쉬다가 유은재를 보며) 혹시 너도 갔었어?

유은재　(고개까지 흔들며) 아아뇨! (해놓고는 살짝 눈치 보며) 갔다기보다는…

41. 수앤수 앞 복도(낮)

엘리베이터에서 내린 유은재. 수앤수 앞까지 왔다. 그러나 막상 들어가려니 머뭇거려진다.

(유은재) 가긴 갔는데, 막상 들어갈려니까 뭐라고 해야 할지 몰라서…
데스크 직원 (화장실에서 나오다가 유은재를 본다) 저기요?
유은재 (깜짝 놀란다. 꾸벅 인사하고 후다닥 도망간다) …

42. 거실(밤)

유은재 그러니까 완전히 간 건 아니구… (눈치 본다)
송지원 (한숨을 푹 쉰다) …
정예은 (뭘 그렇게까지) 왜에?
송지원 계획을 다 다시 짜야 하잖아. 기가 막힌 시나리오가 있었는데… (방으로 들어간다)

윤, 정, 유 눈치를 보며 일어선다.

43. 주차장(낮)

임성민 차가 도착한다. 임성민과 송지원이 차에서 내린다. 엘리베이터를 찾아 이동한다.

44. 엘리베이터(낮)

임성민과 송지원이 탄다. 층을 누르는 송지원, 콧김을 내뿜는다.

임성민 (불빛이 들어온 층의 상호를 확인하고) 어디 가는데? 성형외과? 마
사지숍?

송지원 응.

임성민 마사지숍에서 내가 뭘 하면 되는데?

송지원 넌 그냥 가만히 있으면 돼.

임성민 그게 나 아니면 안 되는 일이야? 가만히 있는 게?

송지원 응… 너밖에 할 수 없는 일이야.

임성민 (그렇다면야) 그래? 그럼 최선을 다해 가만히 있어주지.

45. 수앤수 앞(낮)

엘리베이터 문이 열리고 송지원과 임성민이 내린다.

송지원 먼저 들어가.

임성민 …?

송지원 (화장실로 향하는데 조금 큰 가방을 들고 있다) …

46. 수앤수 로비(낮)

종소리가 딸랑.

데스크 직원 안녕하세요. 예약하셨습니까?

임성민 (들어오긴 왔는데) 아뇨, 그게 아직 잘…

데스크 직원 일행분이 계십니까?

임성민 예… 좀 있다 올 거예요.

데스크 직원 (소파 가리키며 영업용 미소) 편하게 기다리십시오,

임성민, 대기 소파에 앉아 스윽 실내를 둘러본다. 여자들을 위한 공간이라 왠지 긴장된다. 정수기에서 물을 뽑아 마시면서 돌아서는데 마침 문이 열리고 한 여자가 들어온다. 새빨간 립스틱을 바르고 머리를 당겨 묶었다. 잠자리 선글라스에 A라인 스커트를 입고 아찔한 힐을 신고 또각또각 걸어온다. '헤에, 누군지 이쁘구만' 생각하며 물을 마시는데…

송지원 (임성민의 팔짱을 끼며) 자기야, 많이 기다렸지.

임성민 (너무 놀라 끄억 소리가 난다) …

송지원 (임성민과 눈을 마주치며 눈을 깜박깜박한다. 데스크 직원을 향해) 임성민 이름으로 예약했는데요.

데스크 직원 아, 예… (확인하고) 근데 한 분 예약하셨는데…

송지원 (지적이고 섹시한 콘셉트다) 맞아요. 저는 됐고, 이이만… (그때까지 임성민은 입 벌리고 송지원을 보고 있다. 임성민 턱을 올려 닫아준다) 자기, 요새 피곤해서 그런지 피부가 엉망이잖아요. (데스크 직원을 향해) 여기서 제일 오래되고 제일 잘하는 분으로 해달라고 했는데?

데스크 직원 예, 저희 선생님들은 다 잘합니다만 특별히 경력 많은 분으로 배정했습니다. (앞장선다) 이쪽으로…

데스크 직원을 따라 송지원이 또각또각 걸어간다. 임성민이 뭐에 홀린 듯 따라간다.

47. 1인용 마사지숍(낮)

데스크 직원이 문을 열어준다. 이런 곳이 어색한 임성민이 꾸벅 인사하며 들어온다.

데스크 직원   (베드 위의 옷 가리키며) 옷 갈아입으시면 곧 도와드리겠습니다. (문 닫으려다가 송지원을 본다) …

송지원   (왜냐는 듯 마주 본다) …?

데스크 직원   여기서 기다리실 건가요?

송지원   (어디까지나 당당하고 지적이다) 예, 안 되나요?

데스크 직원   아뇨… (문을 닫아주고 나간다) …

임성민   (큰 소리는 못 내지만) 야!

송지원   (조용히 하라는 시늉하고 옷 던져준다)

임성민   (일단 갈아입는다) 뭘 하려거든 미리 얘길해주든가…

송지원   (문밖의 상황 살피며) 미리 알아봤자 발 연기할 걸 뭐… 왜? 나의 변신에 놀랬어?

임성민   (그건 그렇다. 다시 봐도 놀랍다) …

송지원   (본래의 송지원이다) 놀래셨구만! (포즈 취하며) 섹시하지? (다른 포즈) 엄청나지? (빙글 돌며) 죽여주지? (하다가 삐끗한다)

임성민   (쓰러지려는 송지원을 받는다) …

그때 하필 노크 소리 나고 마사지사가 들어온다.

송지원	(자신을 안고 있는 임성민의 가슴을 콩 때리며) 아무튼 틈만 나면…
임성민	(맞은 데가 아프기도 하고 억울하기도 하다. 송지원을 본다) …
마사지사	(콩 하고 주의를 환기시킨다. 임성민을 본다) …손님!
임성민	예? (마사지사가 베드를 바라보자 깨닫고 눕는다)
마사지사	스팀 타월입니다.

마사지사는 자기 할 일을 하고 송지원은 마사지사를 빤히 본다. 마사지사는 그런 송지원이 신경 쓰인다. 유니폼 위의 이름표를 본다. '아라'라는 이름이다. 이름하고 안 어울리게 마사지사는 30대 후반의 아줌마다.

송지원	(유니폼 위의 이름표를 본다) 아라 씨?
마사지사	예? 예…
송지원	본명이세요?
마사지사	아뇨… 여기선 다 가명을 쓰는데…
송지원	아… (손놀림 흉내 내며) 굉장히 잘하시네요. 얼마나 되셨어요?
마사지사	햇수로 12년 됐는데요.
송지원	아… 수앤수에는 얼마나…?
마사지사	5년요… 두 분 참 잘 어울리세요. 어떻게 만나셨어요?
송지원	나 아니면 죽겠다고 그래서 할 수 없이…
임성민	(말은 못 하고 이의 있다고 손을 드는데) …
송지원	(임성민의 손을 두 손으로 잡으며) 그래요. 나 여깄어요. 걱정 말아요. (마사지사에게) 이렇다니까요.
마사지사	(호호호 웃는다) …
송지원	전에 여기 있던 마사지사 중에 책 많이 읽는 사람 있었죠?
마사지사	책요?
송지원	예, 가끔 보면 늘 책을 읽던데… 책에 줄 처가면서…

마사지사	아, 조앤⋯
송지원	조앤인가? 가물가물하네. 작년 12월 달에도 있었는데⋯
마사지사	그럼 맞을 거예요. 우리 중에 책 읽는 애는 조앤 밖에 없었으니까.
송지원	조앤 잘 있죠?
마사지사	뭐, 잘 있겠죠. 여기 관뒀어요.
송지원	(곧바로) 언제요?
마사지사	올 2월인가⋯ 관둔다 말도 없이 관둬 갖고⋯ 욕 엄청 먹었어요. 그런 애들 가끔 있거든요. 말도 없이 숍 옮기는 애들⋯
송지원	(아깝다. 다급해진다) 조앤 연락처 알 수 있을까요?
마사지사	(손을 움직이며 송지원을 쳐다본다. 의심의 눈초리⋯) 연락처요?
송지원	(너무 급했다. 어떡하지⋯ 마사지사 모르게 임성민의 옆구리를 꼬집는다)
임성민	(으윽) ⋯
송지원	자기 아팠어? 좀 조심해주세요.
마사지사	(일단은) 죄송합니다. (살살 했는데. 고개를 갸웃한다) ⋯
송지원	(그사이 머리를 굴린다) 이거 우리끼리 비밀인데요. 사실은 제가 청담동에 숍을 하나 내거든요.
마사지사	아⋯
송지원	그래서 여기저기 실력 있는 선생님들을 스카웃 중인데. 이쪽에서는 조앤하고 우리 아라 님을 스카웃하고 싶은데⋯ (의향을 묻듯 보다가 던진다) ⋯물론 대우는 업계 최고로⋯
마사지사	(배시시 웃음이 새어나온다) ⋯

48. 수앤수 로비(낮)

마사지사 아라가 직원 명단에서 조앤의 주소를 베껴 적는다. 데스크 직원이 오자 서둘러 자리를 수습한다.

데스크 직원 여기서 뭐 해요?

아라 전화… 받으려고 했는데 끊겨서…

데스크 직원 (그래?) 3번 방 끝났어요?

아라 이제 마무리 들어갑니다. (자리를 뜬다) …

데스크 직원 ……

49. 마사지룸(낮)

송지원이 메모를 확인한다. 아라의 핸드폰 번호와 조앤의 집 주소, 핸드폰 번호가 적혀 있다. 아라는 임성민의 얼굴에 마무리 작업을 하고 있다.

50. 수앤수 로비(낮)

아라 (진심을 담아 인사한다) 안녕히 가십시오.

송지원 네…

임성민 (같이 꾸벅 인사하고 나간다) …

데스크 직원 (송지원 등이 나가기를 기다렸다가) 팁 받았나 봐요?

아라 (기분 좋게) 아뇨. (행복한 얼굴로 자리를 뜬다)

데스크직원 (그런데 왜 저러지 쳐다본다) …

51. 임성민 차 안(낮)

송지원과 임성민이 차에 탄다. 송지원이 조앤의 핸드폰으로 전화를 거는 동안 임성민이 자기 피부를 확인한다. 좋구만! 어쨌거나 차를 출발시킨다. 그사이, 조앤의 핸드폰 연결음이 계속되다가 '지금은 고객이 전화를 받을 수 없다'는 기계음이 들린다.

송지원   (다리를 꼬는 바람에 치마가 올라간다) 고객님이 전화를 안 받으시네.

임성민   모르는 번호 전화는 안 받는 사람들… (하며 송지원을 보다가 치마가 엉덩이까지 말려 올라간 걸 본다)

송지원   (다급하다) 야, 야!!

이어폰을 꽂은 채 핸드폰을 들여다보며 걸어오는 여자! 임성민이 앞을 봤을 땐 이미 자동차가 스스로 급제동을 했다. 급제동 깜빡이가 깜박인다. 여자는 자기가 위험했는지 어땠는지도 모른 채 스윽 한번 돌아본 뒤 사라지고.

송지원   (놀랐다) 어떻게 한 거야? 지가 멈춘 거야? 차 좋네!

임성민   (큰일 날 뻔했다. 버럭) 야, 치마 좀…

송지원   (말려 올라간 치마를 내리며) 아주 그냥 정신을 못 차리는구만. 그럼 이건 어때? (묶었던 머리를 푸르며 고개를 흔들어 머리카락을 흔든다. 하지만 머리카락이 눈을 칠 뿐이다. 눈을 움켜쥔다. 아프다) …

그사이, 임성민의 차가 주차장을 빠져나간다.

52. 벨 에포크 정원(밤)

서장훈이 페인트 통을 딴다. 완성된 의자에 페인트를 칠하려는 것이다. 조은이 들어온다.

서장훈 (슬쩍 돌아보며) 왔냐? (인사하고는 곧바로 자기 할 일로 돌아간다)
        …

조은은 어제 일을 기억한다.

    • 인서트 》
조은   몇 번이나 말해여.
조은   싫다구.
조은   키 작고.
조은   싫다고.
조은   느끼한 애.
조은   싫다고.
조은   키 작고 느끼한 애 싫다고.

조은 자기가 한 말 때문에 한숨이 나온다.

서장훈 (아직 있었냐는 듯) 뭐 할 말 있냐?
조은   (할 말 있다. 그러나) 아니… (올라가버린다)

53. 2층 거실(밤)

정예은이 화장실에서 씻고 나온다. 늘 그렇듯 화장실 옆에 놓아둔 체중계에 조심스럽게 올라간다. 유은재는 소파에 앉아 윤종열의

SNS를 뒤진다. 조은이 들어온다. 물을 마시려는데, 핸드폰이 진동한다. '안예지'다. 미운 마음이 든다. 수신 보류를 누른다. 냉장고에 붙여놓은 분홍색 편지가 눈에 들어온다. 문소리에 이어.

송지원   (들어오며) 다 왔어? 윤 선배 왔어? (누가 대답하기도 전에 신발장의 구두를 확인하고는 부른다) 윤 선배!

정예은   (송지원의 의상을 본다) 너 오늘 면접 봤어?

송지원   (식탁 쪽으로 부르며) 됐고. 모여봐. (다시 부른다) 윤 선배!

윤진명   (나오고 있다) 왜?

송지원   (다 모이자 헤헤헤 웃으며) 일단 칭찬부터 하고 갑시다. (자신을 쓰다듬으며) 지원인 너무 똑똑해. 우리 지원이 참 잘했어요. (하메들에게 머리를 들이민다)

하메들   (송지원 그러는 거야 하루이틀 아니다. 시큰둥하게 머리를 쓰다듬어주고 대충 등을 토닥인다. 영혼 없이 칭찬해준다. 장하다. 우쭈쭈) …

윤진명   뭔데?

송지원   (메모지를 척 꺼낸다) 찾아냈습니다! (분홍색 편지를 휘릭 떼어 온다) 이 분홍색 편지의 발신인.

정예은   진짜? 어떻게?

유은재   누군데요?

윤진명   마사지사야?

송지원   (고개를 끄덕인다. 성명 발표하듯) 이름 조앤!

정예은   (말도 안 돼) 외국인이야?

송지원   그게 아니구…

유은재   조 씨에 앤이에요? 외자?

송지원   캄다운. 캄다운 플리즈! 가명이죠. 그 마사지숍에서는 가명을 쓴답니다. 수지, 아라, 조앤… 이것이 조앤의 핸드폰 번호와 주솝니다. (메모를 편지 옆에 내려놓는다)

윤진명	전화해봤어?
송지원	응, 근데 안 받아.
정예은	합정동이면…
유은재	가까워요?
정예은	애매해.
송지원	어쩌지?
윤진명	일단 통화부터 하고…
송지원	그렇지?
정예은	(시간을 본다. 9시가 넘었다) 시간도 너무 늦었네.
유은재	그러니까요.

하메들 각자 동선을 따라 움직이는데, 조은이 신발을 신는다.

송지원	어디 가?
조은	한 번 가볼라구요. 산책 삼아…
하메들	(말도 안 된다는 듯 쳐다본다) …

54. 벨 에포크 계단, 정원(밤)

하메들이 계단을 내려온다. 서장훈은 아직도 페인트칠을 하고 있다.

서장훈	(다 같이 내려오는 하메들을 본다) 다 같이 어디 가요? 이 시간에…
윤진명	그러니까… (조은을 보며) 남의 집 가기엔 너무 늦은 시간인데.
조은	…
유은재	오늘 밤에 비 온댔는데…
조은	…

정예은	(모자 쓰면서) 아이, 나 세수도 다 했는데…
조은	누가 따라오랬나…
송지원	(한숨을 푹 쉬며) 계획 세울 틈을 안 줘요, 당최가…

하메들 투덜대면서도 조은을 따라간다.

55. 몽타주(밤)

— 골목

다섯 명의 하메들이 걸어온다. 조은이 구글 맵으로 길을 찾는다. 조은을 필두로 윤진명, 송지원, 정예은, 유은재가 일렬로 섰다가 횡렬로 섰다가 두세 명씩 짝지었다가… 제멋대로 걸어간다. 길을 잘못 찾아서 갔던 길을 돌아오기도 한다. 목적을 잊기도 하고 까르르 웃기도 하고, 쇼윈도 안의 옷을 구경하기도 한다. 송지원은 편지를 부채 삼아 펄럭이기도 한다.

56. 다세대주택 앞(밤)

•인서트 》

핸드폰 화면, 구글 맵의 현 위치와 목적지가 일치한다. 다세대 주택 앞이다. 오긴 왔는데… 하메들, 멀뚱히 서 있다. 띠롱거리며 자전거가 지나간다. 하메들이 벽으로 붙어 길을 터준다.

윤진명	102호면… (반지하에 불이 들어와 있다) …안에 사람은 있는데… 이제 어쩔 거야?

하메들이 조은을 본다.

조은	왜요?
송지원	어쩔 거냐구?
조은	(내가 결정해야 돼?) 예?
정예은	네가 가자 그랬잖아.
조은	내가 언제 가자 그랬어요? 그냥 따라온 거면서…
송지원	그래도 뭔 계획이 있었을 거잖아.
조은	…
송지원	있었을 거야. 설마… 있었겠지. 말은 그냥 간다고 해도 뭔가 계획이 있지 않고서야… 아무렴…
조은	(점점 궁지에 몰리는데) …
유은재	진짜 그냥 온 거야?
조은	응.
유은재	그럼 그냥 갈 거야?
조은	응.
송지원	바보야, 이 키 큰 바보!
조은	…
윤진명	(할 수 없다) 다음에 다시 오자. 전화부터 하고…

하메들 돌아서는데. 등 뒤에서 잘 맞지 않는 문이 열리는 기분 나쁜 소리가 들린다.

(여자)	쓰레기 좀 버리라니까는…

하메들이 돌아본다. 반지하 계단을 통해 20대 여자가 올라온다. 사무라이처럼 바짝 올려 묶은 머리. 반은 없는 눈썹, 깊게 파이고 짝

달라붙는 옷, 아무튼 범상치 않은 외모다. 여자가 하메들이 서 있는 쪽으로 온다. 홍해가 갈라지듯 하메들이 양쪽으로 나뉘어 길을 터준다. 여자는 '뭐야'라는 듯 그사이를 지나 쓰레기를 던진다. 그녀는 껌을 씹고 있는데 한 번 씹을 때마다 따닥따닥 소리가 경쾌하다. 나름 재주라면 재주다. 하메들이 서로 눈짓한다. 이러다가는 안으로 들어가 버릴 것 같다.

유은재	(느닷없이) 조앤!
여자	(슬쩍 본다) …
유은재	(소심하게) 조앤?
여자	나요? 아닌데요.
유은재	(쭈그러든다) 예~
정예은	(그렇다면 불쑥) 수앤수!
여자	…
정예은	(다시 한 번) 수앤수… 피부 마사지… (여자의 반응에 찌그러들며 모자를 더욱 눌러쓴다) 아닙니다.
여자	(돌아서려는데)
조은	(처음 목소리는 당당한데 갈수록 작아진다) 지연된 정의…
여자	(눈만 깜박일 뿐이다) …
윤진명	102호 사세요?
여자	(경계한다) 예.
윤진명	이사 온 지 얼마 됐어요?
여자	2년쯤… 왜요?
윤진명	혼자 살아요?
여자	(더 경계한다) 그러니까 왜여?
윤진명	그게 저희가 조앤이라는 사람을 찾는데 그 사람 주소가 여기 102호여서…

여자	그 여잘 왜 찾는데요?

하메들의 시선이 무의식적으로 송지원이 들고 있는 분홍색 편지에 머문다. 여자의 시선도 따라서 분홍색 편지로 향한다. 송지원이 편지를 스윽 숨긴다.

윤진명	그건 본인한테 직접 말해야 하는 거라서…
여자	(잠깐 생각하다가 손을 내민다) 연락처!
송지원	예?
여자	(껌 따악따악 씹으며) 같이 사는 사람한테 물어보고 나중에 연락 줄게여.

그 상황은 생각 안 해봤다. 당황스럽다. 서로 눈치를 보는데. 여자의 눈이 가느다래진다. 다섯 명의 하메들을 번갈아본다.

윤진명	(지갑에서 명함을 꺼낸다) 여기로 연락주시면 됩니다.

57. 골목(밤)

다섯 명의 하메들이 걸어온다.

정예은	같이 사는 사람 이름도 모르나?
송지원	셰어하우스 하나 보지.
정예은	그래도 이름 정도는 알 텐데…

마침 슈퍼가 나온다.

윤진명	아이스크림 먹을래?
송지원	윤 선배가 사는 거?
윤진명	(잠깐 생각하다가) 까짓 거…

하메들 좋아라 아이스크림 박스로 향한다.

•점프 》
골목, 다섯 명의 하메들이 아이스크림을 물고 걸어온다. 밤바람이
불어온다.

| 정예은 | (바람을 느끼며) 아, 이제 좀 시원하네. |

58. 반지하 원룸(밤)

어둠 속에 불이 켜진다. 침대에 자고 있던 여자가 꿈틀 하며 불빛을
피해 돌아눕는다. 골격이 큰 남자가 들어와 화장실부터 간다. 물 내
리는 소리, 남자의 씻는 소리가 들린다. 잠시 후 남자가 나온다. 눈매
가 날카롭다. 러닝셔츠 너머로 문신이 현란하다. 간단하게 씻은 남자
가 불을 끄고 침대에 눕는데.

여자	(전구 불빛이 사라지자 남자를 향해 돌아누우며) 전에 같이 살던 여
	자… 외국 사람이야?
남자	뭐?
여자	아까 누가 사람 찾는다고 왔었는데… 찾는 이름이 영어길래… 뭐더
	라, 메리? 줄리? …조앤?

부스럭 소리. 남자가 불을 켠다. 갑작스런 조명에 여자가 눈을 가리며 짜증을 부린다.

59. 벨 에포크 정원(아침)

서장훈이 만들던 의자가 놓여 있다. 하얀색 칠이 되어 있다. '칠 주의'라는 메모지가 접착테이프로 고정되어 바람에 펄럭인다. 조은이 살짝 만져본다. 손가락 끝에 칠이 조금 묻어난다. 조은이 서장훈의 방, 창문을 들여다본다. 조용하다. 아무도 없는 것처럼…

60. 캠퍼스 문과대 앞(낮)

조은이 터덜터덜 걸어온다. 서장훈의 일 때문에 우울하다. 안예지가 팔짝 뛰어와 조은 팔짱을 낀다. 조은은 보는 걸로 인사를 대신한다.

안예지   (다른 날처럼 밝다) 이것 봐라, 나 이거 샀다.
조은   …
안예지   이쁘지. (하다가 조은의 얼굴을 본다) 왜? 뭔데?
조은   …
안예지   뭔데? 서장훈이 뭐래? 말해봐.
조은   됐어.
안예지   왜 그놈이 뭐랬는데? 지난번에 내가 잔소리했다고 뭐래? 그랬구나.
조은   (울컥한다) 헤어졌어! 네 소원대로! 됐냐? (안예지를 처다보다가 가버린다)
(윤진명) 누군가를 미워한다는 것.

안예지	(조은의 시선에서 미움을 보았다) …
(윤진명)	누군가에게 미움받는다는 것.

61. 에필로그 몽타주

— 사무실
윤진명이 막대사탕을 바라본다. 통에는 절반 정도의 막대사탕이 남아 있다.

(윤진명)	처음 그 편지를 보았을 때.

• 인서트 》
편지를 읽는 하메들.

(윤진명)	소름이 돋았다. 강렬한 증오에 압도되었다. 그리고 생각했다.

— 학교 복도
김한소영이 윤종열과 뭔가 이야기를 하며 지나간다. 유은재가 멀어지는 두 사람을 바라본다.

(윤진명)	나는 누군가를 그렇게까지 미워할 수는 없을 거라고.

— 캠퍼스
권호창과 함께 걸어가는 정예은을 한유경이 바라본다.

(윤진명)	누군가에게 그렇게 미움받을 일은 없을 거라고. 그전에도 앞으로도.

— 회사 앞

홍자은 등과 함께 윤진명이 퇴근한다. 동료들에게 인사하고, 혜임달이 1인 시위를 하던 곳을 바라보다가 어딘가로 걸어간다.

— 골목, 아스가르드 숙소 앞

윤진명이 숙소를 바라본다. 불빛이 환하다. 문이 열리고 10대 후반의 남자아이들 대여섯 명이 우르르 나온다. 희망에 찬 소년들이다. 그들이 윤진명을 지나쳐가며 와하하 웃는다.

(윤진명) 미움이란 눈덩이 같은 건지도 모르겠다. 처음에는 주먹만하다가 여러 가지 감정 위를 구르고 굴러 몸피를 키워나간다. 너무 좋아해서 밉고, 좋아해주지 않아서 밉고, 너무 많이 가져서 밉고, 너무 미안해서 밉고, 어쩔 수 없어서 밉다. 그렇게 커진 미움은 어느 순간 주인의 손을 벗어나버린다.

누군가가 윤진명을 바라본다. 윤진명 뒤를 따라간다.

— 거실

송지원이 메모에 적힌 전화번호로 전화를 건다.

— 버스 안

윤진명을 바라보는 시선. 주머니에서 울리는 핸드폰을 본다. 모르는 번호다. 수신 보류를 눌러 주머니에 넣는다.

— 벨 에포크 정원, 계단

윤진명이 계단을 올라간다. 시선이 따라오지만, 윤진명은 자기 생각에 빠져 눈치채지 못한다.

(윤진명)　나일지도 모른다. 그 분홍색 편지는 어쩌면 나에게 온 걸지도 모르겠다. 지금 당장은 아니라도 내일이나 모레… 언젠가 한번은 받아야 할 편지가 너무 일찍 도착한 건지도 모르겠다.

비밀번호를 누른다.

— 거실

하메들이 거실에서 일상을 살아간다. 송지원이 메모를 앞에 두고 고민 중이고. 정예은은 핸드폰을 하고, 유은재는 냉장고 문을 열고 뭐 먹을 게 있나 찾아본다. 조은은 소파에 누워 천장 무늬를 보다가 돌아눕는다. 다른 날과 다를 것이 하나도 없는 저녁의 일상이다. 윤진명이 들어온다. 하메들은 다른 날과 전혀 다를 바 없이 윤진명의 퇴근을 지켜본다. 윤진명이 신발을 벗는 순간, 문이 벌컥 열리고 골격이 큰 남자가 들이닥친다. 하메들이 미처 반응하기도 전에 남자는 윤진명의 목을 휘감고 문을 잠근다. '문이 잠겼습니다' '차단되었습니다'라는 기계음이 명랑하다. 하메들은 비명을 지를 사이도 없다. 비명을 지를 용기도 나지 않는다. 어! 지나치게 비현실적인 상황에 그저 멍하니 쳐다볼 뿐이다.

10회

나는 나를 배신했다

1. 프롤로그

— 호텔 주방

정신없이 바쁜 시간이다. 박재완을 비롯한 요리사들이 최소한의 동선으로 빠르고 익숙하게 그날의 일과를 소화한다.

— 탈의실

요리사들의 휴게실 겸 탈의실이다. 박재완의 가방에 들어 있는 핸드폰에 문자가 온다. 가방은 반쯤 열려 있고. 미리보기로 읽을 수 있는 문자. 발신자는 '나의 바틀비' — 한참 바쁠 때죠? 아는데… 그래도 그냥 말 걸고 싶어서… — 까지 보인다. 잠시 후 핸드폰 액정 불빛이 사라진다. 탈의실은 조용하고 어둡다. 정신없이 오가는 소리들, 주방 그릇 부딪치는 소리들, 뭔가를 찾는 소리들, 재촉하는 소리들…

• **점프** 》

불이 켜진다. 하루 일과를 끝낸 요리사들이 들어온다. 박재완이 가방을 열고 제일 먼저 핸드폰을 확인한다. 윤진명으로부터 온 문자를 발견하고 입꼬리가 올라간다. 문자를 확인한다.

'한참 바쁠 때죠? 아는데…그래도 그냥 말 걸고 싶어서. 위로받고 싶어서. 넌 그렇게까지 나쁜 사람은 아니라고 말해줬으면 싶어서… 응석부리는 거예요. 오늘은 응석이 부리고 싶네요' 박재완이 핸드폰을 들고 조용한 곳을 찾아 나간다.

타이틀 제10회― 나는 나를 배신했다 (부제: 추락)

2. 타이틀 이미지 몽타주

3. 거실(밤)

식탁 위, 유은재가 핸드폰을 모아 식탁 위에 올려놓는데, 그중에 하나가 울린다. 그 바람에 유은재가 깜짝 놀라 핸드폰 몇 개를 떨어트린다. 발신자는 '마이 셸'이다. 유은재가 자기도 모르게 남자에게 잡혀 있는 윤진명을 본다. 남자가 주머니에서 칼을 꺼낸다. 윤진명의 목을 움켜쥔 남자는 현관 쪽에 서 있고 나머지 하메들은 안쪽에 옹기종기 모여 있다. 칼을 본 하메들이 숨을 멈춘다. 남자가 하메들을 쭉 본다. 하메들은 남자와 시선을 마주치지 않으려고 고개를 숙인다. 정예은은 불안해 보인다. 남자가 하메들을 경계하며 방문을 열어 안에 사람이 있는지 확인한다.

남자	(하메들 앞에 선다) 조앤을 찾아왔다면서?
하메들	…
남자	분홍색 편지를 들고…

하메들	(큰일 났다) …
남자	(하메들의 당황을 보다가) 너! 가운데 분홍색 입은 애.
정예은	(그렇잖아도 불안한 상황인데… 숨이 제대로 쉬어지지 않는다) …
남자	그 편지 어딨어?
정예은	(다른 하메들을 돌아보려 한다) …
남자	(버럭) 눈깔 돌리지 마! (소리 지르면서 윤진명의 목을 과도하게 조른다) …
윤진명	(비명을 참을 수가 없다) …
정예은	(겁에 질려 횡설수설한다) 저기요, 저기… 냉장고에…
남자	가져와.
정예은	(쓰러질 것처럼 위태롭다).
하메들	(그 와중에도 정예은이 발작을 일으킬까 봐 걱정이다)
정예은	(시키는 대로 할 수밖에 없다. 편지를 가지고 남자에게, 그러니까 윤진명에게 다가온다. 자기도 모르게) 윤 선배…
남자	(편지를 낚아채 윤진명에게 준다) 읽어!

4. 호텔 비상구(밤)

박재완이 '나의 바틀비'에게 문자를 보낸다. '무슨 일 있었구나? 이럴 때 옆에 있어줘야 하는데, 미안해요. 진명 신 좋은 사람이에요. 좋은 사람이구 말구요. 세상사람 모두가 미쳐서 진명 씨를 나쁘다고 말해도 나한테는 좋은 사람이에요. 그러니까 걱정 말아요. 걱정 말구 마음껏 응석 부려요. 언제든 받아줄 테니까. 나한테 응석 부려줘서 고마워요. 나도 보고 싶어요' 박재완이 문자를 쓰는 동안 윤진명은 편지를 읽는다.

(윤진명) 그래, 내 인생을 망가트린 건 너야. 내가 이 모양 이 꼴이 된 게 너 때문이었어. 근데 넌 웃더라. 행복하니? 행복하겠지. 앞으로도 잘 먹고 잘 살겠지. 하하호호 웃겠지. 너 때문에 망가진 사람이 있다는 걸 모른 채. 개 같은 년… 가만 안 둘 거야. 다시는 그렇게 웃지 못하게 만들 거야. 웃고 있는 네 입을 찢어놓을 거야. 내가 당한 고통 그대로 널 죽여버릴 거야.

박재완은 문자를 보내고 다시 문자 하나를 더 보낸다.

5. 거실(밤)

식탁 위 모아놓은 핸드폰이 다시 진동한다. 미리보기로 읽을 수 있는 두 번째 문자는 '무슨 일인지 모르지만, 괜찮아요. 다 괜찮아질 거예요.' 남자가 분홍색 편지를 낚아채 스윽 본 다음 뒷장을 본다. 연남로 22번지 2층.

남자 (편지를 주머니에 넣으면서 하메들을 향해 피식 웃는다) 나쁜 년이네. 누군가의 인생을 망가트려놓고 하하호호 쳐웃었으니… 이 개 같은 년이 누구야?

하메들은 숨을 헐떡일 뿐이다. 남자가 주머니에서 케이블 타이를 꺼낸다.

남자 (정예은에게) 묶어.
정예은 (숨을 헐떡이며 타이를 바라볼 뿐 받으려 하지 않는다. 뭔가가 끊어진 느낌이다) …

남자	(정예은이 반항한다고 생각한다. 어이없어 웃는데 위협적이다) …
윤진명	(유일하게 정예은의 표정을 볼 수 있다. 조용하고 단호하게) 예은아.
남자	많이 배운 것들이라 말로 해서 안 듣는 거면… (손을 치켜드는데)
유은재	아파서 그런 거예요!
남자	(멈춘다) …
유은재	(한 발 앞으로 나온다) 내가 할게요. 내가 해도 되잖아요. 예?
남자	(그제야 정예은을 본다) …
정예은	(회피 중이다. 현실이 너무 공포스러워 의식을 어딘가로 보내버렸다) …
유은재	(남자가 거부하지 않자 정예은을 뒤로 움직인다) 정 선배…
정예은	(시키는 대로 뒤로 간다) …
송지원	(정예은의 어깨를 잡는다) 걱정하지 마, 괜찮아.
조은	(정예은의 손을 잡아준다) …
유은재	(남자에게서 케이블 타이를 받는다) …
남자	(케이블 타이를 건네며 윤진명 귀에 대고 말한다) 쟤랑 사이 좋아?
윤진명	(무슨 뜻인지 모른다) …
남자	(유은재를 보며 칼 든 손목을 움직인다) 쟤가 널 좋아해야 할 텐데…
유은재	(윤진명을 슬쩍 보고 하메들에게 돌아간다) …
남자	거기 큰 애부터!
조은	(손을 앞으로 내민다)
유은재	(조은 손을 묶는다. 헐겁다)
남자	안 조이지? (칼날이 윤진명의 목에 상처를 낸다. 핏방울이 맺힌다)
유은재	(다급해진다) 알았어요! (조은 손목을 묶은 케이블 타이를 황급히 조인다)
조은	(자기도 모르게 윽 한다) …
유은재	미안해…

유은재가 정예은과 송지원의 손목을 묶고, 남자를 바라본다. 남자가 가까이 다가오라고 고갯짓한다.

남자 　(윤진명에게) 손!

윤진명 　(손을 내민다)

유은재가 윤진명 손을 묶는다. 남자가 윤진명을 밀친다. 윤진명이 앞으로 쓰러진다. 남자가 유은재의 손을 타이로 묶는다. 손목이 파일 정도로 빡빡하게. 유은재가 하메들에게 돌아온다. 남자는 유은재가 겉보기와는 달리 담대하다는 것을 눈치챘다. 어쨌거나.

남자 　(칼을 식탁 위에 내리꽂는다. 칼끝이 파르르 떨린다) 그래서? 누구야? (어떻게 들으면 다정하기까지 하다) 조앤을 망가트린 게… 응?

하메들 　…

남자 　(송지원을 본다) 너야?

송지원 　(본능적으로 고개를 흔든다) …

남자 　(정예은을 보지만 대화를 할 상태가 아니다. 유은재를 본다) …

유은재 　(무섭지만) 몰라요…

남자 　(난처하다는 듯 하하 웃는다) 아이 씨… 참… (갑자기 유은재 머리를 움켜쥔다) 너다. 너라고 하지, 뭐.

머리를 붙잡힌 유은재가 비명을 지른다. 송지원은 '은재야' 소리치고, 조은 '어, 어, 어, 어' 어찌할 바를 모르고. 정예은은 현실을 직시하지 못한다.

윤진명 　(다급하다) 몰라요. 진짜 몰라요. 우린 조앤이 누군지 몰라요. 몰라서 찾아간 거예요. 누군지 알면 일부러 찾아갈 리가 없잖아요.

남자   (잠깐 생각하다가 자기 핸드폰을 꺼낸다. 사진첩을 불러내, 여자 사진 하나를 찾는다)

남자가 하메들을 향해 핸드폰을 들이댄다. 사진 속 여자는 20대 중반쯤, 나이는 그렇다. 얼굴 전체에서 쓸쓸함과 고단함이 묻어난다. 반지하 창문을 열어놓고 담배를 손에 든 사진, 누가 불러서 문득 뒤를 돌아보는 그런 사진이다. 공포 속에서도 하메들은 호기심이 생긴다. 사진을 들여다본다. 정예은은 무서운 것을 보듯 사진을 흘깃 봤다가 얼른 시선을 돌린다.

남자   몰라? 끝까지 몰라? (혼잣말하듯) 아, 이거 참… 그럼 어떡한다… 어떡하나? 이것들을 어떡하지? (핸드폰 속 사진을 본다) 그냥 다 죽여버릴까? 효진아!

순간, 송지원 표정이 굳어버린다. 다행히 그때 남자는 사진을 보고 있다. 윤진명이 송지원을 툭 치고, 고개를 흔든다. '정신 차리라'고.

남자   (하메들을 본다) 지금이 9시 52분이야. 딱 8분 주겠어. 자수하든가, 고발하든가.

송지원   효진이에요? 그 여자 이름이…

윤진명과 유은재는 송지원이 입을 열었을 때 가슴이 철렁한다.

남자   그래, 문효진…

윤진명   (남자의 시선을 송지원에게서 돌리기 위해) 물어보면 되잖아요, 문효진한테… 여기서 이럴 게 아니라 그 사람한테 물어보면…

남자   (말을 끊는다) 물어볼 수 없어. 죽었거든.

송지원	(자기도 모르게 즉각적으로) 왜요?
남자	자살했어.
송지원	(충격받았다) …
유은재	(슬쩍 송지원 앞을 막아선다. 남자에게 송지원의 표정을 보여줘서는 안 된다.)
윤진명	(남자의 관심을 돌리려 한다) 언제요? 언제 죽었는데요?
남자	(다행히 송지원의 충격을 눈치채지 못한 것 같다) 3월…
윤진명	왜요? 갑자기 죽었어요? 아무 이유 없이요?
남자	원래도 사는 게 행복한 여자는 아니었어. 늘 우거지상을 하고 사는 여자였는데… 그날은, 마지막 면회 온 날은 이 여자가 왜 이러나 싶을 만큼 농담도 하고 웃기도 하고… '사람 갑자기 바뀌면 죽는다'고 하더니…

자기 이야기에 빠져 있는 것 같던 남자가 갑자기 유은재를 휙 밀친다. 유은재 뒤에 있던 송지원이 고개를 드는데 울고 있다. 결국 자신이었던 것이다.

남자	너냐?
윤진명	(그러지 말라고) 지원아.
유은재	송 선배!
송지원	(자동 인형처럼 고개를 끄덕인다) …
남자	(낮아서 더욱 위협적인 목소리다) 너였어. 너라 이거지… 너 무슨 짓을 했어? 효진이한테.
송지원	(자신의 의지와는 상관없이 눈물이 자꾸 나온다) 몰라요, 모르겠어요. 뭔가 나쁜 짓을…
윤진명	(말을 끊으려고) 송지원!
송지원	(개의치 않는다) …했다는 건 알겠는데 그게 뭔지 모르겠어요.

남자	완전 개쓰레기구만. 나도 남부럽지 않게 못된 짓을 하면서 살긴 했다만, 그래도 난 가끔 잠도 못 자고 악몽도 꾸고 그러는데… 아예 기억을 못 하신다… (할 수 없다. 쯧, 혀를 차고, 송지원을 잡아 일으킨다)
윤진명	(다급하다) 어쩔 건데요?
유은재	송 선배!

그때, 정예은이 스윽 앞으로 나선다. 서두르지 않고 천천히 방으로 향한다.

남자	(정예은이 너무 자연스럽게 움직이자 잠깐 당황한다) 야! 뭐 하는 거야?

6. 정예은, 송지원의 방(밤)

정예은이 방문을 열고 불을 켜는 순간 남자가 정예은의 머리를 홱 잡아챈다. 정예은이 타이로 묶인 두 손으로 어딘가를 가리킨다. 그곳에는 송지원이 문효진과 찍은 사진이 꽂혀 있다.

정예은	문효진…

남자가 정예은을 팽개치듯 놓아두고 사진을 낚아챈다. 어린 문효진과 송지원이 같이 찍힌 사진이다. 그사이 정예은은 주춤대며 자기 책상 쪽으로 움직인다. 남자가 사진 뒷장을 본다. '2005년 5월 10일 체험학습' 남자가 사진을 들고 밖으로 나간다.

7. 거실(밤)

남자   (송지원 앞에 사진을 보인다) 너냐?

송지원   (고개를 끄덕인다) …

남자   2005년이면 초등학교 3학년?

송지원   (고개를 끄덕인다)

8. 반지하 방(밤)

크리스마스 시즌이다. 원룸 한쪽은 아무렇게나 쌓아놓은 책으로 벽을 이뤘다. 문효진이 창문을 열어놓고 담배를 피운다… 어디에선가 캐럴이 들릴지도 모르겠다. 남자는 침대에 누워 텔레비전을 본다.

문효진   자기 인생은 언제 망가졌어?

남자   (농담처럼) 날 때부터.

문효진   난 초등학교 3학년인 거 같애. 그때부터 계속 나쁜 일만 생겼어.

남자   문 닫어, 추워.

문효진   (담배꽁초를 창밖에 버리고 문을 닫는다.) 부탁 하나만 들어줄래?

남자   (리모콘을 돌린다. 문효진의 말을 귓등으로 듣는다) …

문효진   사람 하나만 죽여줘.

남자   (그제야 문효진을 본다)

문효진   (문효진은 침대 옆 바닥에 앉아 분홍색 편지를 보고 있다) …

남자   누구?

문효진   나중에…

남자   나중이 어딨냐? 하려면 지금 하는 거지.

문효진   아니야, 나중에… (책 속에 분홍색 편지를 넣는다) 내가 할 수 있는

데까지 하고 안 되면 그때 나중에…

문효진이 책을 덮는다.

9. 거실(밤)

남자   (큭큭큭 웃는다. 웃다가 묻는다. 진짜 궁금하다) 너, 도대체 무슨 짓을 한 거냐?

송지원   (진심이다. 고개를 흔든다) 모르겠어요.

남자   됐다. 어쨌거나 넌 그 여자한테 못된 짓을 했고, 나는 그 여자 소원을 하나쯤은 들어줘야 마음이 편하겠으니까… (송지원을 잡아 일으킨다) 가자.

윤진명   뭘 어떡할 건데요?

남자   (진지해진다. 진심이다) 효진이가 해달라는 대로.

윤진명   그게 뭔데요?

유은재   (울먹인다) 안 돼요!

조은   (울음을 터트린다) ……

남자가 막 돌아서려는 순간, 정예은이 남자의 옆구리에 뭔가를 들이댄다. 남자의 몸이 경직되더니 쿵 하고 쓰러진다. 자기가 그래놓고 정예은이 정신없이 비명을 지른다.

윤진명   (정신 차리라고) 예은아, 정예은!

유은재   선배, 정 선배!!

정예은이 그 소리에 정신을 차린다. 자기 손에 들린 전기 충격기를 버리고 남자 손에서 떨어진 칼을 집어 든다. 윤진명의 케이블 타이부터 끊는다. 손이 떨려 제대로 안 된다. 타이가 끊기자마자 윤진명이 유은재의 손을 끊는다. 그사이 정예은이 주방가위를 가지러 간다. 유은재가 핸드폰을 집어 든다. 손이 떨려 지문 인식이 안 된다.

윤진명   (송지원의 손을 묶은 타이를 끊으며) 송지원, 정신 차려, 너 지금…

정예은 비명 소리에 윤진명이 뒤돌아본다. 남자가 일어나 윤진명을 후려친다. 윤진명이 나가떨어진다. 유은재가 핸드폰을 열었다. 도망 가면서 112를 누르는 순간, 남자의 손에 나가떨어진다. 핸드폰이 바닥을 구른다. 남자가 핸드폰을 발로 밟는다. 핸드폰 액정이 거미줄 모양으로 깨진다. 정예은이 가위를 든 손을 덜덜 떨면서 앞으로 내민다. 남자는 정예은을 스윽 볼 뿐 그냥 둔다. 위협이 되지 않는다고 생각한다. 전기 충격 때문에 흐르는 코피를 쓰윽 닦는다.

남자   (입을 딱 벌려본다. 목을 꺾어본다. 쓰러질 때 뒤통수를 부딪혔나 보다) 씨팔, 혹 났다.

정예은은 주방 쪽에 나머지 하메들은 거실에서 남자와 대치한다. 조은과 송지원은 아직 팔이 묶인 상태다. 남자가 한 발 다가서자 하메들이 뒤로 물러선다. 유은재가 흘깃 바닥을 본다. 윤진명이 쓰러질 때 떨어트린 칼이 놓여 있다. 유은재가 칼로 달려든다. 남자가 발로 걷어찬다. 유은재가 순간적으로 기절한다. 남자가 칼을 줍는 순간 정예은이 가위를 들고 달려든다. 남자가 슬쩍 피하며 정예은을 뿌리친다. 정예은이 벽에 부딪혀 쓰러진다.

송지원   그만해!!

하메들이 움직임을 멈춘다. 유은재는 기절했고, 정예은은 아파서 몸을 꿈틀거린다. 윤진명은 이미 다친 이후다. 조은은 겁에 질려 숨을 헐떡일 뿐이다.

송지원 (주문처럼 중얼거린다) 그만해, 그만해, 그만해… (앞으로 한 발 나간다. 자꾸만 눈물이 난다) 내가 따라갈게요. 내가 따라가면 되잖아요. 내가 잘못한 거니까 내가 가면 되잖아요.

남자가 하메들을 스윽 둘러본다. 그 정도면 전투력은 사라졌을 것이다. 남자가 윤진명의 손에 케이블 타이를 묶는다.

윤진명 (입안이 터졌나 보다. 피가 흐른다. 상관없다. 필사적으로 설득한다) 무슨 짓을 했건 초등학교 3학년 때예요. 열 살 때라구요. 어린애예요. 어린애가 한 짓이라구요.

남자 (차분해졌다) 어리건 늙었건 잘못을 했으면 벌을 받아야지. 편지에 나왔잖아. '내가 당한 고통 그대로 널 죽여버릴 거야' (윤진명 손을 뒤로 해서 타이를 묶고 이제 막 일어나 앉은 정예은 손목에 타이를 묶는다)

윤진명 (포기하지 않는다. 남자가 움직일 때마다 무릎걸음으로 그를 쫓는다) 이상하잖아요. 3개월!

남자 (기절한 유은재를 흘깃 보고 하메들의 핸드폰 다섯 개를 챙겨든다)

윤진명 그 편지는 12월 달에 쓴 거예요. 문효진은 3월에 죽었다면서요. 3개월 동안 왜 아무것도 안 했어요? 진짜 죽이고 싶었으면 뭐든 했을 거잖아요. 근데 아무것도 안 했어요. 왜요?

남자 (주머니에 넣기 전 분홍색 편지를 바라본다) …

・인서트 》

문효진	(분홍색 편지를 바라보다가) 아니야, 나중에… 내가 할 수 있는 데까지 하고 안 되면 그때 나중에…
남자	(문효진에게 말하듯) 지금이 그 나중이야. (송지원을 끌고나간다) …
윤진명	(이번엔 손이 뒤로 묶여서 잡을 수도 없다. 쫓아가면서 설득한다) 아뇨, 안 돼요. 무슨 짓을 했는지도 모른 채 벌을 받을 순 없어요. 무슨 짓을 했는지는 알아야죠.
정예은	(급하게 일어나려다가 중심을 잃고 쓰러진다) 지원아!

그사이 조은이 문 앞에 서 있다.

남자	비켜!
조은	(덜덜 떨면서도 고개를 흔든다. 너무 무서워서 눈물이 난다) …
남자	(하메들이 너무 결사적이라 흔들린다) 그냥 다 죽여버릴까?
송지원	비켜, 제발…
조은	(입을 열자 흐느낌부터 나온다) 선배…
정예은	(앉은걸음으로 다가온다) 데려가지 마요. 제발 데려가지 마세요. 살려주세요.
남자	이것들이 진짜… 들었잖아. 지가 나쁜 짓을 했다고. (소리 지른다) 지가 효진이 인생을 망쳤다고!
정예은	(마주 소리 지른다. 필사적이다) 걔 그렇게 나쁜 애 아니에요!!!

정예은이 남자를 똑바로 본다. 하메들은 송지원을 구하기 위해 필사적이다. 하메들은 필사적이고 남자는 흔들린다. 그사이 유은재가 정신을 차리고 일어나 앉는다. 잠깐 여기가 어딘지 모르겠다. 멍한 얼굴로 송지원과 남자를 바라본다.

유은재	송 선배… 이리 와요.
남자	(송지원을 본다) 너는… 왜 효진이한테만 못되게 군 거냐?

남자가 송지원을 놓아준다. 문을 막고 서 있던 조은이 다리에 힘이 풀려 주저앉는다. 남자가 조은을 지나쳐 밖으로 나간다.

10. 2층 현관 앞, 계단(밤)

남자가 나온다. 그는 잡힐 것을 두려워하지 않는다. 탕탕 소리를 내며 계단을 내려오는데 마지막 계단을 내려오는 순간, 2층에서 '으아아앙' 다섯 명의 하메들이 우는 소리가 들린다. '진짜 죽을 뻔했어요(유은재)' '지원아(윤진명)' '아야, 아야, 내 팔, 내 팔 꺾였어(정예은)' '미안해요(조은)' 여러 가지 소리가 뒤섞여 들린다.

11. 거실(밤)

송지원을 중심으로 다섯 명의 하메들이 뭉쳐 앉아 울고 소리 지른다. 조은을 제외한 모두가 피멍이 들거나 상처를 입었다. 간신히 살아났다. 정말 죽을 뻔했다.

유은재	(누군가가 옆구리를 건드렸나 보다) 옆구리요. 아파요, 아퍼.
정예은	미안.
윤진명	예은이 피 난다.
조은	(울면서) 미안해요. 나만 멀쩡해요.
윤진명	(조은을 끌어안는다)

다들 있는 대로 감정을 토해낸다. 그러나 송지원은 마냥 기뻐할 수만은 없다.

12. 벨 에포크 정원(아침)

간밤에 무슨 일이 있었건 아침은 밝는다.

13. 유은재, 윤진명의 방(아침)

유은재가 숨을 헐떡이며 잠에서 깬다. 출근 준비를 하던 윤진명이 돌아본다.

윤진명   나쁜 꿈 꿨어?

유은재가 고개를 끄덕이며 일어나 앉는다. 옆구리가 아프다. 윤진명은 목에 피멍이 들었다. 유은재가 옆구리를 움켜쥔 채 밖으로 나간다.

14. 거실(아침)

정예은의 한쪽 볼이 통통 부어 있다. 물을 마시는데 입안이 터져 아프다. 조은은 자기 팔목의 멍을 들여다본다.

유은재   송 선배는?

정예은	자! 자는 건지, 자는 척하는 건지 모르겠지만.

윤진명이 나온다. 여름 스카프를 매고 있다.

정예은	출근해?
윤진명	응, 해야지.
유은재	되게 이상해요. 어제 그런 일이 있었는데, 오늘이 다른 날이랑 똑같다는 게… 출근하고 학교 가고… 이래도 되나 싶어요.
정예은	그러게. 죽다 살아났으면 뭔가 확 바뀔 것 같은데… (그 얘기를 하는데 어젯밤의 공포가 다시 몰려온다. 부르르 떤다)
조은	신고… 진짜 안 해도 될까요?

모두들, 송지원의 방을 본다.

정예은	그 남자 또 오면 어떡하지?
하메들	(그럴 수도 있다) …
조은	지금이라도 신고하는 게…
윤진명	나도 신고했으면 좋겠는데… 신고하는 게 맞는 거 같은데…
유은재	송 선배는 왜 신고하지 말라고 하는 걸까요?

하메들, 송지원 방을 본다.

15. 정예은, 송지원의 방(아침)

송지원이 침대에 누워 있다. 자는 건지, 자는 척하는 건지 알 수가 없다. 역시 얼굴이 엉망이다.

16. 거실(아침)

윤진명   (구두를 신는다) 나중에 다시 얘기해보자. (밖으로 나간다) …

17. 벨 에포크 정원(아침)

윤진명이 나가고, 잠시 후 유은재, 정예은이 나온다. 시간차를 두고 조은이 나온다. 서장훈이 만들어놓은 의자를 본다. '칠 주의'라는 메모가 아직도 펄럭인다. 손가락으로 만져본다. 묻어나는 게 없다.

18. 정예은, 송지원의 방(낮)

송지원이 눈을 뜬다. 밖은 조용하다. 송지원은 그대로 누워 있다.

19. 사무실(낮)

윤진명이 일을 한다. 일에는 익숙해졌고, 따라서 쓸모없는 동작도 없다. 자료를 들고 밖으로 나간다. 책상 위, 통 안의 막대사탕은 3분의 1쯤으로 줄었다.

20. 오앤박 복도(낮)

윤진명이 걸어온다. 맞은편에서 전 아스가르드 매니저가 동료와 함께 뭔가를 이야기하며 마주 온다. 윤진명과 이실장이 눈인사를 하고 지나친다.

(유은재) 되게 이상해요. 어제 그런 일이 있었는데, 오늘이 다른 날이랑 똑같 다는 게…
(유은재) 이래도 되나 싶어요.
윤진명 (스카프 밑의 목을 만져본다. 마침내) 이실장님!
매니저 (돌아본다) …
윤진명 헤임달 찾았나요?
매니저 아뇨, 뭐 어디 있겠죠. (가버린다)

21. 사무실(낮)

윤진명이 들어온다. 인트라넷에 연결해 반차 결재를 낸다. 책상을 정 리한다.

홍자은 (뭐지? 쳐다보다가) 왜? 어디가?
(조팀장) 윤진명 씨.
윤진명 (돌아본다) …
조팀장 (노트북 위로 고개를 들며) 반차 쓰게?
윤진명 예…
조팀장 무슨 일 있어요?
윤진명 예…
조팀장 (대답이 짧은 게 못마땅하다) 연차든 반차든 쓸 수는 있는데 그래도 당일 이러는 건 좀 그렇지 않나.
윤진명 (단호하다) 죄송합니다.

조팀장	(윤진명의 단호함에 눈치를 보게 된다) 다음엔 미리미리 하도록 해요.
윤진명	알겠습니다.

윤진명이 가방을 챙긴다. 팀원들에게 인사하고 밖으로 나간다.

22. 사내 휴게실(낮)

아스가르드 멤버 중 살아남은 아이돌 두 명이 들어온다. 오딘, 프레이르다. 각각 잘생긴 애, 말 잘하는 애라는 콘셉트다. 기다리고 있던 윤진명이 그들에게 인사한다. 그들도 대충 인사한다. 왜 보자고 했는지 모르는 상황이다

윤진명	(단도직입적이다) 헤임달에 대해 물어볼 게 있어서요.
오딘, 프레이르	(살아남았다는 거에 일말의 죄책감을 갖고 있다. 엉거주춤 시선을 돌린) …
윤진명	헤임달하고 연락이 닿을 만한 사람 있으면 알려줘요. 친구나, 친척… 갈 만한 곳.
오딘, 프레이르	(서로를 본다) …

23. 만화 카페(낮)

어둡다. 계속해서 문 두드리는 소리가 들린다. 아무도 없는 줄 알았는데 소파 뒤에서 부스스한 머리가 일어난다. 먹고 자는 알바생인 듯.

알바생 (잠긴 목소리로) 아직 문 안 열었어요.

그러나 문 두드리는 소리 계속된다.

24. 만화 카페 현관(낮)

쇠창살 문 뒤로 현관문이 열린다. 부스스한 알바생이 나타난다. 윤진명이 서 있다.

알바생 거기 써 있잖아요. 오픈은 3시부터라고…

윤진명 죄송합니다. 좀 급해서요. 헤임달이라고 알죠?

알바생 해와 달요?

윤진명 헤임달… 이진광 씨요

알바생 아… 진광이. 진광이가 왜요?

윤진명 혹시 최근에 만나거나 연락한 적 있어요?

알바생 저번에 한 번 봤는데…

윤진명 (반갑다) 언제요?

알바생 7월 (잠깐 생각한다) …18일요. 제헌절 다음날. 저 쉬는 날이라고 하루 종일 뒹굴대다 갔는데…

윤진명 (살짝 실망하지만) 9월 달에 만난 적은요. 연락하거나?

알바생 (고개를 흔든다) …근데 진광이는 왜 찾아요? 진광이랑 무슨… (사이냐고 눈으로 훑는다)

윤진명 (명함을 건넨다) 혹시 헤임달한테 연락 오면 이쪽으로 꼭 부탁합니다.

25. 홍대 클럽(낮)

아직 문 열기 전이다. 밴드가 연습 중이다. 윤진명이 들어온다.

•점프 》
윤진명이 뭐라고 설명하고 밴드 멤버 중 보컬이 고개를 흔든다. 다른 멤버들은 악기를 조율한다. 윤진명이 명함을 건네준다.

26. 화장실(낮)

정예은이 화장실 칸에서 나온다. 손을 닦으며 얼굴을 본다. 한쪽 볼이 부어 있다. 화장으로 가렸지만 멍도 보인다. 칸에서 누군가 나오자, 슬쩍 외면하며 한쪽 손으로 볼을 감싼다. 그 사람이 나가기를 기다렸다가 손수건에 손을 닦으며 나가는데, 들어오던 송경아와 마주친다.

송경아 얼굴 왜 그래?

정예은 그냥 좀… (송경아 시선에) 맞은 거 아니야! 그냥… 다친 거야. (나가려는데)

송경아 유경이 쓰러졌대.

정예은 (자기도 모르게 돌아본다) …

송경아 입원했대. 새벽에 화장실에 쓰러져 있었대.

정예은 (나쁜 상상이 떠오른다) 설마…

송경아 약 먹은 건 아니구… 장이 꼬였었대나 봐. 근데 깨어나서 말을 안 한대.

정예은 그게 무슨 소리야?

송경아   의사가 정신과 치료를 받아보라고 그랬대.

정예은   (볼이 갑자기 아파진다. 손으로 감싸 쥔다) …알 게 뭐야. (나가버린다)

27. 구내 커피숍(낮)

권호창   (정예은을 본다) 부었어, 엄청.

정예은   티 나?

권호창   응, 완전 짝재기야. 항아리 손님 온 것 같애.

정예은   (못마땅하다) 진짜?

권호창   (핸드폰 사진 기능 불러내며) 봐봐. (찍으려는데)

정예은   됐어! 넌 이게 재밌어?

권호창   아니…

정예은   넌 여자친구가 멍들고 다쳤는데 할 말이 그것밖에 없어?

권호창   (뭘 해야 하지, 생각한다. 핸드폰으로 검색하기 시작한다) …

정예은, 볼을 감싼 채 창문을 보다가 거울에 비친 권호창을 본다. 답답하게 목까지 잠근 티셔츠, 답답한 머리, 긴 바지, 전혀 안 어울리는 신발. 못마땅하다. 어디선가 웃는 소리가 들린다. 정예은이 민감하게 돌아본다. 여학생들이 웃고 있다. 왜 웃는지는 모르지만, 정예은은 권호창이라고 생각한다. 주변의 남학생들과 비교해본다. 더욱 못마땅해진다.

권호창   (찾았다) …멍 빨리 없애려면 냉찜질한 다음에 계란 마사지하고 그 다음에 온찜질하래. (의기양양하다)

정예은   (못마땅하게 쳐다본다) …

권호창	(그것도 아닌가. 당황한다) 어… (인터넷을 다시 뒤진다) 생감자를
	갈아서 붙여도 효과가…
정예은	(먼저 일어난다) 일어나!
권호창	어?
정예은	따라와.

28. 쇼핑몰(낮)

캐주얼 매장이다. 문을 열고 정예은이 들어온다. 권호창이 줄래줄래 따라온다. 권호창은 이런 곳이 처음이라 쭈뼛 서 있는데, 정예은이 척척 옷을 골라 피팅룸으로 권호창과 함께 집어넣는다.

• **점프** 》
권호창이 옷을 갈아입고 나온다. 정예은 마음에 안 든다.

• **점프** 》
옷을 갈아입고 나온다. 마음에 안 든다.

• **점프** 》
옷을 갈아입고 나온다. 정예은 마음에 든다. 그러나 통이 좁은 바지라 권호창은 불편하다. 자꾸 엉덩이에 손이 간다. 정예은이 그 손을 찰싹 친다.

정예은	계산해!
권호창	(억울하다. 할 수 없이 지갑을 꺼낸다)

29. 미용실 앞(낮)

정예은이 권호창을 끌고 간다.

•점프 》
유리문 너머, 정예은이 핸드폰으로 사진을 보며 미용사와 의논 중이다. 권호창은 안절부절못해서 앉아 있다. 일어나려고 하는데 정예은이 어깨를 눌러 주저앉힌다.

30. 안경점 앞(낮)

정예은이 안경을 고른다. 다 마음에 들지 않는다. 렌즈 쪽을 본다.

31. 거리(낮)

변신한 권호창이 서 있다. 훈남 남친의 외모로 변신했다. 확실히 멋있어졌다. 권호창은 어색해 죽을 지경이지만. 정예은은 마음에 든다.

정예은   됐다, 가자. (권호창의 팔짱을 끼고 걸어간다)

정예은의 치마가 나풀거린다. 권호창이 엉덩이에 자꾸 손을 댄다. 바지가 낑긴다. 정예은이 그 손을 찰싹 때린다. 신나던 마음도 잠시, 정예은은 다시 볼이 아파온다.

32. 도서관(낮)

유은재가 공부한다. 창가 자리다. 빠르게 움직이던 펜이 멈춘다. 문 득 창밖을 본다. 햇빛이 찬란하다. 실내를 본다.

•**인서트** ≫
어젯밤의 일들, 소리 지르는 남자, 울부짖는 하메들, 처음 겪어보는 폭력.

유은재가 책을 정리한다. 일어나는데 옆구리가 결린다.

33. 족구장(낮)

윤종열이 황우섭, 신율빈 등과 족구를 한다. 게임이 끝나고 돌아서 는데, 코앞에 들이밀어지는 아이스티. 유은재다. 윤종열보다도 황우 섭과 신율빈이 더 놀란다. 유은재가 까딱 인사하고는 돌아선다.

신율빈	어이, 종열이…
황우섭	결국 그렇게 됐네.
윤종열	뭐가?
황우섭	다시 사귀는 거 맞잖아.
윤종열	아닌데.
신율빈	(윤종열 손에 든 음료수를 바라본다) 그럼 그건 뭐냐?
윤종열	(자기도 바라본다. 이상하긴 하다. 캔을 따서 한 모금 마시다가 목을 움켜쥔다)
신율빈	종열이!

황우섭	야? 왜?
윤종열	(급 원래로 돌아오며) 차가워.
황우섭, 신율빈	(때려준다)
윤종열	(켈켈댄다. 좀 이상하긴 하지만 그럴 수도 있는 일이다)

34. 강의실(낮)

강의 시작 전이다. 유은재가 들어온다. 강의실을 둘러보고, 가로질러 가서 굳이 윤종열 옆자리에 앉는다. 윤종열과 유은재의 관계를 알고 있는 모두가 바라본다. 유은재, 어색 민망해서 자신을 보는 윤종열에게 까딱 인사한다. 별일 아니라는 듯. 윤종열이 주변을 둘러보자, 모두들 시선을 돌리지만, 이상하다 싶다.

　•점프 》
나란히 앉은 윤종열과 유은재가 강의를 듣는다. 윤종열은 가만히 한숨을 내쉰다. 유은재는 표면적으로는 동요하지 않는다. 다만 옆구리에 손을 얹고 있을 뿐이다.

35. 강의실(낮)

안예지가 조은을 슬쩍 본다. 늘 붙어 앉았는데 오늘은 떨어져 앉았다. 조은은 심각한 얼굴로 손목을 만지작거린다. 안예지는 걱정스럽다. 이번엔 조은이 안예지를 본다.

　•점프 》

강의가 끝났다. 안예지가 가방을 싼다. 힐끗 보다가 조은과 눈이 마주친다. 조은이 안예지를 향해 다가온다. 안예지가 주눅 든다.

안예지 (눈치 보며) 안녕…

조은 나 할 얘기 있어.

안예지 (긴장한다) 뭔데?

오가는 사람들이 많다. 다음 수업의 학생들이 들어와 자리를 잡는다.

36. 휴게실(낮)

조은이 먼저 들어온다. 안예지가 눈치 보며 따라 들어온다. 조은이 쉽게 입을 열지 못하고 자기 손목의 멍을 만지작거린다.

안예지 (조은이 화낼 거라고 생각한다) 미안해, 너무 화내지 마.

조은 …?

안예지 다시는 너랑 서장훈이랑 일에 간섭 안 할게.

조은 그것 때문 아니야.

안예지 …

조은 그것 때문이 아닌 건 아닌데… (어디서부터 말을 꺼내야 할지 모르겠다. 손목만 만지작거린다)

안예지 너 왜 그래? 나 무섭게…

조은 (할 수 없다. 빨리 말해버리자) 나 너한테 거짓말했어. 나랑 서장훈 사귄 적 없어.

안예지 (듣긴 들었는데 무슨 의민지 모르겠다) …

조은	(슬쩍 눈치 보며) 가짜로 사귀는 척한 거라고.
안예지	(이해가 안 간다) 왜?
조은	(차마 말할 수 없다) …
안예지	(멍하다) 내가… 내가 또 집착했어? 내가 또 너한테 달라붙었어? 부담스럽게?
조은	…
안예지	아, 그랬구나. 그럼 그렇다고 말을 하지.

안예지가 잠깐 오른쪽을 본다. 왼쪽을 본다. 자기 발끝을 본다. 어디로 가야 할지 모르겠다. 그래도 어디론가 가버린다.

37. 정예은, 송지원의 방 (낮)

송지원은 아직도 침대에 누워 있다. 여전히 얼굴은 엉망이다. 광대뼈 부근에 멍이 들었다. 옆으로 누워 자기 방을 바라본다. 늘 자랑이었던 '대학언론인상' 상패가 눈에 띈다. 상패의 구절. '오직 진실에만 복종하겠다'

38. 학보사 (낮)

임성민이 노트북을 들여다보고 있다. 조충환, 오하나 등도 보인다. 송지원이 들어온다. 큼지막한 선글라스로 얼굴의 절반을 가렸다.

| 임성민 | (힐긋 보며 농담한다) 선글라스라… 누구한테 맞았구만… |
| 송지원 | (농담으로 받는다) 용한 놈. (가방에서 언론고시에 필요한 참고서적 |

을 꺼낸다)

임성민 …?

송지원 내년에 시험 볼 거잖아. 미리 미리 공부해둬.

임성민 너는?

송지원 (질문엔 대답 안 한다) 보면 알겠지만 뒤는 거의 새 거야. 헌책방에 팔까도 생각해봤는데… 너 놈의 시키가 눈에 밟혀서… 울어! 감동의 눈물을 쏟아!

임성민 넌 시험 안 봐? 취직 안 해?

송지원 취직은 할 거야. 언론사 시험은 안 봐. 못 봐. (학보사를 짧게 둘러본다) 간다. (나간다).

임성민 (쫓아나간다) …

39. 학보사 앞(낮)

임성민이 송지원을 쫓아 나온다. 송지원을 잡는다. 선글라스를 벗긴다. 멍이 보인다.

임성민 너… 이거 뭐냐?

송지원 컬러풀하지. (웃으려고 해본다. 잘 안 된다) 효진이 찾았어.

40. 술집(밤)

임성민과 송지원이 술잔을 앞에 두고 마주 앉았다.

임성민 (이제까지 이야기를 들었다. 뭔가 이야기를 하긴 해야겠는데) …

송지원	(임성민의 당혹을 눈치챈다) 네 심정 안다. 뭐라 할 말이 없지?
임성민	(술을 마신다) …
송지원	(술잔을 내려다본다) 옛날 얘기 중에 그런 거 있잖아. 왕이 자기 아들한테 편지를 건네면서 이웃나라 왕한테 전하라고 해. 왕자는 죽을 둥 살 둥 고생고생해서 간신히 편지를 전해. 근데 그 편지 안에 뭐라고 적혀 있었냐면 '편지를 가져온 사람을 죽이시오!' …내가 딱 그 기분이야. 그런 이상한 편지 그냥 버렸으면 좋았을 텐데… 그치? 괜히 알아버렸어… 그치?
임성민	아직 모르잖아. 네가 뭘 했는지 기억 안 난다며?
송지원	그래, 몰라. 기억 안 나. 그치만 추론은 가능해. 안 그래?
임성민	…
송지원	지금까지 팩트만으로 이야기를 만들어봐. 기사 쓰는 것처럼. 내가 주인공이라고 봐주지도 말고, 동정하지도 말고, 가장 합리적으로.
임성민	(할 수 없다) …
송지원	3학년 여름방학 즈음에 송지원은 거짓말쟁이가 됐어. 말도 안 되는 거짓말을 해댔는데 그중에 하나가 문효진에 대한 거였어. 이유는 몰라. 사춘기가 일찍 온 건지, 문효진이 신은 예쁜 구두를 질투한 건지… 근데 다른 거짓말과는 달리 문효진에 대한 거짓말은 문제가 돼. 학교 전체에 소문이 돌아버린 거야. 결국 문효진은 전학을 가게 돼. 그 후 문효진의 인생은 망가졌어. 엄마가 화병으로 죽고, 외삼촌네서 눈칫밥 먹다가 가출하고, 밑바닥 남자를 만나고, 우울증에 걸리고. 그러다가 나를 만났어. 그날 나는 하하호호 웃고 있었대. 문효진은 증오가 가득 찬 메모를 남겨. 그리고 3개월 후에 스스로 목숨을 끊었어. 편집장! 지금까지 뭐 이상한 거 있어?
임성민	크로스체크.
송지원	(깔깔 웃는다) 임성민, 너 방금 웃겼다! (웃음 끝이 허무해진다)

41. 벨 에포크 앞(밤)

임성민이 송지원을 데려다주는 길이다. 둘 다 취하도록 마시지는 않았다. 집 앞에 도착했다.

임성민   이제 어떡할라구?

송지원   글쎄. 대충 괴로워하다가 죄책감도 느끼다가 이쯤 됐다 싶을 때 꾸역꾸역 다시 살아 봐야겠지 뭐. 옛날에 그런 일이 있었다고 죽을 수도 없잖아.

임성민   뭘 결정하든 지금 당장은 하지 마.

송지원   그래, 시간 지나면 괜찮아질 거야. 그치? 가라. (안으로 들어간다)

임성민   (잠깐 그 자리에 있다가 돌아선다) …

42. 베란다(밤)

윤진명이 빨래를 널다가 뭔가를 발견한다. 재활용 쓰레기 버리는 곳에 '대학언론인상' 상패가 놓여 있다.

43. 거실(밤)

유은재는 핸드폰을 들여다보고 정예은은 멍을 빼기 위해 찜질을 한다. 조은은 빨래를 개고 있다. 송지원이 들어온다.

정예은   (송지원 얼굴의 멍 보면서) 그 얼굴로 돌아다녔어?

송지원   아… (유쾌하다) 어쩐지 사람들이 자꾸 쳐다보더라. 이뻐서 그런 줄 알았더니…

윤진명　(상패를 들고 베란다에서 나오며) 이게 왜…

송지원　(아무렇지도 않게) 버린 건데…

하메들　(돌아본다) …

송지원　(별일 아니라는 듯) 왜? 재활용 안 돼?

윤진명　그게 아니라…

송지원　(그럼 됐다는 듯 들어가버린다) …

유은재　(송지원을 지켜보다가) 아무것도 안 바뀐 줄 알았는데 그게 아닌가 봐요.

하메들, 각자 자신의 상처를 어루만진다.

44. 벨 에포크 전경(아침)

아침이다.

45. 화장실(아침)

정예은이 거울을 들여다본다. 볼의 멍이 보라색으로 변했다.

정예은　웅… 어떡해. 더 진해졌어.

46. 거실(아침)

유은재가 종달 선배에게 문자를 보낸다. '최근에 들은 음악인데' '선배 생각이 나서요' '한 번 들어봐요'

47. 윤종열의 집 거실(아침)

윤종열이 아침을 먹는다. 문자가 온다. 홈 버튼을 열어보면 미리보기로 보이는 문자들, 모두 유은재에게 온 것이고 윤종열은 읽지도 않았다. 마지막에 온 것은 '링크'다. 바로 위가 '한 번 들어봐요' 그 위가 '선배 생각이 나서요'다. 윤종열이 숟가락을 내려놓는다. 절반도 못 먹은 밥그릇을 물끄러미 바라본다. 화면 밖에서 설거지하는 소리⋯

윤종열 엄마, 나 유학 갈까?

대답보다 먼저 행주가 날아온다.

(윤종열 엄마) 지랄한다.

48. 벨 에포크 정원(낮)

정원 한쪽, 서장훈이 만든 의자엔 아직도 '칠 주의'라는 메모지가 붙어 있다. 바람에 펄럭이다가 날아간다. 잠시 후 조은이 나타난다. '칠 주의' 메모지를 다시 붙인다. 바람에 날아가지 않도록 꼭꼭 누른다.

49. 공구 상가 겸 수리점 앞(낮)

공구 상가, 수리점 등이 몰려 있는 곳이다. 길 건너, 조은이 그중 하나를 바라본다. 그곳은 조영학의 가게다. 조은이 손목의 멍을 바라본다.

•인서트 》

조은　　나중에 더 좋은 사람 생기면 애 엄마도, 애도 버릴 거예요?
조영학　미안하다.

조은이 고개를 숙인다. 방금 사과한 사람이 자신인 것처럼… 여기까지는 왔는데 더는 다가갈 수가 없다. 그냥 가자니 마음에 걸린다. 자신의 우유부단함에 짜증이 나는데. 그때 가게에서, 꼬마 조현이 나온다. 혼자 터덜터덜 걸어간다. 조은이 누군가 더 따라 나오길 기다리지만 나오지 않는다. 조현이 횡단보도 앞에 선다. 초록불이 되자 손을 번쩍 들고 건너려는데, 조은이 잡는다.

조은　　너 어디 가?
조현　　놀이터에.
조은　　혼자?
조현　　심심해. 아빠가 안 일어나. 아까부터 잠만 자.

50. 공구 상가 겸 수리점(낮)

작은 책상 뒤, 조영학이 책상에 엎드려 있다. 잠을 자는 것과는 어딘가 다르다. 앰블런스 소리가 선행한다.

51. 앰블런스 안(낮)

119 구조대원들이 조영학에게 필요한 조치를 취한다. 한쪽. 조은과 조현이 나란히 앉아 있다. 흔히 보듯 울부짖거나 눈물을 흘리지 않는다. 그저 어리둥절할 뿐이다. 조은도 조현도 조용히 앉아 있다. 조현은 겁이 난다. 조은에게 바짝 붙어 앉는다.

52. 병원 복도(낮)

조영학이 탄 이동 침대가 병실로 들어간다. 조은과 조현만 남았다.

조은 (말투가 어디 가겠는가) 엄마 전화번호 알아?
조현 (고개를 끄덕이며 목걸이를 보여준다) …
조은 (쭈그리고 앉아 숫자를 확인하며 전화번호를 누른다) …

　　　• 점프 ≫
조은 엄마가 뛰어온다. 조은이 자리에서 일어난다. 조현도 일어나서 조은 옆에 선다.

조은엄마 (조현을 보자마자 즉각적으로) 얘 누구야? (대답을 듣기 전에 알아차린다) …
조현 (조은 엄마의 시선이 무섭다. 조은 뒤에 반쯤 숨는다) …
조은엄마 어떻게 된 거야?
조은 (대답하려는데) 지금 검사 중인데…

조영학의 여자가 달려오다가 조은 엄마를 보고 멈칫한다.

조현   (엄마에게 달려간다. 자기편을 만난 것 같다) 엄마. (조은을 가리
          키며 자기만 아는 것을 알려준다는 듯) 엄마, 언니야. 오빠 아니고
          언니!
조현 엄마   (조은에게 목례한다) …
간호사   (병실에서 나온다) 조영학 씨 보호자.
조은엄마   (조현 엄마를 스윽 보고 앞으로 나선다) 예.

          간호사 들어오세요.

조은엄마   (조은에게) 뭐 해? 들어와.

          조은 엄마가 조은 손을 잡고 간호사를 따라 병실로 들어간다. 복도
          에는 조현 모녀만 남았다.

53. 병실(밤)

          조은이 주저하며 병상에 누운 조영학을 바라본다. 링거가 두세 개
          정도 된다. 의사가 뭐라고 설명하는데 조은은 조영학을 바라본다.
          조영학의 턱밑. 하얀 수염이 났다.

54. 복도(밤)

          조은과 조은 엄마가 나온다. 복도 벤치에 조현이 엄마 무릎을 베고
          잠들어 있다. 조현 엄마가 조은을 바라본다.

조은 엄마   (오직 조은만을 본 채) 입원 수속하고 올 테니까 여기 있어. 아무나
            못 들어가게 해. (가버린다) …

조은   (잠시 후, 조현 엄마 쪽은 보지도 않은 채) 뇌경색이래요. 심하진 않
            대요. 수술할 정도는 아니구 일단 약을 먹어본대요.

조현 엄마   (고개를 끄덕인다) …

조은   (더 이상은 할 말이 없어서 떨어진 의자에 앉는데) …

조현 엄마   저기… 현이 좀 잠깐… 급하게 오느라고 아무것도 안 챙겨 와서…
            애기 아빠 갈아입을 옷이랑…

조은   (고개를 끄덕인다) …

조현 엄마가 조현의 머리에서 무릎을 살짝 뺀다. 복도를 빠져나간다.
조현의 머리가 불편해 보인다. 조은은 다른 데를 본다. 그래도 자꾸
조현의 머리가 신경 쓰인다. 조은이 자기 가방을 조현의 머리에 괴어
주려고 하는데. 그 손길에 조현이 눈을 뜬다.

조현   (눈을 부비며 일어나 앉아 좌우를 둘러본다) 엄마?

조은   (무뚝뚝하다) 엄마 잠깐 집에 갔어. 좀 있다가 올 거야.

조현   (울 것 같다. 입을 삐죽대는데) …

조은   울지 마. 울면 화낼 거야.

조현   (입에 힘을 준다) …

자다 일어나서 그런지 조현의 머리끈이 느슨해졌다. 머리가 반쯤 풀
렸다.

조현   (울고 싶다) 머리가 풀렸어. 머리가…

조은   묶어주면 되잖아.

조은이 조현 옆에 앉는다. 손으로 빗어 머리를 묶는다.

조은   너 머리, 아빠가 묶어줬어?

조현   응.

조은   (머리를 묶었다)

조현   (자기 머리를 만져본다 마음에 안 든다) 이게 뭐야? 이상해.

조은   (고개를 푹 숙이고 있다) …

조현   울퉁불퉁해. 언니는 머리도 못 묶어.

조은   (흐느낀다) …

조현   (그제야) 언니 울어?

조은   (눈물이 멈추질 않는다) …

55. 벨 에포크 정원(밤)

조은이 들어온다. 서장훈이 만든 의자 쪽으로 간다. '칠 주의'라는
메모가 사라졌다. 혹시 해서 돌아보는데 서장훈의 방에 불이 들어
와 있다.

56. 서장훈의 방(밤)

텔레비전을 보던 서장훈, 문이 벌컥 열리는 바람에 놀라 돌아본다.
조은도 일단 반가운 마음에 들이닥치긴 했는데, 막상 얼굴을 보니
뻘쭘하다.

조은   너 어디 갔었어?

서장훈	(뭐냐, 싶지만 일단 대답하다) 엄마가 오라 그래서⋯ 군대 가기 전에 가족사진 찍는다고.
조은	(퉁명스럽게) 가면 간다고 말을 하고 가든가⋯
서장훈	말하고 가야 되냐?
조은	(하긴 그렇긴 하다만) 집주인⋯ 대리잖아.
서장훈	나 없는 동안 무슨 일 있었냐?
조은	응.
서장훈	뭐?
조은	⋯
서장훈	(대답 안 하자 농담한다) 뭐? 나 없는 동안 외로웠다고? 보고 싶었다구?
조은	(평소처럼 칫 하고 돌아서려다가 손목의 멍을 바라본다) 어.
서장훈	(질문에 대한 대답이 너무 늦는 바람에 못 알아들었다) 뭐가 어야?
조은	너 없는 동안 외로웠다고. (서장훈을 똑바로 본다) 보고 싶었다구.

조은이 돌아서서 나간다. 서장훈이 자기 심장에 손을 대본다. 미친 듯이 뛰고 있다.

57. 계단, 2층 현관 앞(밤)

조은이 서두르지 않고 계단을 올라간다. 담담한 듯 보인다. 안으로 들어가고 조용히 문을 닫는다.

58. 2층 거실(밤)

조은이 들어온다. 문을 닫는 순간, 입을 떡 벌린다. 그렇게 부끄러운 말을 하다니… 좀 전의 자신은 자신이 아닌 것만 같다. 문소리에 얼른 정신 차리고 안으로 들어간다. 윤진명이 방에서 나온다. 베란다의 빨래를 걷으려는데 핸드폰이 진동한다. 발신자는 '만화 카페(혜임달)'이라고 적혀 있다.

윤진명　　(전화 받는다) 예, 윤진명입니다.

59. 경찰서 앞(밤)

서울역 근처의 경찰서다.

60. 생활안전과 복도(밤)

윤진명이 도착한다. 안에서 나오는 여경이 코를 막고 있다. 윤진명이 안으로 들어간다.

61. 생활안전과(밤)

노숙자들. 대여섯 명 앉아 있다. 씻지 못한 사람들이라 냄새가 장난 아니다. 노숙자들 사이에 폭력 사건이 있었나 보다.

노숙자1　　거긴 내 자리였어요. 원래부터 내 자리.

노숙자2　　네가 샀냐? 계약서 있냐? 먼저 눕는 놈이 임자지. 지 자리가 어딨어?

노숙자1	앞뒤로 꽉 막힌 새끼. 너 변비지? 그따위니까 네가 노숙자로 사는 거야.
노숙자2	그래, 넌 엄청 잘 산다. 고급지게 산다!

노숙자들은 입으로만 맹렬히 싸울 뿐, 몸은 안 움직인다. 형사는 지쳤다. 윤진명이 헤임달을 찾는다. 구석. 젊은 남자의 옆모습이 보인다. 그사이 헤임달은 엄청 노숙자다워졌다. 윤진명이 다가간다. 남의 일 구경하듯 멍하니 듣기도 하고, 웃기도 하던 헤임달, 그림자가 지자 올려다본다. 윤진명을 본 헤임달의 얼굴이 순간적으로 일그러진다.

형사	저기요, 어떻게 오셨어요?
윤진명	(헤임달을 가리키며) 헤임… 이진광 누난데요.
헤임달	(슬쩍 본다) …

62. 경찰서 앞(밤)

윤진명이 커다란 가방을 멘 헤임달과 함께 나온다.

헤임달	(툴툴댄다) 새끼, 지가 못 오면 가만히나 있지 여기저기 연락하고 지랄이야. (가려고 한다) …
윤진명	(손을 잡는다) 어디 가요?
헤임달	뭔 상관? (손을 뿌리치고 간다)
윤진명	(쫓아간다) 얘기 좀 해요.
헤임달	(걸음을 빨리한다) …
윤진명	(걸음을 빨리해 쫓아가며) 그동안 노숙자로 살았던 거예요?
헤임달	(더 빨리 걷는다) …
윤진명	(더 빨리 쫓아간다) 부모님이 찾고 있는 건 알아요?

에잇, 혜임달이 달리기 시작한다. 그러나 윤진명이 몇 걸음 쫓아가기도 전에 혜임달이 스스로 멈춰버린다. 윤진명이 다가온다.

혜임달　(중얼댄다) 배고파서 뛰지도 못하겠네.

윤진명　저녁 안 먹었어요?

혜임달　(먼 데 보며) 저녁만 안 먹었나?

63. 설렁탕 집(밤)

설렁탕을 서빙하던 아줌마가 코를 쿵쿵거린다. 혜임달은 자기 아닌 척 시치미를 떼고 있다. 어쨌거나 설렁탕이 나왔다. 혜임달이 허겁지겁 한 숟가락 입에 넣었다가 그대로 뱉어낸다. 찬물로 입을 헹군다.

혜임달　에이씨… 차가운 거 먹을걸…

64. 설렁탕 집 앞(밤)

혜임달과 윤진명이 나온다.

윤진명　이제 어떡할 거예요?

혜임달　(어이없다는 듯) 밥 한 끼 사줬다고 이래라 저래라 할 생각인가 본데…

윤진명　(말 끊는다) 씻고 싶지 않아요?

혜임달　(씻고 싶어 죽겠다) 며칠 안 씻었다고 뭐… (자기 머리 긁고 손톱 냄새를 맡아본다. 심하다) …

65. 벨 에포크 1층 현관(밤)

문을 사이에 두고 서장훈이 윤진명과 이야기 중이다. 윤진명 뒤에 헤임달이 서 있다.

윤진명 정말 미안해.
서장훈 아니에요. (헤임달에게 꾸벅 인사한다)
헤임달 (대충 인사한다) …
윤진명 (미적대는 헤임달에게) 들어가요.
서장훈 들어와요. (호기심 반 경계심 반으로 헤임달을 집 안으로 받아들인다) …
윤진명 며칠만 부탁할게.

66. 벨 에포크 1층(밤)

물소리가 난다. 서장훈이 여름 이불과 베개를 소파에 갖다놓는다. 텔레비전이 켜져 있다. 물소리가 끊기고, 잠시 후 화장실에서 상반신 노출 헤임달이 나온다. 한때는 노숙자였다지만 전직 아이돌이다. 하필 그때 텔레비전에서 나오는 음악이 '섹시한 여자가 나올 때 늘 흘러나오는 그 음악'이다.

서장훈 (서둘러 텔레비전을 끈다) 여기 이불… 베개… 소파 저기…
헤임달 어…

어색 어색하다.

67. 송지원과 유은재의 이상(異常) 몽타주

— 벨 에포크 전경

— 화장실
아침이다. 정예은이 얼굴의 멍을 바라본다. 아직도 진하다.

— 벨 에포크 앞
유은재가 학교에 간다. 잠시 후 송지원이 같은 길을 간다.

— 도서관
윤종열이 들어온다. 자기 자리에 앉는데 사과즙이 놓여 있다. 포스트잇에 '선배 어제 술 먹었죠?' 윤종열이 홱 돌아본다. 아는 얼굴은 없다.

— 벨 에포크 전경
아침이다.

— 화장실
정예은이 거울을 본다. 멍은 조금 더 옅어졌다.

— 벨 에포크 앞 골목
유은재가 학교에 간다. 잠시 후 송지원이 같은 길을 간다.

— 자전거 거치대
유은재가 걸어온다. 윤종열의 자전거를 발견한다. 안장에 얼룩이 묻어 있다. 유은재가 가방에서 물티슈를 꺼낸다. 닦다 보니 거울도 더

럽다.

·점프 》

윤종열이 온다. 자기 자전거가 없다. 어디 갔지? 다시 보면 눈부시게
반짝이는 자전거, 자기 거다. 이럴 수가.

— 벨 에포크 전경
아침이다.

— 화장실
정예은이 거울을 본다. 멍은 많이 가셨다. 눌러본다. 아직 통증은 남
아 있다.

— 벨 에포크 앞 골목
유은재가 학교에 간다. 잠시 후 같은 길을 송지원이 가다가 멈춰 선
다. 하늘을 본다. 좌우를 둘러본다. 갑자기 이 거리가 낯설어진다. 어
디로 가야 할지 몰라 멈춰 선다.

68. 다세대주택(낮)

양치질하는 소리 들린다. 남자가 대충 닦고 밖으로 나간다. 맞지 않
는 문을 억지로 여는 소리가 들린다.

69. 다세대주택 앞(낮)

남자가 계단을 올라온다. 햇빛 때문에 눈이 부시다. 그러다가 누군가를 발견한다. 벽에 기대앉은 송지원이다. 남자는 본능적으로 주변을 둘러본다. 별다른 낌새는 없다.

남자 　여기서 뭐 하냐?

송지원 　(그제야 남자를 의식한다) …

남자 　혼자 왔냐? 경찰은?

송지원 　…

남자 　(발로 가방을 툭 찬다) 여기서 뭐 하냐고?

송지원 　효진이 생각하고 있었어요.

남자 　(효진이… 다른 사람의 입을 통해 듣는 죽은 여자의 이름에 순간 멈칫한다)

송지원 　효진이… 이 골목을 오고갔겠죠?

남자 　(감상에서 벗어난다) 네가 뭔가 오해한 거 같은데, 나, 너 아직 용서한 거 아니야. 어느 날 아, 안 되겠다 싶으면 너 죽여버릴 거야.

송지원 　알아요. 아니까 효진이 얘기 좀 해봐요.

남자 　(어이없어 웃는다)

송지원 　효진이… 어떤 사람이었어요?

남자 　(갑작스러운 그리움) …

송지원 　효진이, 이뻤어요?

남자 　(골목을 본다) 이쁘기는… 우중충해 갖고…

송지원 　근데 왜 좋아했어요?

남자 　…그냥… 저 여자가 웃으면 어떤 얼굴이 될까 궁금했어.

송지원 　효진이… 어떤 음식 좋아했어요?

남자 　(송지원과 조금 떨어진 곳에 주저앉는다) 국수… 칼국수 말고 가느다란 국수. 멸치국물 낸 거.

송지원 　효진이 책 좋아했죠?

남자	응, 재수 없게… 나 같은 무식쟁이하고는 말도 하기 싫었을 거야.
송지원	효진이는 왜 죽어버렸을까요? 복수도 안 하고…
남자	…
송지원	복수하지… 죽지 말고 나한테 복수했으면 좋았을걸. 바보같이…
남자	…

송지원과 남자가 간격을 두고 나란히 앉아 빈 골목을 바라본다. 햇빛이 찬란하다.

71. 강의실(낮)

조교	이번 주, 다음 주에 걸쳐서 대략 4, 5시간 걸릴 거고. 참가자한테는 3만원권 문화상품이 지급되는데…

에에이… 야유에 가까운 소리…

조교	어이, 어이… 돈이 문제가 아니라, 심리학도로서, 심리학 발전에 이 한 몸 불사른다는 책임감을 갖고! (돌변한다. 사정한다) 제발 참가해줘. (손 들라는 제스처)

손 드는 사람 없다.

조교	야아, 적어도 다섯 명은 채워야 돼. (둘러보다가 윤종열 등과 눈이 마주친다)

황급히 시선 돌리지만.

조교	윤종열, 황우섭, 신율빈!
윤종열	선배님!
황우섭	아, 왜요?
조교	됐고, 나머지 두 명!

강의실이 서늘해진다. 유은재가 손을 들었다.

조교	(뜨악하지만) 아, 유은재… 또 한 명 더 없어?

사람들이 이상하게 쳐다보지만 유은재는 만족스럽다.

(유은재)	변곡점!

71. 대학교 복도(낮)

유은재가 걸어온다.

(유은재)	굴곡의 방향이 바뀌는 자리를 나타내는 곡선 위의 점.

72. 캠퍼스(낮)

권호창과 정예은이 걸어간다. 권호창은 변신 모드인 상태다. 렌즈를
낀 눈도 빡빡하고, 목도 허전하지만 제일 못 견디겠는 건 끼기는 바
지다. 어기적거리다가 손으로 빼려 하는데, 정예은이 쳐다보지도 않
고 찰싹 때린다.

(유은재)　　그렇다, 곡선이다. 곡선 위의 한 점은 방향을 갖고 있지 않다. 의미를 갖고 있지 않다.

73. 사무실(낮)

윤진명이 작업 중이다. 통 안의 막대사탕이 서너 개 남았다.

(유은재)　　한 점 한 점을 연결하고 난 뒤에야 우리는 그 순간의 의미를 알 수 있다.

74. 강의실(낮)

강의가 끝난다. 조은이 안예지에게 다가가는데…

안예지　　(옆자리 여학생에게) 그 가방 어디 거야?
여학생　　어?
안예지　　이쁘다. 나 한 번 해봐도 돼?

안예지가 걸어가며 여학생의 가방을 메본다. 조은이 혼자 남았다.

(유은재)　　그 순간엔 모른다. 지나고 난 다음에야 알 수 있다. 우리가 변곡점 위를 지났음을.

75. 술집(밤)

유은재가 세상 다 가진 얼굴로 들어온다.

유은재   선배!
윤종열   (먼저 와서 한잔하고 있었다) …
유은재   (환한 얼굴로 들어와 앉는다) 나 너무 늦었죠? 문자 받자마자 왔는
          데… 머리도 못 말렸어요.
윤종열   (잔에 술을 따라준다) 일단 한잔해라.
유은재   (윤종열 잔에 부딪친다) 선배랑 단둘이 술 마시는 거 되게 오랜만이
          에요.

유은재가 환하게 웃으며 술을 마신다. 윤종열이 자작하려는데 뺏어
서 따라준다.

윤종열   (결심했다) 은재야.
유은재   (말 끊는다) 선배, 나 선배한테 할 말 있어요.
윤종열   …
유은재   얼마 전에 나 죽을 뻔했어요. 정말 죽다 살아났는데, 그리고 나서 이
          것저것 생각해봤거든요. 그때 죽었으면 뭐가 제일 억울했을까?
윤종열   …
유은재   나 아직 선배, 좋아해요.
윤종열   …
유은재   선배랑 헤어지고 싶지 않아요. (기대를 갖고 쳐다본다)
윤종열   (마음이 불편하다) 은재야, 우린 끝났어.
유은재   (기대에 찼던 얼굴이 서서히 무너진다)
윤종열   그러니까 이제 그만해.
유은재   왜요?
윤종열   왜라니?

유은재	(받아들일 수 없다. 설득한다) 나 아직 선배 좋아하는데요. 선배도 내가 막 싫은 건 아니잖아요.
윤종열	나도 이런 말 하는 거 힘들어. 나 너 안 좋아해.
유은재	(화를 낸다) 그럼 지난번에 왜 나한테 자냐고 문자 보냈어요?
윤종열	아, 그건… 술 취해서 잘못 보낸…
유은재	잘못 보낸 거 아니잖아요. 술 취해서 내 생각났고, 보고 싶어서 보낸 거잖아요. 다 알아요.
윤종열	(슬슬 화가 나기 시작한다) 그래, 그때 잠깐 그랬던 건 맞는데… 그건 그냥 술김에 그런 거야.
유은재	(막무가내다) 아뇨, 선밴 아직 나 좋아해요. 잘 생각해봐요.
윤종열	은재야. 너 왜 이래? 너 요새 이상해. 너 같지가 않아.
유은재	나답게 구니까 선배가 싫어했잖아요. 그래서 변하려는 거예요. 내가 너무 소극적이고 우물쭈물한다면서요? 답답하다면서요. 그래서 변할려구요. 변할게요. 그러니까 나 다시 좋아해줘요.
윤종열	…
유은재	(필사적이다) 어떻게 하면 나 좋아할 건데요?
윤종열	…미안하다.
유은재	(엉엉 운다)

유은재는 엉엉 울고, 사람들은 쳐다보고 윤종열은 난감하다.

(유은재)　　나스카의 지상화 같은 건지도 모르겠다.

76. 술집 화장실(밤)

유은재가 거울을 본다. 울어서 눈이 빨갛다. 코를 훌쩍인다. 결심한다.

(유은재) 무의미하게 보이는 선들이 거리를 두고 보면 별새가 되고, 외계인이
되는 것처럼.

77. 화장실 앞(밤)

윤종열이 기다리고 있다. 화장을 고친 유은재가 나온다. 유은재는
울고 난 다음이라 코를 훌쩍인다.

(유은재) 오늘 하루는.
윤종열 데려다줄게. (앞장서는데) …
유은재 (윤종열을 뒤에서 끌어안는다) 우리 모텔 가요.
(유은재) 지금 이 순간은.
윤종열   …
유은재 나 선배랑 자고 싶어요.
(유은재) 지금 이 한 마디는…
윤종열 (유은재의 손에서 벗어난다) …
유은재 아무리 생각해도 그거 때문인 거 같아요. 맞죠? 선밴 나랑 자고 싶
은데 내가 계속 싫다고 그래서…
윤종열 (한 발 멀어진다) 너 진짜 너무한다. 넌 지금 너도 비참하게 만들었
지만 나도 비참하게 만들었어. (유은재를 바라보다가 돌아선다) …
유은재 (소리 지른다) 그럼 나보고 어쩌라구요. 좋아하는데! 아직 좋아하는
데! 이럴 거면서 왜 좋아한다고 그랬어요. 먼저 좋아한다고 해놓고
먼저 그만두면 어떡해요? 난 아직 그대론데…

윤종열 멈추지 않고 가버린다. 유은재가 쭈그리고 앉아 운다. 비가 내린다.

(유은재)   나의 무수한 변곡점!

78. 에필로그('1년 전 그들')

전 신과는 정반대로 유은재가 활짝 웃으며 인터뷰 의자에 앉는다. 화면 분할되면서 윤종열도 인터뷰 의자에 앉는다. 두 사람 다 행복을 숨길 수가 없다. 자막 뜬다. '1년 전' 분명히 화면은 분할됐는데도 두 사람은 상대방 쪽을 보며 자주 웃는다.

질문 자막   사귄 지 얼마나 됐나?

윤종열   세 달? 네 달?

유은재   오늘로 딱 53일요.

윤종열   (그 정확함에 쳐다보면)

유은재   (조금은 부끄러워하면서) 첫키스한 날로부터…

질문 자막   상대방의 어떤 점에 반했나?

윤종열   (헤벌레) 이쁘잖아요.

질문 자막   좀 답답하다는 의견도 있는데…

윤종열   좀 그런 면도 있긴 한데… (헤벌레) 이쁘잖아요.

질문 자막   음침하다는 의견도 있는데…

윤종열   (생각해본다. 그러다가 헤벌레) 그래도 이쁘잖아요.

유은재   (윤종열의 말을 들은 것처럼 배시시 웃고만 있다가) 아, 저요? 종달 선배 어디가 좋았냐면… (좋음을 숨길 수가 없다) 착하고… 아는 것도 많고… 키도 크고…

윤종열   (마치 들리는 것처럼 배시시배시시)

유은재   …잘생겼잖아요.

그 순간, 화면 밖에서 투덜대는 소리. '에이씨' '장난하나' '진짜 너무 하네' 유은재는 눈 똥그래진다. 왜들 저래? 윤종열은 머쓱해져서 긁적긁적…

질문 자막   둘이 같이 가고 싶은 데이트 장소는?

윤종열   (자막 채 뜨기도 전에) 멀리요.

유은재   (생각해본다) 걷는 거 좋아하니까 산책길?

윤종열   아무 데나 멀리.

유은재   공원?

윤종열   상관없어요. 멀기만 하면.

유은재   선배랑 같이라면 어디든 좋아요. (배시시)

윤종열   1박 2일이면 어디든 좋아요. (흐흐)

질문 자막   첫사랑인가?

윤종열   아뇨, 군대 가기 전에 잠깐…

유은재   (긍정하듯 배시시 웃는) …

질문 자막   첫사랑은 이뤄지지 않는다는데…

유은재   (버럭) 누가 그래요? 그런 거 다 미신이에요. 아직도 그런 걸 믿는 사람이 있어요? (통통대다가) 그리고 상관없어요. 내 첫사랑은 율빈 선배니까…

윤종열   (에에? 쳐다본다)

인터뷰가 끝났다. 윤종열이 유은재 쪽으로 넘어와 자리에서 일어나는 걸 도와준다. '힘들었지?' '괜찮아요' 서로 우쭈쭈하며 빠져나가는 두 사람.

자막　　　두 분 오래 행복하세요.

그 말을 들은 듯 두 사람이 활짝 웃으며 돌아본다. 유은재는 '고맙습니다'라고 인사한다. 그렇게 웃는 두 사람의 얼굴이 정지된다. 영원히 행복할 것처럼!

11회

나는 나를 긍정한다

1. 프롤로그

— 달리는 기차 안

다섯 살쯤 남자아이가 공을 들고 있다가 떨어트린다. 공이 굴러 누군가의 좌석 밑으로 들어간다. 아이가 온몸을 이용해 의자에서 내려온다. 공을 찾으려고 걸어간다. 엄마가 아이를 눈으로 쫓는다. 천진난만, 아이를 향해 승객들은 하나같이 미소를 짓는다. 아이의 눈에 세상은 행복한 것이다. 세상 행복하던 아이가 주춤한다. 공이 굴러 들어간 의자는 패밀리 좌석이다. 초우울 상태의 유은재, 다크 상태의 송지원, 무기력에 빠진 혜임달!

세 사람은 공도, 아이도 인식하지 못했다. 기분 탓이겠지만, 그쪽만 좀 더 어두운 것 같다. 아이가 돌아본다. 패밀리 좌석의 어둠을 모르는 엄마는 '공 주세요, 해'라고 코치한다. 아이가 본능적으로 고개를 흔든다. 도저히 불가능하다.

화장실에서 나온 윤진명이 다가온다. 아이와 눈이 마주친다. 아이가 그제야 공을 가리킨다. 윤진명이 공을 주워준다. 인생 최대의 위기에서 벗어난 아이가 꾸벅 인사하고 자기 자리로 돌아가다가 뒤를 돌아본다. 세상은 행복하기만 한 것이 아니구나.

패밀리 좌석의 빈자리에 앉는 윤진명도 어둠을 느낀다. 통로 건너편 권호창, 정예은, 조은, 서장훈이 앉은 자리도 무거운 분위기다. 정예은은 인상을 쓴 채 눈을 감고 있다. 조은은 서장훈을 보고 있다가 서장훈이 돌아볼라치면 창밖으로 시선을 돌린다. 윤진명이 조용히 한숨을 쉰다. 기차가 터널로 들어간다.

타이틀 제11회 ─ 나는 나를 긍정한다 (부제: 스탠바이 미)

2. 타이틀 이미지 몽타주

3. 선로(낮)

기차가 터널에서 나온다.

4. 기차 안(낮)

묵음으로 해놓은 윤진명의 핸드폰 액정에 빛이 들어온다. 문자가 도착했다. 발신자는 마이 쉘이다. '사과 따기?' 연거푸 문자 온다. '갑자기?' '그런 거 좋아해요?'

(정예은)   딱 싫어!

5. 하메들의 반응 몽타주

— 정예은은 땀복을 입고 운동 중이었다.

정예은   (너무 세게 말해놓고 눈치 본다) 난 햇빛 알레르기도 있고. 지금 그런 거 할 기분도 아니고.

•점프 》
조은은 '실연'에 관한 책을 읽고 있었다.

조은   꼭 가야 돼여? 그런 덴 벌레도 많고… 나 지금 그런 거 할 기분 아닌데.

•점프 》
침대 속. 이불을 둘러쓴 유은재가 웅얼거린다.

윤진명   (못 알아들었다) 뭐?
유은재   (뭐라 뭐라 하는데… 마지막 한 마디만 들린다) …이고 …이고… 집에 갈 기분 아니에요.

•점프 》
송지원은 공부하던 중이었다.

송지원   (가장 온건하게) 사과 따기…? (어쩔까 고민한다) …

6. 기차 안(낮)

윤진명이 문자 쓴다. '좋아한다기보다는 지금 그런 게 필요한 거 같

애서요'

— 누구한테? 진명 씨한테?
— 아뇨…

(윤진명)　지원이…

7. 거실(밤)

유은재, 조은, 정예은을 모아놓고 윤진명이 설득 중이다.

윤진명　지금 지원이한텐 뭔가가 필요해.
하메들　(그건 그렇지만 남의 사정 봐줄 만큼 여유 있지가 않다) …
윤진명　지원이… 겉으론 아무렇지 않은 거 같은데, 좀 이상해. 지난주 일요일 날…

8. 골목(낮)

윤진명이 마트에 다녀오는 중이다. 개인 용품이 든 에코백을 들고 걸어오다가 송지원을 발견한다. 운동장 근처, 혹은 공원 근처다. 송지원이 서너 명의 남자아이들과 이야기 중이다. 남자아이들은 축구공을 들고 있다. 윤진명이 다가갔을 때는 아이들은 자기들끼리 축구를 하고 있다.

송지원　(윤진명이 다가오자 묻지 않는 말을 한다) 초등학교 4학년이래.
윤진명　(축구하는 아이들을 본다)

송지원	되게 쪼그맣지? 10대 초반, 그러면 엄청 큰 거 같은데 진짜 보면 아직 애기야. 손가락도 포동포동해. 4학년도 저렇게 애긴데, 3학년은 더 애기일 거 아니야.
윤진명	(그제야 송지원이 자기 이야기를 한다는 걸 눈치챈다) …
송지원	(자기에게 다짐하듯) 내가 무슨 잘못을 했든 난 그때 애기였어. 그치? 내가 무슨 짓을 하는지도 몰랐을 거야. 그치? 저 아이들 중에 누군가 잘못을 했다 쳐봐. 그 아이를 나쁘다고 할 수 있어? 아니잖아. (윤진명을 본다. 사면을 바라는 것처럼) 그치?
윤진명	… (고개를 끄덕여준다) 웅, 그래. 나쁘다고 못 해.

송지원은 원하는 대답을 들었는데 왠지 울 것 같다. 표정을 들키지 않으려고 돌아서 걷기 시작한다. 윤진명이 그 뒷모습을 본다. 불안을 느낀다.

10. 거실(밤)

조은	그게 뭐가 이상해여?
유은재	(인정하기 싫지만) 좀 이상하긴 하지…
정예은	그거하고 사과 따는 거하고 무슨 상관인데…
유은재	그리고 사과 따는 거 되게 힘들어요. 끈적거리고 고개 아프고… 힐링 되고 그런 거 아닌데…
윤진명	(그렇다면 결심한다) 사실은 그 이후에…

11. 벨 에포크 정원(낮)

서장훈이 근력 운동 중이다. 헤임달이 적당한 곳에 매달린 해먹에 누워서 지켜보다 툭툭 잔소리를 한다.

헤임달   (혼잣말도 아니고) 손목이 그렇게 꺾이면 되나?

서장훈   (힐끗 볼 뿐) …

헤임달   그러다가 인대 나간 사람 여럿 봤는데.

서장훈   (같지도 않다) 나 사체관데…

헤임달   사체?

서장훈   (그것도 모르나) 사회체육.

헤임달   (그까짓 거) 책 백 권 읽어봐라 근육이 만들어지나.

서장훈   (반소매 걸어 올리고 보란 듯이 이두박근을 잡는다) 만들어지는데?

헤임달   이두박근 그까짓 거. 화투만 쳐도 나오는 거. (티셔츠를 걸어 올려
          복근을 보여준다) 근육 하면 복근이지.

서장훈   (꾹 눌러준다) 푹 들어가는데?

헤임달   (발끈해서 일어난다. 셔츠 벗고 배에 힘준다) 이래도?

서장훈   (러닝셔츠 벗고 배에 힘준다. 봤냐?)

헤임달   (밀린다. 서장훈 반바지 밑의 다리 가리키며) 다리가 빈약하네. (반
          바지를 걸어 올려 하이레그로 만들어 허벅지 근육 보여주며) 남자
          는 허벅지!

          근육 자랑하던 두 사람, 윤진명을 발견한다. 언제부터 서 있었던 걸
          까? 에코백을 든 윤진명이 두 사람을 멍하니 보고 있다. 서장훈과 헤
          임달이 서둘러 옷을 입으려는데…

윤진명   (다급해진다) 잠깐만, 잠깐만, 잠깐만. 멈춰봐!! 옷 입지 마!!

서장훈   (영문을 모르지만 윤진명의 다급함에 일단 입지는 않고 옷으로 가
          슴을 가리는데) …

헤임달   (당신 그런 캐릭터였어?) 누나?

윤진명   (뒤를 돌아보고) 하던 거 계속해. 응? (두 손까지 모은다) 제발 .

헤임달	(어떡하지? 서장훈을 본다)
서장훈	왜요?
윤진명	(계단을 올라가다가 손짓까지 하며) 나중에 설명할 테니까 하던 거 해. 빨리!!
서장훈	(어쨌거나 아까보다는 소심하게 근육 잡아 보인다)
헤임달	(역시 따라하며 고개를 갸웃한다)

윤진명이 계단에 숨어서 본다. 잠시 후 송지원이 들어온다. 서장훈과 헤임달이 웃통을 벗은 채 근육 자랑을 하는데.

송지원	안녕. (그대로 계단을 올라간다)
(정예은)	세상에!

12. 거실(밤)

유은재	(믿을 수 없다) 말도 안 돼…
조은	진짜여? 진짜 그랬어여?
윤진명	그랬다니까. (이제야 나의 다급함을 알겠지. 하메들을 쳐다본다)

하메들. 심각해진다.

윤진명	갈 거지?
정예은	(할 수 없다) 그렇다면 뭐.
유은재	할 수 없죠. 그렇다는데…
조은	(아직도 충격이다) 우와…

13. 정예원, 송지원의 방(밤)

송지원   (여전히 공부하던 중이었다) 다 간대? 그래? 그럼 나도 가지 뭐.

14. 기차 안(낮)

윤진명이 답장 쓰는 중이었다. '아뇨'라고까지 썼다. 통로 건너편에서
티격대는 소리 들린다. 권호창이 정예은을 배경으로 셀카를 찍었다.

정예은   (짜증난다) 찍지 마.

권호창   (카메라 모니터 보여주며) 이쁘게 나왔는데?

정예은   (모니터 슬쩍 본다) 뭐가? 찐빵으로 나왔구만. 지워.

권호창   (카메라 뺏으며) 왜?

정예은   지워!

조은   (눈 감고 자다가 짜증낸다) 에이, 시끄러!

정예은   (조은을 못마땅하게 보다가 권호창에게 입모양으로) 지워!

윤진명, 조은과 정예은을 보다가 유은재, 송지원까지 본다. 답장 완
성해서 보낸다. '아뇨. 우리 모두한테 필요한 거 같아요' '이따 밤에
다시 연락할게요' 문자 끝내고 핸드폰을 뒤집어놓고 주변을 둘러본
다. 가족, 연인, 친구. 앞뒤로 웃고 떠든다. 오직 윤진명 주변만 조용하
다. 윤진명은 이 분위기를 바꿔야 한다는 사명감이 생긴다.

윤진명   뭐 재밌는 얘기 없어?

하메들도 남자들도 조용하다. 우울에 빠진 유은재는 반응조차 않
는다.

권호창	(아무도 말을 안 하자 눈치 보면서) 저기, 폴란드 수학자가 소수 계산에 대한 새로운 이론을…
정예은	(곧바로) 재미없어.
권호창	(곧바로) 응.
윤진명	(할 수 없다) 얼마 전에 팀장님이랑 다 같이 점심 먹으러 갔는데 뭐 먹을까 고민고민 하다가 산채비빔밥을 먹으러 갔어. (얘기하면서 자기가 먼저 웃긴다) 근데 팀장님이 뭐라 그랬냐면 산채비빔밥이 죽은 채 비빔밥보단 낫지.

윤진명은 혼자 빵 터졌는데 반응이… 혜임달은 그게 웃겨, 라는 얼굴로 윤진명을 바라보고, 송지원은 차라리 눈을 감고. 유은재는 반응조차 하지 않는다. 윤진명이 도움을 바라듯, 서장훈을 바라보는데…

서장훈	저도 웬만하면 웃어주고 싶은데… (눈치를 본다) …
윤진명	(무안하다)

그 순간, 권호창이 박수를 치며 웃는다.

정예은	(어이없다) 웃겨?
권호창	(못 알아들었을까 봐 설명한다) 산채 비빔밥에서 산채가 산 야채라는 뜻이 아니라 살아 있는…
정예은	(말 끊는다) 알아.
권호창	(찌그러든다) 아는구나.

분위기는 더 칙칙해진다. 윤진명은 문득 자괴감이 든다. 자기가 괜한 짓을 한 건 아닌가 싶다. 기차는 다시 터널로 들어간다.

14. 기차역(낮)

시골 기차역이다. 윤진명과 일곱 명이 나온다. 조은은 서장훈과 있는 게 불편하다. 물색없는 권호창만 신났다. 놀러 온 사람처럼 카메라를 목에 걸고 있다.

권호창   사진 찍을까요? 다 같이…

아무도 호응하지 않는다.

윤진명   찍자, 사진. 모여.

하메들, 싫지만 할 수 없다.

권호창   (셀카로 찍는다) 하나, 둘, 셋!

권호창만 활짝 웃었다. 윤진명은 웃는 게 어색하다. 다른 사람들은 웃으려는 노력조차 하지 않았다. 정예은은 인상 썼다. 조은은 서장훈에게 삐진 것 같다. 서장훈은 조은이 삐진 걸 모르는 척하는 느낌이다. 송지원은 그저 멍할 뿐이다.

권호창   (모니터 보면서) 다시 찍어야겠다.
(은재 엄마)   은재야!

은재 엄마와 새아빠가 차 있는 곳에서 부른다.

유은재   엄마…

하메들, 남자애들 인사하고 새아빠는 와줘서 고맙다, 라는 인사말을
하는 동안.

은재 엄마   (은재 얼굴을 물끄러미 보다가) 너 얼굴이…
유은재   (위로받으면 울고 싶어진다. 또 울려고 삐죽거리는데) 엄마아…
은재 엄마   좀 변했다? 엄마 몰래 성형했니?
유은재   (어이없다) 엄마아?
은재 엄마   (깔깔 웃는다) 이뻐졌단 얘기야. (곧바로) 자, 얼른 타요. 시간 없어
              요. (트럭을 가리킨다) …

15. 도로(아침)

하메들과 남자 세 명은 짐칸에 탔다. 트럭이 지방도로를 달린다. 시
골 풍경이 지나간다. 지나가면서 보는 시골은 한가롭고 평화롭고 아
름답다.

윤진명   (힘껏 공기를 들이마시며) 아… (좋다, 라고 말하려는 순간)
정예은   으으, 냄새.

그러고 보니 어딘가에서 두엄 냄새가 난다. 다들 코를 감싸 쥔다. 윤
진명이 뻘쭘해진다.

16. 과수원(낮)

유은재 새아빠가 남자들한테 설명 중이다. 모두들 일하는 복장으로
갈아입었다.

새아빠	(시범 보인다) 태풍 때문에 부러진 가지가 많은데 이런 것들을 치워줘야 하거든. 그냥 두면 사과가 멍들어서… 또 사과나무에 상처가 난 것들이 있는데…

한쪽 유은재 엄마가 사과 따는 시범을 보인다.

유은재 엄마	(시범 보인다) 한쪽 손으로 잡고, 꼭지를 따고… 꼭지가 없으면 상품성이 없어요. 다시 한 번. (시범 보인다)

다른 하메들은 열심히 본다. 유은재는 이미 아는 일이다. 일을 시작했다. 묵묵히 사과를 따던 유은재가 문득 손을 뚝 떨어트린다. 고개를 숙인다. 윤진명이 유은재의 이상을 눈치챘다. 다른 사람 모르게 다가온다.

윤진명	은재야.
유은재	(고개를 드는데 눈물이 또르륵 굴러 내린다)
윤진명	왜 그래?
유은재	(흐느끼느라 말이 끊긴다) 저 새…
윤진명	새가 왜?
유은재	(흐흐흑) 지금 우는 저 새…
윤진명	응, 새가 왜?
유은재	종달새… (흐흑, 한 마디를 남기고 어딘가로 달려가버린다)
윤진명	그게 왜… (하다가 깨닫는다)

17. 거실(밤 - 회상)

비가 내리는 밤이다. 윤진명이 책을 읽는다. 현관문 소리에 돌아본

다. 비를 쫄딱 맞은 유은재가 들어온다. (윤종열에게 무작정 자러 가
자고 말하던 날의 유은재다) 윤진명이 뭐라고 하기도 전에 유은재는
방으로 들어가버린다. 거실 바닥에 젖은 발자국이 남았다.

18. 유은재, 윤진명의 방(밤)

윤진명이 조심스럽게 들어온다. 인형이 침대 밑에 내려와 있다. 그 위
에 유은재의 젖은 옷이 아무렇게나 걸려 있다. 유은재는 이불을 머
리끝까지 뒤집어쓴 채 침대에 누워 있다. 윤진명은 걱정되지만 뭐라
할 말이 없다. 2층 침대로 올라간다.

•점프 》
달그락 소리에 윤진명이 깬다. 밖에서 소리가 들린다.

19. 거실, 화장실(밤)

윤진명이 나온다. 소리는 화장실에서 난다. 유은재가 쭈그리고 앉아
뭔가를 하고 있다.

윤진명 뭐 해? 잠 안 자고.

유은재 (돌아본다. 인형을 빨고 있었다) 젖은 옷을 걸어놨더니 물이 들어
서… 빨리 빨지 않으면 안 빠질 것 같아서… 근데 늦었어요. 안 빠져
요. (물이 든 부분을 힘없이 문지른다) 아무리 해도 안 빠져요.

20. 거실, 베란다(낮)

베란다 건조대에 인형이 거꾸로 매달려 있다.

21. 유은재, 윤진명의 방(밤)

소리에 윤진명이 잠에서 깬다. 소리를 따라 밖으로 나간다.

22. 거실(밤)

유은재가 주방에서 뭔가를 만들고 있다. 샌드위치다. 어머어마한 양이다. 10여 명이 먹고도 남을 양이다. 유은재는 몽유병 환자처럼, 혹은 프로그래밍된 기계처럼 손을 움직일 뿐이다.

윤진명 은재야…
유은재 (그제야 돌아본다. 그리고 자기가 만든 엄청난 양의 샌드위치를 본다) 잠이 안 와서… 내일 아침에 다 같이 먹어요.

23. 거실(낮)

베란다 건조대에 인형은 거꾸로 매달려 있고, 유은재를 제외한 하메들이 모여앉아 음료수와 샌드위치를 먹는다.

24. 윤진명의 방(밤)

윤진명이 문득 눈을 뜬다. 아무 소리도 나지 않는다. 다행이다. 다시 눈을 감았다가 번쩍 뜬다. 1층 침대에 유은재가 없다.

25. 거실(밤)

윤진명이 나온다. 화장실 문을 열어보고 베란다를 본다. 없다. 밖으로 나간다.

26. 정원(밤)

윤진명이 유은재를 찾는다. 늦은 밤이라 소리를 내 부르지는 못한다. 정원에도 없다. 무심코 돌아보다가 가슴이 철렁한다. 옥상에 유은재가 멍하니 앉아 있다. 위태롭다.

27. 과수원(낮)

윤진명이 생각에 잠겨 사과를 따는데…

유은재 엄마   아이유, 그렇게 따면 안 되지.
윤진명   (놀라 돌아본다) …
유은재 엄마   꼭지가 있어야 한다고 했잖아. 아까 설명할 때 뭐 들었어?
윤진명   (그게 아닌데) …
유은재 엄마   에이, 참… (윤진명 바구니 확인하며) 굵고 좋은 것만 이렇게… 이런 거 하나도 못 팔어… 많이도 땄네.
윤진명   (조금 억울하다) 그게 은재가…

유은재는 어느 새 돌아와 묵묵히 사과를 따고 있다가 자기 이야기에 돌아본다. 하메들이 혼나는 윤진명을 구경한다. 정예은은 사과를 먹고 있다.

유은재 엄마   은재가 뭐?
윤진명   아니에요.

28. 과수원 몽타주(낮)

권호창이 부러진 가지를 치우려 한다. 안 된다. 좀 떨어진 곳에 게으르게 앉아 있던 헤임달이 흘깃 쳐다본다. 서장훈이 해본다. 소용없다. 지켜보다 못 한 헤임달이 '비켜봐' 나선다. 적당한 동작으로 해결한다. 권호창과 서장훈이 감탄한다.

권호창이 외발 수레를 끌고 가려는데 비틀거린다. 풀잎을 씹으며 건들대던 헤임달이 비웃는다. 서장훈도 마찬가지다. 헤임달이 나선다. 자유자재다. 현란한 코너링까지. 권호창과 서장훈이 박수친다.

헤임달이 신났다. 사과 상자를 번쩍번쩍 들고, 낫질을 하고, 구덩이를 판다. 하메들이 딴 사과 상자를 옮기는 남자들. 서장훈이 조은의 사과 바구니를 가져가려고 다가온다. 내내 눈 마주치기를 꺼리던 조은과 서장훈의 시선이 마주친다. 조은이 홱 돌아서서 다른 나무로 가버린다. 서장훈이 바구니를 들고 간다.

유은재는 사과 하나 따고 한숨 쉬고, 사과 하나 따고 눈물 닦는다. 정예은은 입에는 사과를 물고 손으로는 사과를 딴다. 사과 하나 따고 한 입 먹고. 사과 심을 버리는데 정예은이 지나간 자리마다 버려진 사과 심이 줄지어 떨어져 있다.

윤진명이 하메들을 하나하나 관찰한다. 마지막으로 송지원을 본다. 송지원은 겉으로 보기엔 가장 무난하다. 표정 변화 없이 사과를 딴다. 그러다가 자신을 보고 있는 윤진명과 시선이 마주친다.

송지원	왜?
윤진명	(뭐라 하지 싶은데) …
(유은재 엄마)	(멀리서) 밥 먹자.
윤진명	밥 먹으래.
송지원	(사과를 바구니에 넣고 먼저 움직인다)
윤진명	(송지원 뒤를 따라간다. 이상하긴 이상한데 그걸 특정할 수가 없다) …

29. 과수원 적당한 곳(낮)

하메들과 남자들 세 명이 들어온다. 평상이나 돗자리 위에 올라앉는다.

유은재 엄마	(다리를 쭉 펴고 앉는다) 아이고, 죽겠다.

하메들, 남자들 서로 눈치를 본다.

정예은	(유은재에게 살짝) 우리 밥은? 밥 누가 해?
유은재	올 거예요.
정예은	와? 어디서?
유은재	(눈짓한다) 저기요.

식당 봉고차가 도착한다. 식당 아저씨가 찌개와 밥, 제육 등을 척척 내려놓는다. 도시 하메들, 이건 상상 밖이다. 쳐다만 보고 있는데…

유은재 엄마 (랩 뜯으며) 배 안 고파?

그제야 그릇을 옮기고, 랩을 찢고, 반찬 뚜껑을 연다.

정예은 기대했던 거랑은 다르구나. 집에서 한 밥에 막걸리 마시는 줄 알았 는데…
윤진명 그러게. 〈전원일기〉랑은 다르네.
새아빠 학생은 〈전원일기〉도 알아요?
유은재 엄마 (툭 치며) 저 학생은 연식이 좀 있대요.
윤진명 (발끈해서) 저도 듣기만 했어요. 본 적은 없어요.
유은재 엄마 (호호 웃는다) …

어쨌거나 다 같이 밥을 먹는다. 밥 먹는 와중에도 윤진명은 하메들 을 관찰한다. 유은재는 한쪽에 앉아 밥을 먹는다. 우울하다. 딸이 우 울한 줄도 모르고 은재 엄마는 새아빠와 알콩달콩 해맑다. 헤임달을 본다. 일한 뒤라 밥을 엄청 잘 먹는다. 밥 한 숟가락이 반 공기쯤 된 다. 조은과 서장훈은 서로를 잔뜩 의식한 채 밥을 먹는다.

서장훈 물 좀…
조은 (바로 옆에 물이 있는데 모르는 척한다) …
윤진명 (물을 서장훈에게 건네준다) …
권호창 벌써 다 먹었어?
윤진명 (돌아본다) …

정예은이 물러나 앉는다. 3분의 1쯤 먹었다.

정예은	아까 사과를 너무 먹었나 봐. 배불러.
헤임달	(남은 밥 가리키며) 내가 먹어도 돼요?
정예은	(밥그릇을 건넨다) 예, 깨끗하게 먹었어요.
윤진명	(정예은을 본다) …

30. 기차 안(낮)

하메들과 남자들이 아침으로 김밥을 먹고 있다.

정예은	(왠지 재촉하는 것처럼 권호창 입에 김밥을 넣어준다) 얼른 먹어.
권호창	(우물대면서) 맛있다. 너도 먹어.
정예은	(탐욕스럽게 김밥을 쳐다보면서도) 아니야, 난 아침에 뭐 먹으면 속 부대껴서… 너나 많이 먹어… (아직 다 먹지도 않았는데 마지막 김밥을 권호창 입에 밀어 넣는다. 유혹에서 벗어났다. 홀가분해진다) 다 먹었다! (서둘러 김밥 포장을 치운다)

31. 과수원 적당한 곳(낮)

정예은은 입맛을 다시며 먼 곳을 본다. 윤진명이 그런 정예은을 보며 걱정 중인데…

은재 엄마	학생, 빨리 좀 먹어.
윤진명	(자기 얘긴 줄 몰랐다가) …
은재 엄마	다들 기다리고 있잖아.
윤진명	(그러고 보니 그렇다. 서두른다) …
은재 엄마	(악의는 없지만) 눈치 없단 소리 종종 듣지?

윤진명	(왠지 억울하다. 중얼거린다) 아닌데…
유은재	(조용히 일어나 어딘가로 간다) …
윤진명	(밥 먹는 걸 서두르며 눈으로는 유은재를 쫓는다) …

• 인서트 》

식당 봉고차가 그릇을 챙겨 간다.
모두들 휴식을 취한다. 유은재 엄마 아빠는 모자로 얼굴을 가린 채 낮잠을 자고, 권호창과 정예은은 사진을 보거나 음악을 듣고, 서장훈과 헤임달은 게임을 하고 조은은 음악을 듣는다. 송지원은 이어폰을 꽂은 채 눈을 감고 있다. 윤진명이 하메들을 일일이 확인하고 조용히 일어선다.

32. 과수원(낮)

윤진명이 여기저기 유은재를 찾는다. 저쪽에 유은재가 앉아 있다. 유은재는 적당한 곳에 앉아 하염없이 어딘가를 보고 있다. 뭘 보고 있는 걸까? 기척에 유은재가 돌아본다.

윤진명	(다가온다) 뭐 보고 있어?
유은재	바람요.
윤진명	…
유은재	(가리킨다) 저기 나무를 보면 바람이 지나가는 게 보여요.

건너 산의 나무들이 한 방향으로 흔들린다. 도미노처럼…

유은재	저 바람이… 지금 와요.

그 순간, 머리카락이 날린다.

유은재　　또 지나가요.

저 멀리 산의 나무들이 흔들린다. 잠시 후 유은재와 윤진명의 머리
가 흔들린다. 유은재는 앉아서 윤진명은 서서 바람을 바라본다.

유은재　　…선배! 나 때문에 걱정했죠?
윤진명　　(침묵함으로써 긍정한다) …

그렇게 잠시 말이 없는데, 사람들이 다시 일하러 올라오는 소리 들
린다.

윤진명　　아, 사과 따기 되게 힘들다.
유은재　　(일어난다) 예, 되게 힘들어요.

33. 과수원(낮)

다시 사과 따기가 시작된다. 유은재는 나아졌다. 좀 더 또렷해진 것
같다. 다른 하메들도 요령이 생겼다. 정예은은 허기가 진다. 아침도
안 먹고 점심도 조금만 먹은 탓이다. 사과는 보기만 해도 신물이 난
다. 한숨을 쉬며 배를 움켜쥐는 정예은을 윤진명이 바라본다.

　•점프 》
은재 엄마가 요령을 피운다. 목도 뻐근하고 손목도 아프다.

34. 은재네 집 앞(낮)

은재 엄마가 내려온다. 집 안으로 들어간다.

35. 은재네 집 거실(낮)

은재 엄마가 들어오다가 멈칫한다. 밥솥 뚜껑을 열고 맨 밥을 퍼먹던 정예은과 눈이 마주친다. 두 사람 다 멈칫한다.

정예은 (먹을 건 입에 한가득이고 뭐라 하긴 해야겠고) 저기… 그게…
은재 엄마 (조용히 하라고) 쉬잇! (하고는 소파에 털썩 주저앉는다) 그러게 너무 조금 먹더라니. 시골 일 하는 게 얼마나 힘든데…
정예은 (간신히 입의 걸 넘긴 다음) 사과를 먹었더니 신물이 넘어와서…
은재 엄마 안경 낀 남학생이 남자친구?
정예은 예? 예…
은재 엄마 남자친구 앞에서는 조금 먹고 싶지. 나도 알아. 비밀로 해줄게. 그 대신 나 여기 잠깐 쉬는 것도 비밀로 하기? 응?
정예은 (고개를 끄덕인다)

은재 엄마가 다가온다. 정예은이 눈치를 보는데, 은재 엄마가 손을 내민다.

• 인서트 》
먹을 걸로 향하는 어린 정예은의 손을 찰싹 때리는 손. 정예은 엄마다.

정예은의 손이 움찔한다. 은재 엄마가 정예은을 지나쳐 주걱을 꺼낸다. 밥을 푼다.

은재 엄마   맨밥만 먹으면 무슨 맛이 있어. (냉장고에서 이것저것 꺼낸다) …

• 점프 》
비빔밥이 되었다.

은재 엄마   먹어봐. (자기도 한 숟가락 먹는다. 늘어진 나물을 거듬거듬 입에 넣는다) 맛있다.
정예은   (비빔밥을 맛있게 먹는 은재 엄마를 바라본다) …

36. 레스토랑(낮 – 회상)

스파게티를 돌돌 말아 입에 넣고 오물오물 씹는 정예은 엄마. 포크와 스푼을 한쪽으로 내려놓는다. 절반도 안 먹었는데 식사가 끝났다. 냅킨으로 입 양쪽을 닦으며 정예은을 본다. 정예은도 할 수 없이 식사를 끝낸다. 정예은은 긴장했다. 엄마 눈치를 보며 물을 마신다. 지난번 그렇게 헤어지고 나서 첫 번째 만남이다.

정예은 엄마   내가 연락 안 하면 끝까지 엄마 안 보고 살라 그랬니?
정예은   아니… 몇 번 연락했는데 엄마가 안 받아서…
정예은 엄마   바쁠 때만 골라서 전화해놓고는 무슨… 한 변호사한테 얘기 들었다. 친구가 그런 거라며?
정예은   예, 유경이라고…
정예은 엄마   한유경? 그 음침하게 생긴 애? 어휴… 처음 봤을 때부터 애가 여기저기 눈치만 보고 이상하더라니. 어떻게 친구를 사귀어도 그런 애만 골라 사귀니?

정예은	…
정예은엄마	결국은 네 탓이야. 친구를 보면 그 사람을 안다고, 네가 그것밖에 안 되니까 그런 친구만 꼬이는 거잖아.
정예은	…
정예은엄마	(쇼핑백을 건넨다) 네 옷 몇 개 샀다. 우중충하게 그게 뭐니? 젊은 애가 화사하게 입지 못하고.

정예은 옷은 결코 우중충하지 않다. 쇼핑백을 들여다본다. 분홍색 원피스다.

정예은엄마	엄마가 해주는 건 당연하지?
정예은	(얼른) 고맙습니다.
정예은엄마	할머니 팔순 잔치에 이모들 사촌들 다 같이 밥 먹기로 했으니까 그런 줄 알어.
정예은	(한숨을 숨긴다) 예…

37. 분식집(저녁 – 회상)

정예은이 떡볶이를 먹는다. 기계적으로 입속으로 집어넣는다. 먹을 것에 분풀이를 하는 것 같다. 권호창이 뭐라고 얘기하는데, 정예은은 기계적으로 고개를 끄덕이고 '응, 응'거릴 뿐이다. 정예은이 문득 정신을 차리고 경악한다.

권호창	(한참 얘기 중인데) 두 기능이 충돌하는 바람에 에러가… 왜?
정예은	나 미쳤어? 이걸 다 먹은 거야? (접시가 다 비어 있다) …
권호창	(질문한 줄 알고) 어, 그랬네.
정예은	(탓한다) 넌 뭐했어? 왜 안 말렸어?

권호창	(말려야 하는 건가) 어… 미안해.
정예은	이게 나 몇 칼로리야?
권호창	(질문인 줄 알고 검색하려 한다) …
정예은	검색하지 마! 물어본 거 아니야.
권호창	아니었어?
정예은	(우울해진다) 어떡하지?
권호창	너 되게 날씬한데.
정예은	(코웃음 친다) 말도 안 돼. 나 몇 킬로 나가는지 알면 깜짝 놀랄걸.
권호창	몇 킬론데?
정예은	미쳤어. 그런 걸 왜 물어봐?

38. 거실(밤 – 회상)

정예은이 실내에서 할 수 있는 간단한 운동기구를 이용해 운동 중이다. 땀복을 입고 있어서 땀이 비 오듯 떨어진다. 삑삑! 설정해놓은 알람이 울린다. 정예은이 땀복을 벗고, 땀을 닦고. 발끝부터 체중계에 올라간다. 한 발 올라가고 또 한 발, 두근두근하다가 '아아아악' 짜증을 낸다. 다시 땀복을 입고 미친 듯이 운동한다. 정예은의 얼굴에서는 귀기(鬼氣)마저 느껴진다.

39. 유은재네 시골집 거실(낮 – 현재)

정예은이 비빔밥을 바라본다.

은재 엄마	(한 순가락 듬뿍 떠서 먹는다. 눈까지 감고) 흐음, 맛있다. 별것도 아닌 게 되게 맛있네.

정예은   (은재 엄마처럼 한 숟가락 떠서 입에 넣고 눈을 감아본다. 천천히 씹
으며 맛을 음미한다. 너무 맛있어서 웃음이 난다) …

40. 과수원(낮)

사과를 따기에 열중했던 윤진명이 문득 주변을 둘러본다. 정예은이
보이지 않는다. 권호창이 사과 바구니를 들고 지나간다.

윤진명   예은이 봤어요?
권호창   아까 저쪽에서 봤는데… (가버린다)

권호창이 가리킨 쪽으로 가본다. 정예은이 없다. 두리번거리는데, 나
무 사이로 누군가 쓰러져 있는 게 보인다.

윤진명   (설마? 뛰어간다. 쓰러진 사람을 뒤집으며) 예은아? (하다가 엉덩방
아를 찧는다. 허수아비다. 여자 옷을 입고 모자를 쓴 허수아비다. 허
수아비가 태풍에 쓰러진 게다. 너무 놀라서 화가 난다)

41. 과수원 일각(낮)

은재 엄마와 정예은이 올라온다. 조용히 합류하려고 하는데.

유은재   (홱 돌아보며) 엄마! 또 놀다 왔지?
은재 엄마 아니야, (정예은을 보며) 이 친구가 배고프다 그래서…
정예은   (고개를 흔든다) …
유은재   거짓말! 따로따로 가는 거 봤는데?

유은재 엄마	(그제야) 허리가 너무 아파서…
유은재	(같이 일하는 사람들에게 눈치 보인다) 다른 사람은 다 일하고 있는데…
은재 엄마	엄만 늙었잖아.
유은재	마음은 청춘이라며.
은재 엄마	왜 나만 갖고 그래? 저 사람도 딴짓하다 왔는데… (윤진명을 가리킨다)

모두들 윤진명을 바라본다. 무언의 비난이… 윤진명은 억울하지만 딱히 할 말도 없다.

유은재	엄만… 주인이잖아. (사과를 딴다)

모두들 사과 따기로 돌아간다. 윤진명은 오늘 하루 참 힘들다고 생각한다. 사과를 따던 정예은이 얼굴에 물방울을 느낀다. 비가 오나 손을 내밀어본다. 유은재가 쳐다본다.

정예은	(위를 보며) 물 떨어졌어. 뭐지?
유은재	매미가 오줌 싼 거예요.
정예은	(왠지 더럽다) 진짜?
유은재	예, 좀 전에 매미 날아갔잖아요.
정예은	(냄새 맡아본다) 매미는 왜 날아가면서 오줌을 싼대?
헤임달	(옆에서 사과 바구니 옮기다가) 새는 날아가면서 똥도 싸는데 뭐.
조은	매미는 일주일밖에 못 산다면서?
유은재	응, 굼벵이로 7년 살다가 매미로는 7일.
조은	되게 안됐다.
정예은	그래서 저렇게 바락바락 우나 봐. 억울해서.
유은재	(그럴듯하다)

윤진명	(별 생각 없이) 굼벵이는 매미가 되려고 사는 걸까?
유은재	예?
윤진명	(사과 따면서 별 생각 없이) 굼벵이 시절이 더 행복할지도 모르잖아. 매미는 그냥 굼벵이의 노년이구. (하다가 자신을 쳐다보는 헤임달을 본다) 왜?
헤임달	(홱 돌아서며) 뭐가요?
윤진명	(자기가 뭐 잘못 말했나 싶다) …

'모든 생명체의 목표는 번식이니까 역시 굼벵이 목표는 매미가 맞을 거야' 정예은의 말소리가 작게 들린다. 매미 울음소리가 우렁차다.

42. 과수원(낮 – 저녁)

저 멀리 과수원으로 해가 저문다. 일꾼들이 돌아온다. 힘들고 지쳤지만 보람도 있다. 윤진명이 송지원을 본다. 송지원 얼굴에선 아무것도 읽히지 않는다.

43. 은재네 집 마당(저녁)

하루 노동으로 지친 하메들과 남자들이 들어온다.

정예은	아우, 끈적거려. (남자들에게) 여자부터 씻어도 되지?
권호창	응.
정예은	(들어가며 하메들에게) 누구부터 씻어?
윤진명	같이 씻을까?
유은재	(반응한다) 그래요.

윤진명   (유은재의 반응에 미소 지으며 송지원을 본다) …

송지원   (옷자락을 펄럭이며 신발을 벗을 뿐이다) …

하메들은 안으로 들어가고, 권호창, 서장훈, 헤임달이 평상에 눕거나 앉는다.

서장훈   (벌러덩 누우며) 아우, 죽겠다.

헤임달   그것 좀 했다고…

서장훈   시골 출신?

헤임달   시골 아니거든. 인천.

서장훈   몇 살 때까지 살았는데요?

헤임달   중3… 지망생 되면서 서울 왔는데… 올해로 7년 됐다. (중얼거린다) 7년…

평상 바로 옆이 욕실인가 보다. 하메들 목소리가 들린다. 앗, 차거. 어우, 야… 웃음소리… 남자들 말소리가 뚝 끊긴다. 서로 눈치를 보다가…

헤임달   (온통 관심은 욕실 창 쪽에 가 있으면서 입으로만) 군대 간다면서?

서장훈   (역시 관심은 욕실 창 쪽에 던져두고) 예, 형은 군대 어떻게 할…

하는데, 그 순간.

(윤진명)   너 피부 진짜 좋다.

누구? 남자들이 일제히 귀를 쫑긋 세운다. 다섯 명의 하메 그림이 뜬다. 그중에 윤진명이 엑스 표 된다.

(송지원)   누구? 아… 그러게.

송지원 엑스 표 된다.

(유은재)   생각보다 글래머야.

유은재 엑스 표 되고. 두 명 남았다. 정예은과 조은이다. 서장훈과 권호창이 서로를 본다. 알 수 없는 승부욕이! 어쨌거나 세 명의 남자들, 거의 앞으로 쏟아질 듯 귀를 기울이고 있는데…

(은재 아빠)   어이!

남자들이 화들짝 일어난다. 서장훈은 갑자기 스트레칭하고, 헤임달은 괜히 이상한 동작하고, 권호창은 허둥대는데…

은재 아빠   (왜 저러나… 뭐 어쨌거나) 이쪽에도 욕실 있어요. 이쪽으로 와요.

세 명 할 수 없이 부르는 곳으로 간다.

44. 유은재네 집 욕실(밤)

윤진명이 지나간다. 목 위만 보인다. 송지원이 지나간다. 역시 목 위만 보인다. 정예은, 유은재도 마찬가지다.

정예은   (부른다) 조은! 뭐 해? 빨리 와.
(조은)   가요.

앗차! 정예은이 카메라를 노려본다. 카메라 각도가 슬금슬금 위로 조정된다. 조은이 나온다. 그제야 안전하게 조은의 목 위가 보인다. 하메들은 정수리만 보인다. 조은이 뭔가를 깨닫는다. '아, 큰일 났다' 는 얼굴이 된다.

45. 유은재네 집 거실 겸 주방(밤)

유은재 새아빠가 저녁 준비를 한다. 유은재가 이것저것 돕는다. 유은 재 엄마의 지시로 혜임달과 서장훈이 교자상을 옮겨온다. 정예은과 윤진명이 상을 훔치고 숟가락 놓는 걸 돕는다. 권호창은 우물쭈물 하면서 뭘 해야 할지 몰라 한다.

유은재엄마	(숟가락을 놓는 윤진명 옆으로 스윽 오더니) 우리 은재 무슨 일 있었어요?
윤진명	…?
유은재엄마	하루 종일 이상하더니 이제 쫌 내 딸 같아서…
윤진명	(눈치챘어?) …
유은재엄마	(윤진명의 표정을 보고는) 왜요? 내가 아무 생각도 없는 엄만 줄 알았어요?
윤진명	(자기도 모르게) 예… (해놓고는) 아뇨, 그게 아니라… 너무 모르는 척하셔서…
유은재엄마	우리 은재는 어려서부터 그랬어요. 울고 있을 때 옆에서 울지 마, 울지 마, 그러면 더 울어. 그냥 모르는 척해줘야지. 은재 무슨 일인데?
윤진명	(유은재를 흘깃 본다) …
유은재	(고기를 볶다가 간을 본다. 고개를 갸웃한다)
윤진명	나중에 은재한테 물어보세요.
유은재엄마	(입 내민다) 말 안 해줄걸.

유은재 엄마는 다른 곳으로 가고, 윤진명은 숟가락을 놓으며 하메들을 관찰한다. 엄마에게 간을 보라고 권하는 유은재는 괜찮은 것 같다. 걸리적거리는 권호창에게 한곳에 가 앉아 있으라고 잔소리하는 정예은도 괜찮은 것 같다. 상추쌈을 씻어서 들어오는 송지원도 괜찮아 보인다. 안심하던 윤진명이 고개를 든다. 조은이 없다.

46. 시골집 유은재의 방(밤)

하메들의 가방이 놓여 있다. 반쯤만 정리한 갈아입은 옷들도 보인다. 윤진명이 방에 조은이 있나 없나 확인한다. 없다.

47. 화장실 앞(밤)

윤진명이 노크한다. 반응 없다. 열어본다. 없다.

48. 유은재 시골집 앞(밤)

개가 꼬리친다. 윤진명이 나온다. 둘러본다. 어둑어둑해지고 있다. 나무 위의 까마귀가 기분 나쁘게 운다.

윤진명 (불러본다) 은아, 조은!

49. 어딘가(밤)

어렴풋하게 윤진명이 부르는 소리가 들린다. 조은이 손톱을 물어뜯을 뿐 대답하지 않는다. 조은은 뭔가 곤란한 상황에 빠진 게 분명하다.

50. 시골길(밤)

윤진명이 조은을 찾는다. 아직 깜깜한 밤은 아니다. 윤진명이 뭔가에 걸려 넘어진다. 아이들이 장난치느라 묶어놓은 풀이다. 윤진명이 묶인 풀을 보며 조은을 생각한다.

51. 옥상(낮 – 회상)

윤진명과 조은이 빨래를 넌다. 윤진명이 바지를 너는데 옆에 걸린 조은의 바지와 길이 차이가 엄청나다. 서장훈이 옥상 정원에 물을 주고 있다.

윤진명 진짜 길다.

서장훈 (흘깃 쳐다본다)

조은 (투덜댄다) 그래서 뭐 어쩌라구여? (서장훈 쪽을 외면하며 밖으로 나간다. 등을 더 웅크린다)

윤진명 (내가 뭐 잘못 말했나 싶다. 서장훈을 본다) …

서장훈 (으쓱 하며 하던 일 계속한다)

52. 조은의 몽타주

— 기차 안. 조은이 내내 불퉁한 얼굴로 앉아 있다가 문득 서장훈을 돌아본다.

— 조은이 서장훈 옆을 지날 때면 어깨를 더 구부린다.

— 사과를 따는 조은, 서장훈을 가끔 의식한다.

— 밥 먹을 때 물 달라는 서장훈의 말을 못 들은 척하는 조은

53. 시골길(밤)

아! 조은이 서장훈을 좋아하고 있었구나. 윤진명이 그제야 깨닫는다. 돌아선다.

54. 유은재의 시골집 안방(밤)

조은이 곤란한 얼굴로 서성인다. 아직 우리는 그녀의 전모를 볼 수 없다. 문이 벌컥 열리자 조은이 흠칫 놀라 본다.

유은재   (들어온다) 뭐 해? 밥 먹어.
조은   (왠지 곤란하다) 응.
유은재   (침대 맡에 꽂혀 있는 전기 모기향을 빼서 가져간다) …

조은은 망설인다. 그제야 보인다. 그녀는 원피스를 입고 있다. 유은재 엄마 거다. 거울을 본다. 거울 속 자신이 어색해 죽을 지경이다. 너무 크다. 어깨를 움츠려본다.

55. 정원(아침 – 회상)

서장훈이 직접 만든 의자를 어디에 놓을까 고민한다. 옮겨 놔본다. 여기다 싶은 데가 없다. 송지원, 정예은, 유은재가 계단을 내려온다.

서장훈   (씩씩하게 일일이 인사한다) 안녕하세요. 안녕하십니까? 좋은 아침
          입니다. (하다가 조은과 눈이 마주친다. 움찔한다)
조은   (서장훈 반응에 움찔한다) …

          • 인서트 ≫
서장훈   왜, 나 없는 동안 외로웠다고? 보고 싶었다구?
조은   응…
서장훈   뭐가?
조은   외로웠다고. 보고 싶었다구.

그 이후의 일이다. 조은이 긴장하며 기대한다. 그러나 서장훈이 외면한다. 조은의 어깨가 움츠러든다. 조은이 밖으로 나간다.

56. 유은재 시골집 안방 (밤)

상처받은 조은이 거울 속에 있다. 밖에서 이런저런 소리가 들린다. '다 됐다. 밥 먹자 (유은재 새아빠)' '맛있겠다 (유은재 엄마)' '잘 먹겠습니다 (서장훈)' '나 어디 앉어? (권호창)' '아무데나 앉어 (정예은)' 두서없이 들리는데…

(유은재)   조은, 밥 먹어!
조은   (한숨을 푹 쉰다. 나갈 수밖에 없다) 알았어. (도살장에 끌려가는 소
          의 심정으로 문을 연다) …

57. 유은재의 시골집 거실(밤)

조은이 나왔을 때는 밥 먹으려고 사람들이 몰려드는 상황이다. 조은은 자기가 입은 옷에 신경이 쓰여 죽겠는데 사람들은 별 관심 없다. 한 마디만 하면 쏘아줄 테다, 공격태세를 갖췄는데 아무렇지 않아서 오히려 당황할 정도다.

유은재　뭐 해, 이리 와.
조은　어? 어…

사람들 잠깐 돌아봤을 뿐 다시 밥에 집중한다. 서장훈도 그냥 보고 말 뿐이다.

유은재 엄마　(조은을 보며) 내가 입었을 땐 롱치마였는데…
유은재　새아빠 당신 옷이에요?
유은재 엄마　응, 저 친구가 갈아입을 옷을 안 갖고 왔대서…

조은은 안심한다. 자의식 과잉이었다. 유은재 옆에 자리를 잡고 앉는다.

유은재 새아빠　(몇 명인가 눈으로 세어보고는) 누구 한 사람 없는데?

누가 빠졌나 살펴본다.

유은재 엄마　그 사람 없네. 나이 많고 느린 사람.

그 순간, 윤진명이 들어온다.

유은재 엄마	(이어서) 저 사람.
유은재	선배, 어디 갔었어요?
윤진명	어? 은이가… (조은을 본다) …
조은	(왜냐는 듯 마주본다) …저요?
윤진명	어… (서장훈을 흘깃 본다. 뭐라 할 말이 없다. 조용히 자리에 앉는다)
유은재 엄마	(자리를 좁혀주면서) 전에 봤을 땐 되게 야무져 보였는데…
윤진명	(하루가 참 길다) …

모두들, 밥을 먹는다.

58. 유은재네 시골집 마당(밤)

개가 꼬리를 친다. 권호창이 나온다. 개를 쓰다듬어준다. 정예은이 나온다.

정예은	아, 너무 많이 먹었다.
권호창	(눈치 본다) …내가 말렸어야지?
정예은	어? (자기가 그랬구나 깨닫는다) 아니, 산책 갈래?
권호창	(다행이다. 일어난다) 응.

60. 시골길(밤)

정예은과 권호창이 손을 잡고 걷는다.

정예은	안경 꼈네.

권호창	(비난한다고 생각한다) 내일은 렌즈 낄 거야.
정예은	안 그래도 돼.
권호창	…
정예은	렌즈 끼는 거 싫잖아.
권호창	싫은 게 아니라 눈이 빡빡해서…
정예은	렌즈 끼지 마. 안경 껴.
권호창	진짜?
정예은	바지도 너 입고 싶은 거 입어.
권호창	진짜?
정예은	응… 미안. 내가 못되게 굴었어.
권호창	(좋다) 그럼 머리도…
정예은	(단호하다) 그건 안 돼.
권호창	(신속히) 응.

정예은이 권호창 팔짱을 낀다.

정예은	별 좀 봐.
권호창	(별을 본다) …
정예은	별은 왜 반짝이는 걸까?
권호창	그건 빛이 대기를 통과하면서 산란되기 때문에…
정예은	(손으로 입을 막는다) 별똥별 떨어지면 좋겠다. 소원 빌게.

정예은과 권호창이 하늘을 본다.

60. 유은재네 시골집 마당(밤)

조은이 나온다. 평상에 앉아 모기향에 불을 붙인다. 잘 안 붙는다.

맥주를 들고 나오던 서장훈이 조은을 몰래 바라본다.

조은   (고개를 돌리다가 서장훈과 눈이 마주친다) 왜?
서장훈   (당황한다) …
조은   (화난 것처럼) 안 어울리는 거 알어. 나도 뭐 입고 싶어서 입은 것도
            아니구…
서장훈   (조은에게서 라이터를 빼앗아 대신 모기향에 불을 붙인다) 어울려.
조은   (무슨 말인지 못 알아듣는다) …
서장훈   너 치마 입은 거 이쁘다고.
조은   (툴툴댄다) 됐어.
서장훈   넌 왜 이쁘다고 하면 화를 내냐?
조은   거짓말이니까 그렇지.
서장훈   진짜야.
조은   (딴 데 보면서) 그럼 왜 나 안 좋아하냐?
서장훈   …
조은   나는 저 보고 싶다고까지 말했는데…

풀벌레가 운다. 밤하늘엔 별이 총총하다. 서장훈이 결심한다.

서장훈   (조은 앞에 선다. 나름 비장하다) 나 군대 간다!
조은   (그게 뭐 별거라고) 알어.
서장훈   (엥, 이게 아닌데) 알어?
조은   바보냐? 맨 처음 왔을 때 말했잖아.
서장훈   (그건 그렇다) 그치, 근데… 그래도 괜찮아?
조은   그게 뭐?
서장훈   입대 앞둔 남잔데 괜찮냐구?
조은   (툴툴댄다) 군대가 뭐. 파병 가는 것도 아니구. 괜히 핑계 대려니까
            그렇지. 됐어.

서장훈	핑계가 아니라… 나도 너 좋은데… (다시 비장해진다) 연애 시작하 자마자 군대 가면… 그럼 기다리라고 하기도 그렇고, (슬쩍 본다) 기 다리지 말라고도 못 하겠고.
조은	(빤히 쳐다보다가) 그래서 뭐 어쩌라구.
서장훈	(희망을 담아) 기다릴 거야?
조은	(생각해본다) …아니.
서장훈	(즉각적으로) 왜애?
조은	기다리라고도 안 하는데 뭐 하러…
서장훈	(기대를 담아) 기다리라고 하면?
조은	해봐.
서장훈	(조심스럽게) 기다려줘… (왠지 부족할 것 같다) 기다려줘, 제발… (덧붙인다) 부탁이야, 기다릴 거지?
조은	생각해봐서.
서장훈	야아!
조은	(깔깔 웃는다)

61. 유은재네 시골집 거실(밤)

윤진명이 유리창으로 통해 조은과 서장훈을 본다. 조은이 깔깔 웃으 며 뒷걸음질 치면 서장훈이 쫓아가며 사정한다. 윤진명 얼굴에 미소 가 번진다.

헤임달	(윤진명이 뭘 보나 쳐다보고는 방금 씻은 토마토를 건넨다)
윤진명	(먹어본다) 맛있다.
헤임달	그죠, 밭에서 금방 딴 건 뭐든 맛있어요.
윤진명	엄마 아빠 농사 지으셔?
헤임달	농사도 짓고, 양봉도 하고, 펜션도 하고, 쓰리잡.

윤진명	…
헤임달	우리 집 벌꿀 되게 맛있는데… 나중에 하나 보내줄게요.
윤진명	(무슨 말인지 조금 늦게 알아듣는다) 어?
헤임달	맛있다고 또 달라고 그러지는 마요. 두 번째부터는 사먹어요.
윤진명	…집에 가게?
헤임달	(고개를 끄덕이다가) …지금 속으로 다행이다 그랬죠? 영원히 빈대 붙으면 어떡하나 걱정했는데… 맞죠?
윤진명	응, (웃는다) 왜 갑자기 마음이 바꼈어?
헤임달	그냥… 낮에 일해보니까 일하는 게 그렇게 싫지도 않고. 전에는 뭔가 되게 억울했거든요. 7년 동안 고생한 게 뭔가 싶고, 여기서 관두면 내 인생 실패했다는 걸 인정하는 거 같고, 연예인 된다고 동네방네 소문 다 났는데 쪽팔리고 미안하고… 씨… 근데요. 굼벵이는 매미가 되려고 사는 게 아니라면서요. 굼벵이는 굼벵이 나름대로 행복했을 거구. 지금 생각해보면 나도 7년 동안 재밌었거든요. 정신승리일지 모르지만 배운 것도 많고.
윤진명	(다행이다) 누가 한 말이야? 굼벵이는 매미가 되려고 사는 게 아니라구.
헤임달	(뭐야, 이 사람) …?
윤진명	왜?
헤임달	누나가 한 말이잖아요.
윤진명	내가? 언제?
헤임달	(이 사람 진짜) 낮에!
윤진명	(이상하다) …
헤임달	뭐야? 기억도 못 하는 말에 난 감동받은 거야?
유은재	(부른다) 윤 선배!
윤진명	(돌아본다) …
유은재	(수박 접시 들고 밖으로 나가며) 수박 먹어요.
송지원	(역시 수박 접시 들고 나가며) 얼른 와요.

62. 유은재네 시골집 밖(밤)

유은재와 송지원이 들고 나온 수박을 하메들이 나눠먹는다. 맥주도
마신다. 산책 나갔던 정예은과 권호창이 합세한다. 윤진명이 하메들
을 본다. 조은과 서장훈의 손끝이 닿아 있다. 정예은은 수박을 정상
적으로 먹는다. 송지원을 본다. 수박을 먹다가 윤진명과 눈이 마주
치자 웃는다. 송지원도 괜찮아 보인다. 무슨 이야기를 했는지 와르
르 웃는다.

귀신 이야기를 한다. 무섭다고 소리를 지른다. 정예은이 권호창에게
안긴다. 조은이 서장훈에게 바짝 당겨 앉는다. 수박씨를 위로 뱉어
얼굴에 붙이는 장난을 친다. 별것 아닌데도 재밌다. 모기가 무나 보
다. 찰싹찰싹 모기를 잡는다. 하나 둘 안으로 들어간다.

63. 유은재네 시골집 방(밤)

하메들이 각자의 위치에 자리를 잡는다. 침대에는 윤진명과 송지원
이 바닥에는 정예은과 유은재가 자리 잡았다. 그들과 엇갈려 조은도
자리를 잡는다. 유은재가 조은에게 이불을 갖다 준다. 정예은이 뭔
가 생각났다. 가방에서 마스크팩을 꺼내 하메들에게 하나하나 나눠
준다. 하메들이 마스크 팩을 붙이고 눕는다.

윤진명이 핸드폰을 확인한다. 마이 쉘으로부터 문자가 와 있었다.
'별일 없죠?' 윤진명이 하메들을 둘러본다. 마지막으로 송지원을 본
다. 송지원은 마스크를 붙이고 누워 있어서 얼굴을 볼 수 없다. 윤진
명이 답장 쓴다. '응, 아무 문제 없어요' 연이어 '괜한 걱정을 했나 봐
요' 답장 온다. '다행이네' 'ㅇㅇ 잘 자요' 답장 온다. '님도' 유은재가
불을 끈다.

64. 유은재네 시골집 평상(밤)

개가 하품을 한다. 개구리가 운다. 평상 아래 놓아둔 모기향의 재가
툭 떨어진다.

　• f.o. 》

65. 유은재네 시골집 마당(아침)

서서히 아침이 밝아온다. 개가 꼬리를 친다. 모기향은 다 타고 재만
남았다.

66. 시골집 유은재의 방(아침)

윤진명이 자고 있다. 기분 좋게 눈을 뜬다. 둘러본다. 아무도 없다. 이
불은 개어져 있다. 핸드폰으로 시계를 본다. 9시가 넘었다. 서둘러
준비하고 밖으로 나간다.

67. 거실(아침)

윤진명이 나오다가 멈칫한다. 모두들 밥을 먹다가 돌아본다. 밥도 거
의 다 먹었다.

윤진명　(늦잠 잤다) 아… (은재 엄마 아빠에게 인사하며) 깨우지.
정예은　깨웠어. 선배가 못 일어난 거지.

윤진명	(그랬나. 눈치가 보인다) …
유은재	선배, 이리 와요. (자리를 좁혀준다)
윤진명	(일단 밥 먹으려다가) 지원이는?

사람들, 그제야 송지원이 없음을 눈치챈다.

은재새아빠	아까 전에 큰길 쪽으로 가던데…
은재엄마	(별일 아니다. 먹던 밥 먹으며) 사람이 하도 많으니까. …
유은재	(그사이 전화해본다) 전화 안 받는데…
정예은	지원이 핸드폰 방에 있던데…
유은재	엄마 오겠지.

별일 아니다. 사람들은 밥을 계속 먹는다. 윤진명이 밥을 먹으려 한다. 그러나 숟가락을 내려놓는다.

유은재	왜요?
윤진명	(미안해한다) 밥 생각이 없어서…
은재엄마	금방 일어났으니 입맛이 없지.
은재새아빠	먹다 보면 입맛이 생기는데…
윤진명	(밖으로 나간다) …
유은재	어디 가요?
윤진명	(별일 아니라는 듯) 그냥 요 앞에…

윤진명이 나간다. 하메들은 계속 밥을 먹는데… 하나둘 불안해지기 시작한다.

정예은	(남은 밥을 밀어 넣고) 잘 먹었습니다. (일어난다) …
조은	(역시 일어난다. 우물쭈물) 잘 먹었습니다… (따라나간다)

유은재   난 나중에 먹을게. (일어나 나간다) …
유은재 엄마   설거지는… 왜들 저런대?

68. 시골집 마당(낮)

윤진명이 큰길 쪽으로 가고 있다.

정예은   윤 선배, 같이 가.

정예은, 조은, 유은재까지 쫓아온다.

윤진명   왜 다 나왔어?
정예은   밥 다 먹었어.

말 안 해도 서로의 불안을 읽는다. 큰길을 향해 걷는다.

69. 시골길(낮)

하메들이 걷는다. 산책하는 사람처럼 서두르지 않는다.

정예은   (길가에 핀 꽃을 가리킨다) 이 꽃 이름이 뭐야?
유은재   개망초요.

별일 아닌 듯 묻고 대답한다.

(윤진명)   별일 아닌 것처럼.

조은	(불안을 숨긴다) 꼭 계란 후라이같이 생겼다.
정예은	그러게.
(윤진명)	아무 일 없는 것처럼.
조은	아, 바람 분다.
정예은	오늘은 좀 시원하네.
(윤진명)	사실은 소리 지르고 싶었다.
유은재	(소리 지르고 싶은 걸 참느라 숨을 몰아쉰다)
(윤진명)	사실은 뛰어가고 싶었다.
정예은	(억지로 멈춰 서서 바람을 맞는다)
조은	(길가에 풀을 뽑아 의미 없이 휙휙 돌린다)

하메들이 걷는다. 주변을 둘러본다. 수다도 떨고 웃기도 하고, 여유 있는 걸음이지만 문득 불안을 숨길 수 없다.

70. 저수지 옆(낮)

하메들이 길 옆 저수지를 바라본다. 한쪽에 '경찰서장' 이름으로 경고판이 서 있다. '매년 익사 사고가 발생하는 장소이므로 물놀이 및 수영을 금합니다.'

정예은	(애써 불안을 숨긴다) 되게 깊은가 봐.
유은재	예…
윤진명	(먼저 그곳을 떠난다)
하메들	(따라 걷는다)
(윤진명)	소리 지르면 들킬 것 같았다. 뛰어가면 쫓아올 것 같았다. 술래처럼 숨어 있던 불행이 발목을 낚아챌 것 같아서 우리는 있는 힘을 다해 천천히 걸어야 했다.

71. 시골의 잔혹한 풍경 몽타주

멀리서 본 시골 풍경은 평화롭다. 아이들이 뛰어놀고, 논밭에서 사람들이 일하고, 하얀 새가 날아간다. 그러나 조금만 더 들여다보면, 바로 옆 풀 속으로 뱀이 지나간다. 길가에서 죽은 새가 썩어간다. 구더기가 들끓는다. 아이들이 잠자리를 잡으며 논다. 그들이 지나간 자리 날개가 뜯긴 잠자리가 바닥에 떨어져 있다. 허리가 기역 자로 굽은 할머니가 유모차를 밀며 걸어간다. 까맣게 탄 쪼글쪼글한 얼굴은 무표정해서 무섭다.

72. 학교 운동장(낮)

음소거 상태다. 일요일 날의 시골학교 운동장이다. 아이들 몇 명이 놀고 있다. 여자아이들은 땅바닥에 그림을 그리고 논다. 남자아이들이 물총을 쏘며 쫓고 쫓기다가 여자아이들에게 물총을 쏜다. 여자아이의 대장이 벌떡 일어난다. '야! 너 죽을래?' 남자아이들이 도망가고. 여자아이들이 쫓아간다. 남자아이 한 명이 학교 건물 쪽으로 도망간다. 남자아이가 우뚝 멈춰 서고 여자아이가 남자아이의 목덜미를 움켜쥐는데, 남자아이가 어딘가를 가리킨다. 남자아이가 가리키는 것은 나무에 가려져서 보이지 않는다. 두 명의 아이가 으아악 소리 지르며 도망간다. 누군가 쓰러져 있다.

도망갔던 아이들이 숫자를 불려 돌아왔다. 아이들은 한 덩어리가 되어 조금씩조금씩 다가온다. '죽었나 봐?' '시체야?' '가서 봐' '네가 해라' 서로가 맨 앞에 안 서려고 서로를 밀친다. 무서워서 엉덩이는 뒤로 빼고, 보고 싶어서 고개는 앞으로 내민 자세가 된다.

그때 누군가가 부시시 일어난다. 아이들은 지를 수 있는 최대한의 비명을 지르며 도망간다. 빈 운동장을 대여섯 명의 아이들이 필사적으로 도망간다. 엎어지는 놈도 있다. 아픈 줄도 모른다. 벌떡 일어나 도주의 행렬에 가세한다.

말 안 해도 알겠지만 일어난 사람은 송지원이다. 일단 뒤통수를 만져본다. 조금 아프다. 일어난다. 몸에 붙어 있던 흙을 툭툭 턴다. 송지원이 주변을 둘러본다. 쓰러져 있던 건물은 미술실이다. 아그리파, 그림 도구들, 초등학교 아이들이 그린 그림들.

73. 길(낮)

아이들이 소리 지르며 달려오다가 하메들을 발견한다. 아이들이 손짓발짓한다. 윤진명이 뛰기 시작한다. 하메들이 쫓아간다.

74. 운동장(낮)

송지원이 운동장을 가로지르는데, 중간쯤 왔을 때, 교문에 윤진명이 도착한다. 송지원을 발견한 윤진명이 숨을 헐떡이며 멈춰 선다.

윤진명   너… 너…
송지원   윤 선배! 나 잠깐 기절했었어. (왠지 멋쩍어서 피식 웃는데)
윤진명   (다리에 힘이 풀려서 그대로 주저앉는다) …
송지원   (달려온다) 괜찮어? 윤 선배!
정예은   (버럭 소리 지른다) 야! 너 어디 갔었던 거야?

유은재, 조은이 달려온다. 송지원은 어리둥절하다. 정예은이 등짝을 후려친다. 그래놓고는 아프다고 항의하기도 전에 정예은이 송지원을 끌어안는다.

유은재	(투정 반 울먹임 반이다) 어떻게 된 거예요? 사람 걱정시켜놓고 진짜…
송지원	아, 미안… 나 되게 오래 기절했었나 봐.
윤진명	(정신을 차리고 일어난다. 너무 걱정해서 머리가 아프다) 어떻게 된 거야?
송지원	(눈치 보게 된다) 아, 그게 아침에 일찍 일어났는데…

75. 시골집 유은재 방(아침)

송지원이 일어난다. 하메들은 세상모르고 자고 있다. 입은 옷 그대로 조용히 나간다.

76. 유은재네 집 마당(아침)

개가 꼬리를 젓는다. 송지원이 잠시 개를 쓰다듬어준다. 송지원이 일어선다. 마을 길을 따라 걷는다. 아침 안개가 자욱하다.

77. 길, 초등학교 앞(새벽)

송지원은 별 생각 없이 길을 따라 걷는다. 어디로 갈까 하다가 한쪽을 택했는데 가지 않은 길이 신경 쓰인다. 그쪽에서 무슨 소리가 나는 것도 같다. 결국 그쪽으로 향한다. 길 끝에 초등학교가 보인다.

78. 초등학교 운동장(아침)

시골 학교다. 축구대가 있고, 철봉대, 시소가 있다. 그네도 보인다. 송지원이 별 생각 없이 운동장을 가로지른다.

79. 미술실 옆(아침)

송지원이 화단을 구경하며 걷는다. 유리창 너머를 본다. 미술실이다. 아그리파, 미술 도구들, 초등학생이 그린 그림들, 그 순간 강력한 이명이 들리면서, 두서없는 장면들이 스쳐지나간다.

•인서트 》
— 어린 문효진
— 땅바닥에 그림을 그리며 노는 아이
— 숨으려고 하는 예쁜 구두
— 아그리파
— 흩날리는 커튼
— 어린 송지원 앞에 선 어린 문효진이 고개를 든다.

어린 문효진   예쁜 구두…
(송지원)   그리고 기절했어.

80. 길(낮)

하메들이 송지원의 이야기를 들으며 걸어간다.

송지원   그리고 생각났어.

하메들이 송지원을 본다.

송지원   (멈춰 선다) 나… 거짓말한 게 아니야.
하메들   (송지원을 본다) …

81. 기차 안(밤)

하메들과, 권호창, 서장훈, 혜임달이 자고 있다. 조은은 서장훈의 어깨에 머리를 기댔는데 높이가 낮아 거의 기역 자로 꺾였다. 피곤한 그들은 정신없이 곯아떨어졌다. 송지원만이 깨어 있다. 어두운 창밖을 본다. 그는 자신이 본 어둠을 직시하기로 마음먹었다. 기차가 경적을 울린다.

82. 선로(밤)

기차 불빛이 어둠을 뚫고 다가온다.

83. 에필로그(하메들의 전생)

— 최면에 관련된 것들, 흔들리는 펜던트, 현란한 수정 볼
부활 화면 속, 하메들이 최면용 의자에 앉는다. 최면술사의 손가락 튕기는 소리와 함께 반수면 상태에 빠져든다.

— 윤진명
(최면술사)   …편안해집니다. 당신은 지금 어디에 있습니까?

윤진명	(반쯤 눈을 감았다) 장터…
(최면술사)	주변을 둘러봅니다. 뭐가 보입니까?
윤진명	(반쯤 눈을 감았다) 사람들이요… 사람들이 엄청 많아요… 치마저 고리를 입은 사람들, 갓 쓴 사람들… 다들 손에 뭔가 들고 있어요.
(최면술사)	뭘 들고 있나요?
윤진명	깃발… 태극기… 만세를 불러요. 소리가 엄청나요. 아… 사람들이 흥분했어요.
(최면술사)	(3.1 운동이라고 메모하면서) 사람들이 흥분했군요. 당신은 어디 있습니까?
윤진명	사람들 앞에… 나도 소리를 질러요. (귀를 기울인다 …뭐지?) 고노 조센징 고로세????
(최면술사)	(유관순까지 썼다가 슥슥 지운다)

• 점프 》

— 유은재

유은재	(반수면 상태다) 궁궐이에요… 나는 되게 화려한 옷을 입고 있어요. 금박 무늬가 들어간 비단옷… 사람들이 내 뒤를 졸졸 따라와요.
(최면술사)	시간을 앞으로 돌려봅니다. 지금은 무얼 하고 있나요?
유은재	잘 준비를 해요… 궁녀들이 이불을 깔아요. …누가 와요.
(최면술사)	누구죠?
유은재	김상궁… 주상전하가 무수리의 방으로 갔대요.
(최면술사)	주상전하가 무수리의 방으로 갔…
유은재	(갑자기 눈을 번쩍 뜨면서) 메야?!!
(최면술사)	(메모하던 손이 움찔한다)

• 점프 》

— 정예은

정예은	졸려요. 하루 종일 일을 너무 많이 해서… 물 긷고 청소하고, 불 떼

고… (하품한다) 근데 누가 와요. (과거의 소리를 듣는 것처럼 기를 기울였다가) 내 방에… (스스로 놀란다) 주상전하가 온대요.

• 인서트 》

유은재 (다시 한 번) 메야?

• 점프 》

— 조은

조은 (최면 상태다) 전쟁터예요. (참혹한 걸 본 듯 미간을 찌푸린다) 사람들이 너무 많이 죽어요. (고통스럽다)

(최면술사) 시선을 돌려봅니다. 당신은 뭘 하고 있습니까?

조은 (전생의 감정에 영향을 받는다) 사람을 찾고 있어요. 그 사람을 못 찾을까 봐 너무 걱정돼요. 내가 찾는 건 …애기… 갓난애기… 그 아이를 못 찾으면… 난 살 수 없어요.

(최면술사) 애기를 찾는군요.

조은 (최면 상태에서 안도한다) 아, 찾았다. 찾았어요. 애기는 무사해요.

(최면술사) 애기가 무사하군요. 시간을 돌려봅니다. 당신은 어디 있습니까?

조은 애기 아빠를 찾았어요. 애기 아빠한테 애기를 전해주러… (놀란다) 아! 애기 아빠가 애기를 내팽개쳐요. (전생에 집중하는 듯 미간을 찌푸리더니 갑자기 눈물이 주르륵 흐른다) 그깟 애기 때문에 내가 죽을 뻔했다고. 이런 애기 필요 없다고… (충성심이 복받친다) 다들 우느라 정신없어요. 장비 형은 엉엉 울어요. (흐흐흑) 장비 형!!

• 점프 》

드디어 송지원이다.

송지원 (반수면 상태) 달밤이에요. 보름달… 기분 좋은 바람이 불어요. 좋은 냄새…

(최면술사)	주변을 둘러봅니다. 뭐가 보이나요.
송지원	소금? 아니다. 하얀 꽃이에요. 소금처럼 하얀 꽃… 달빛에 꽃이 소금을 뿌려놓은 것처럼 보여요.
(최면술사)	하얀 꽃이 소금처럼 보이는군요.
송지원	우리는 장돌뱅이예요. 다음에 어디 갈지 그런 얘기를 해요. 봉평 장을 거쳐 정선으로 간대요. 그 길은 가파르고 돌도 많고… 먹을 풀도 없고… 그래서 한 마디 해요.
(최면술사)	한 마디 하는군요.
송지원	히히힝!!!

12회

나는 나를 보았다

1. 프롤로그

캠퍼스 내 적당한 곳. 윤종열, 황우섭, 신율빈이 모바일 게임 중이다.
윤종열이 기세를 올린다.

윤종열　　(도달한 점수 이야기한다) 0000점!

황우섭　　(흘깃 보며) 종열이 약 빨았다.

신율빈　　(죽었다. 안타깝다) …

윤종열이 다음 라운드 시작한다. 쾌속질주! 신들린 핸들링! 그때 카
톡 문자창이 뜬다. '유은재'다. '선배, 할 말이 있어요' 윤종열의 캐릭
터가 무참하게 나뒹군다.

타이틀 제12회 ― 나는 나를 보았다(부제: 모두 다 예쁜 말들)

2. 타이틀 이미지 몽타주

3. 공원 혹은 놀이터(낮)

유은재가 벤치에 앉아 있다. 발끝을 본다. 손끝을 본다. 심호흡을 해본다. 핸드폰으로 시간을 확인한다. 기다리는 사람이 늦는다. 오지 않을지도 모른다. 먼 데를 본다. 차라리 오지 않았으면 좋겠다는 생각도 든다. 그러나 멀리 윤종열이 탄 자전거가 눈에 들어온다. 자전거가 점점 커진다. 그사이 유은재는 눈을 돌리지 않으려고 노력한다. 너무 긴장해서 침을 삼키면 토할 것 같다. 윤종열은 자전거에서 내리지 않는다. 자전거를 탄 채로 유은재 앞에 멈춰 선다. 금방이라도 다시 떠날 것처럼. 눈높이를 맞추기 위해 유은재가 일어선다.

윤종열 (지난번 일 때문에 냉정하다) 왜?

유은재 (조용히 심호흡한다) …

윤종열 할 얘기 뭔데?

유은재 지난번에… 미안해요.

윤종열 (뭐지? 그러나 아직 미심쩍다) …

유은재 시도 때도 없이 문자 보낸 것도 미안해요.

윤종열 …

유은재 그것 말고도 미안한 게 많을 거예요.

윤종열 …

유은재 (웃으려고 노력한다) 이번이 첫 연애구 첫 실연이라서 어떻게 해야 할지 몰라서… 그래서 그랬어요. 모두 다 처음 겪는 감정이라서… 그래도 그러지 않았으면 좋았을 텐데… 미안해요.

윤종열 (상대방이 그렇게 말하면 이쪽이 미안해진다) …

유은재 그리고 고마워요. 사랑받는다는 게 어떤 건지 알게 해줘서… 누군가를 좋아한다는 게 어떤 건지 알게 해줘서… 고맙다고 말하고 싶어서… 그 말만은 꼭 해야겠어서… (꾸벅 인사한다) 고맙습니다.

윤종열 (엉겁결에 마주 인사한다) …

유은재	(숨을 몰아쉼으로써 감정을 추스른다. 웃는다.) 선배, 한 가지 부탁 해도 돼요?
윤종열	응.
유은재	(농담일지도 모른다) 다른 여자 만나더라도 그 여자한테 못난이라 고는 하지 마요.
윤종열	…응.
유은재	다른 여자 만나더라도 조금만 있다가 만나요.
윤종열	… 그래.
유은재	(눈물이 난다. 손바닥으로 얼른 닦는다) 나한테 너무 잘해주지 마 요. 또 헷갈리니까.
윤종열	…
유은재	그렇다고 너무 못되게 굴지도 마요.
윤종열	응…
유은재	정말 다행이에요. 선배가 내 첫사랑이어서… (눈물이 주체할 수 없 이 흐른다. 고개를 숙인다)
윤종열	미안하다.
유은재	(고개를 흔든다. 숨을 크게 몰아쉰다) ……갈게요. (마지막으로 윤 종열을 바라본다) 안녕!
윤종열	어…

유은재가 떠나간다. 윤종열이 떠나가는 유은재를 바라본다. 유은재 는 흔들림 없이 멀어진다.

4. 공원 입구(낮)

유은재가 공원 입구 모퉁이를 돌아서자마자 쭈그리고 앉는다. 흐느 낌이 멈추지 않는다. 세발자전거를 탄 네 살쯤 어린아이가 멈춰 선다. 엄마를 돌아보며 유은재를 손가락질하는데 엄마가 자전거를 밀어 그 자리를 떠나간다.

5. 공원(낮)

윤종열이 좀 전 유은재가 앉아 있던 벤치에 앉아 있다. 자전거는 그 옆에 아무렇게나 쓰러져 있다. 실연! 그렇다. 실연이다. 누가 이별을 고했건 실연한 것이다. 목울대가 아파온다. 시야가 흐려진다. 가슴 저 밑에서부터 한숨이 나오는데… 문자가 온다. 신율빈이다. '무사하냐?' 무시한다. 다시 문자가 온다. '납치됐냐?' 다시 문자가 온다. '신고할까?' 할 수 없이 답장한다. '시끄러'

6. 벨 에포크 정원(낮)

정예은이 꽃을 세 송이 정도 꺾는다.

7. 벨 에포크 거실(낮)

정예은이 들어온다. 송지원이 바닥에 쭈그리고 앉아 뭔가를 쓰면서 킬킬댄다.

정예은 (지나가며 본다) 야, 그건 너무했다.
송지원 뭐가? 이 정돈 해줘야지.

조은은 테이블을 세팅 중이다. 유리컵, 머그컵이 모두 합해 다섯 개

나와 있다. 윤진명은 서랍을 뒤진다. 뭔가를 찾고 있다.

정예은 (적당한 유리잔에 꽃을 꽂으며 윤진명에게) 찾았어?
윤진명 어디서 봤는데…

그때, 인터폰이 울린다. 하메들이 움찔한다. 인터폰에 뜬 얼굴이 서
장훈인 걸 알고는 다시 하던 일로 돌아간다.

8. 2층 현관 앞(낮)

서장훈 (문이 열리자마자 뭔가 말하려는데) 이따가…
조은 (서장훈이 말을 꺼내기도 전에) 나중에 얘기해, 나중에. 나 바빠. 잘
가! (문 닫는다)
서장훈 (뭐가 지나갔지 싶다. 갸웃하고 서 있는데) …
조은 (다시 문 열리며) 빨리 가, 얼른. (서장훈을 밀기까지 한다) …
서장훈 (할 수 없이 계단을 내려간다. 내려가다가 고개를 갸웃한다) 얘가 나
랑 밀당을 하나……

9. 벨 에포크 거실(낮)

되게 바쁜 척한 조은은 소파에 누워 핸드폰을 들여다보고, 정예은
은 송지원 발톱에 매니큐어를 칠해준다. 윤진명은 베란다 창밖을 보
고 있다. 참 한가롭다. 그러나 핸드폰 진동 소리가 들리자 모두들 홱
돌아본다.

송지원 (문자 확인하고는) 광고야, 광고. 대리운전 광고. 나는 차가 없다는

걸 이 사람들에게 알려주고 싶다.

정예은   (다 칠했다) 이제 올 때 됐는데…

조은   전화해볼까요?

윤진명   (창밖을 보고 있다가) 온다!

10. 벨 에포크 정원, 계단, 현관 앞(낮)

유은재가 들어온다. 고개를 푹 숙인 채다. 계단을 올라간다. 현관 비밀 번호를 누른다. 문을 여는 순간.

11. 거실(낮)

폭죽이 터진다. 슬픈 와중에도 유은재가 깜짝 놀란다.

정예은   축하해.

송지원   (나무젓가락 두 개로 만든 미니 플래카드를 펼친다. '경축 첫 실연'이라고 써 있다)

유은재   (창피하기도 하고 어이없기도 하고) 이게 뭐예요?

윤진명   (유은재를 이끈다) 잘하고 왔어?

유은재   (고개를 흔든다. 가방에서 수첩을 꺼낸다) 몇 개 까먹었어요. 나랑 상관없는 사람이 되더라도 행복하라고… 이 말은 꼭 했어야 하는데… 쓸데없는 말만 하고…

송지원   (수첩을 들여다본다) 나 빌려줘라. 나중에 실연할 때 참고하게.

유은재   (수첩을 접는다) 됐어요.

조은   (그러고 보니 샴페인을 들고 있다) 이거 언제 따요?

송지원   (깜빡했다) 야, 아까 들어왔을 때 터트렸어야지.

조은   어떻게 따는 건지 모르는데.

송지원   (으이그, 마개를 막은 철사를 푼다. 유은재에게) 너 다시 들어와야
         겠다.

정예은   (흔들려는 송지원의 팔을 잡으며) 흔들지 마, 닦기 힘들어.

송지원이 철사를 다 풀면서 최대한 몸에서 뗀다. 하메들도 귀를 막으
며 피한다. 한 박자 늦게 퐁 하고 터진다. 하메들이 식탁으로 자리를
옮긴다. 유리잔, 커피 잔, 제각각 잔에 샴페인을 따른다.

정예은   (유은재 부은 눈 보면서) 너 눈 부었다. 얼음찜질해.

송지원   저 눈 보니 작년 여름, 정 여사 생각이 나는구만.

정예은   시끄러.

하메들이 잔을 부딪친다.

정예은   지금 와 하는 말이지만 너 한때 위험했어.

유은재   (지나고 나니 쑥쓰럽다)

윤진명   (의외다. 정예은도 눈치채고 있었나) …

조은   예, 쟤 저러다 스토커 되는 거 아닌가 그랬다니까요.

윤진명   (너도 알고 있었어?) …

송지원   (놀란다) 그래? 왜 나만 몰랐지? 윤 선배도 알고 있었어?

윤진명   (그냥 웃고 만다) …

정예은   너는 그때 한참 다크 시즌이라서…

그때, 송지원의 핸드폰이 진동한다.

송지원   (말 끊어서) 미안. (자리 옮기며 방으로 들어간다) 어, 찾았어?

12. 정예은, 송지원의 방(낮)

송지원 (책상 앞에 앉아 메모하며 통화 중이다) 그래, 유명해? …

방금 메모를 마친 종이 위에 '파주시'로 시작하는 주소가 보인다.

13. 단독주택 단지(낮)

송지원이 구글 맵으로 집을 찾는다.

14. 한관영의 집 정원 (낮)

정원이 잘 가꾸어진 집이다. 집 외관도 그렇고, 정원도 그렇고 소유자가 미적 감각이 있는 사람이란 걸 보여준다. 아무튼 그 정원 한쪽에서 60대 할아버지가 책을 보다가 웃음소리에 고개를 든다. 30대 엄마가 유치원생 딸과 놀고 있다. 정원에 물을 주는 호스로 딸을 공격하는 거다. 딸이 할아버지 뒤로 숨는다. 할아버지를 사이에 두고 엄마와 딸이 쫓고 쫓기는데 엄마가 멈춰 선다.

손녀딸 (당당하게) 왜 안 쫓아와?
엄마 잠깐만…
송지원 (집 앞에서 일가족을 보고 있다)
엄마 (수도꼭지를 잠근 뒤) 누구세요?
송지원 그게… 여기 한관영 선생님 댁이 맞는지…
할아버지 (엉킨 호스를 정리하다가 돌아본다) …

15. 한관영의 집 거실(낮)

한관영과 송지원이 들어온다. 밖에서는 엄마와 딸아이의 목소리가 들린다. '엄마 저거 뭐야?' '가만있어봐. 귀에 물 들어갔잖아' 그사이 송지원이 스윽 실내를 훑는다. 은퇴한 미술 선생님의 집 같다. 거실 테이블 위에 초대장이 쌓여 있다. 주소를 적다가 그만둔 느낌이다.

한관영　(서재 문을 열면서) 이쪽으로…

16. 서재 겸 작업실(낮)

그림에 관한 책들, 인문서적들, 완성된 그림들, 그리다 만 그림들이 보인다. 즉 화가의 서재다. 송지원이 방 안을 살피는 사이 한관영은 전기 포트를 이용해 차 끓일 준비를 한다.

한관영　내가 커피를 안 마셔서… 우롱차 괜찮아요?
송지원　(자리에 앉는다) 아무거나 좋습니다.

한관영이 차를 우려내는 사이 송지원이 가방을 매만지며 한관영을 살핀다. 머리가 하얀 것만 빼면 대체로 젊어 보인다. 어떻게 보면 시인의 외모 같기도 하다.

한관영　어디 초등학교라고 했죠?
송지원　가내 초등학교… 충북 옥천 가내 초등학교…
한관영　(생각났다) 그 학교 뒷산, 계곡이 참 좋았는데… 송지원이라… (차가 우러나는 동안 송지원을 응시한다. 어찌 보면 무섭다) …
송지원　(살짝 긴장한다) …

한관영   (순식간에 파안하며 웃는다) 내가 기억력이 형편없어서… (차를 따라준다) 미술부였나요?

송지원   아뇨. 저는 그림 엄청 못 그렸어요.

한관영   (차를 들고 송지원 앞에 앉는다) …

송지원   (자세를 바꾸면서 가방을 매만진다) 친구들이랑 옛날 얘기하다가 선생님 생각이 나서요. 정연우라고 혹시 아세요?. 3학년 2반 반장이었는데… 아버지가 양계장 하시고.

한과영   정연우… (모르겠다) 글쎄요.

송지원   조상은은 혹시 기억하세요? 학교 밑에 슈퍼 집 딸.

한관영   조상은… (웃는다. 좀 미안해진다) 이거 원… 나이 들면 옛날 기억이 새로워진다는데 (면구스럽다는 듯 웃는다) …내가 아직 젊은 건지, 그냥 머리가 나쁜 건지…

송지원   선생님 아직 젊으신데요. 혹시 문효진은 기억하세요? 아빠는 돌아가시고 엄마는 식당에서 일했는데…

한관영   (표정 변화 거의 없다… 고개를 흔들며 미소 짓는다) …

송지원과 한관영은 그냥 옛날 얘기하는 것처럼도 보인다. 그러나 노크 소리가 났을 때 두 사람 다 움찔한다. 긴장하고 있었던 거다. 좀 전에 유치원생 딸과 놀아주던 엄마, 즉 한관영의 딸이다. 한난호라고 한다.

한난호   (송지원에게 실례한다는 인사하고) 아빠, 저 나가요.

한관영   어.

한난호   저녁은 차려놨으니까 찌개만 덥혀 드시면 돼요.

한관영   알았다.

한난호   (송지원에게 다시 눈인사하고 나간다) …

송지원   사모님은…?

한관영   (쓸쓸하다) 재작년에…

현관문 닫히는 소리와 함께 집안의 정적이 몰려든다. 집안에 두 사람뿐이다. 송지원이 차를 마신다. 찻잔을 내려놓는 손이 떨려 달그락 소리가 난다. 한관영 선생의 시선이 송지원의 손에 머문다. 한관영의 손이 다가온다. 송지원이 자기도 모르게 숨을 멈춘다.

한관영	차…
송지원	예?
한관영	(송지원의 찻잔을 집으려 하며) 더 줄까요?
송지원	(조금은 급하게) 아뇨…… (웃음으로 얼버무린다) 이제 일어나야죠.

17. 한관영 집 앞(낮)

한관영 선생이 송지원을 배웅한다. 송지원이 인사하고 골목을 빠져 나간다. 송지원이 시야에서 사라지도록 한관영 선생이 지켜보다가 안으로 들어간다.

18. 골목(낮)

송지원이 걸어온다. 주차되어 있는 차에 송지원이 탄다.

19. 임성민 차 안(낮)

차에 타자마자 송지원이 물을 벌컥 벌컥 마신다. 물을 다 마실 때까지 임성민은 기다려준다.

임성민	알아보겠어?
송지원	(두서없다) 아니, 전혀… 그냥 보통 할아버지야. 머리카락은 하얀데 얼굴은 동안이구. (뒤늦게 흥분상태다) 아무튼 예상했던 거하고는 달라.
임성민	뭘 예상했는데?
송지원	(가방에서 핸드폰 꺼낸다) 그게… 내 생각엔 훨씬 더… (멈칫한다. 뭘 예상했는지 모르겠다. 갸웃한다) 그러게.

좀 전에 몰래 촬영한 화면을 재생한다. 몰래 촬영한 화면이라 한관영은 가끔 앵글을 벗어나기도 하고 말소리가 멀어지기도 한다. 임성민과 송지원이 얼굴을 모으고 화면을 들여다본다. 송지원이 문효진에 대해서 질문한 부분까지 보고 멈춘다.

송지원	이상하지?
임성민	모르겠는데.
송지원	뭘 몰라? 문효진 아냐고 하는 순간 움찔하잖아. 봐봐. (다시 화면을 돌린다)

본다.

임성민	그냥 생각하는 걸 수도 있어.
송지원	(동의해주지 않아 답답하다) 야, 이… 그럼 이건 왜 그러는데? (화면을 잠깐 앞으로 돌렸다가 재생한다. 노크 소리가 나자 둘 다 움찔하는 화면이다)
임성민	(달랜다) 네가 답답한 건 알겠는데 이것만 갖고는 부족해.
송지원	내 기억이 있잖아.
임성민	기억은 왜곡될 수도 있어.
송지원	넌 그럼 내가 나 편하려고 기억을 조작했단 말이야?

| 임성민 | 객관적 증거가 필요해. |
| 송지원 | (짜증 나지만 맞는 말이다) … |

임성민이 차를 출발시킨다.

20. 정예은, 송지원의 방(낮)

송지원이 각 학교의 사이트에서 '한관영'이라는 이름을 검색한다. 원하는 내용이 없다. 마우스를 움직이고 클릭하고, 뭔가를 적는다.

21. 유은재, 윤진명의 방(낮)

유은재가 윤종열과의 추억을 정리한다. 주고받은 편지, 사진, 선물들을 상자 안에 넣는다. 침대에 있는 인형을 본다. 붉은 물이 들어 있다. 눈대중으로도 어림없지만 그래도 상자에 구겨 넣어본다.

유은재	(인형을 물끄러미 보다가) 토막 낼까?
인형	…
유은재	(피식 웃는다)

22. 거실(낮)

정예은이 사과잼을 만든다. 유은재가 인형을 갖고 나오는 걸 본다.

| 정예은 | 버리려구? |

유은재	예… 이건 재활용 아니죠?
정예은	아니지. 쓰레기봉투에 넣어 버려야 돼.
유은재	(그건 좀 너무하다) 쓰레기봉투요? (인형을 바라본다)
정예은	(이미 겪은 일이다) 어차피 버릴 거야.
유은재	그쵸. 그건 아는데… 그래도… 이런 거 대신 보관했다가 나중에 시간 지나면 버려주는 데 있었으면 좋겠어요. 추억 보관 대행 사무소! 이런 거.

조은이 나온다. 원피스를 입었다. 그러나 유은재와 정예은은 아무렇지도 않다.

유은재	넌 장훈 씨한테 너무 부피 큰 선물은 받지 마.
조은	크다의 기준이 뭔데?
유은재	신발 상자! 신발 상자보다 크면 나중에 처치 곤란해져.
조은	(픽 웃는다) …
유은재	쟤 방금 비웃은 거 맞죠?
정예은	지 사랑은 영원한 거 같겠지. 죽을 때까지 안 변하는 줄 알겠지. (조은에게) 남들은 어쨌거나 너만은 예외일 거 같지? 그치? 작년에 쟤(은재)도 그랬어. 그전에 나도 그랬고.
조은	(그래도 안 믿긴다) …
송지원	(방에서 나오며) 뭔가 맛있는 냄새가… (하다가 경악한다) 으으어어어억!!!

유은재, 정예은, 조은이 돌아본다.

송지원	(손가락으로 가리키는데 ·벌벌 떨기까지 하며) 조장군… 조장군… 나의 조장군이 여장군이 됐어.
정예은	난 또 뭐라구.

조은	갔다 올게요.
송지원	(반응들이 왜 이래) …?
유은재	전에도 봤잖아요.
송지원	(당치도 않다) 언제?
유은재	사과 따러 갔을 때. 우리 엄마 치마 입었잖아요.
송지원	진짜?
정예은	아무리 다크 시즌이었다지만 너 너무하는 거 아니야?
송지원	(갸우뚱한다. 자기는 진짜 본 기억이 없다) 근데 저렇게 입고 어디 간대?
정예은	집주인 만나러 가겠지.
송지원	(사과잼 맛보며) 서장훈? 왜?
정예은, 유은재	(쳐다본다) …
송지원	(왜 봐, 하고 같이 쳐다보다가 한 박자 늦게) 에에에에?
정예은	그만 좀 해!

23. 버스 정거장(낮)

조은이 도착한다. 버스를 기다리던 남자가 흘깃 쳐다본다. 입모양으로 중얼댄다. '되게 크네' 조은은 왠지 주눅이 든다. 어깨를 움츠린다. 작아 보이도록. 그러나 잠시 후 어깨를 편다. 고개도 든다. 어렵지만 그렇게 한다. 버스가 도착한다.

24. 미용실 원장실(낮)

조은이 거울을 보다가 문소리에 돌아선다. 들어오던 조은 엄마가 주춤한다. 치마를 입은 딸은 처음이다.

조은	그냥… (눈치를 본다)
조은엄마	(책상 앞에 앉아 할 일을 한다) …
조은	(불쑥) 나 같이 사는 선배, 얼마 전에 남자친구랑 헤어졌어.
조은엄마	(갑자기 뭔 소리야?) …?
조은	사실 쫑 난 건 몇 달 전인데, 얼마 전에 마음 정리하고 헤어지자고 하고… 그날 하메들이 파티해줬어.
조은엄마	그게 뭐?
조은	그냥 그렇다고…… 엄마도 그렇게 되면 내가 파티해줄게.
조은엄마	(못 알아들은 척한다) 뭔 소린지…
조은	(나가려는데)
조은엄마	안 어울려.
조은	(움찔하며 돌아본다) …
조은엄마	그 신발, 치마하고 안 어울려.
조은	(신발을 본다. 왠지 안심이 된다) …

25. 6인용 병실(낮)

조현이 환자용 침대에 엎드려 그림을 그린다. 조영학은 보호자용 침대에 앉아 조현의 그림을 본다. 조현이 길쭉한 사람을 그린다.

조영학	이건 누구야?
조현	(고개를 들며) 언니!
조영학	언니구나.
조현	언니라구.
조영학	그래, 언니네. (하다가 조현의 시선을 따라가 보면 조은이 서 있다) …왔어?
조은	에.

조영학과 조은은 서로를 대하는 게 어색하다.

조현	언니 치마 입었네.
조영학	(그러고 보니 그렇다) …
조현	되게 이쁘다. 공주님 같애.
조은	(좋으면서) 치…
조영학	(웃고 있다) …
조은	왜 웃어요?
조영학	아니, 그냥…
조은	왜 아직 퇴원 안 했대여?
조영학	입원한 김에 이것저것 검사 좀 해볼라구.
조은	(툴툴댄다) 담배도 끊고 운동도 좀 하고 배는 뽈똑 나와서… 애 있는데 쓰러지기나 하고…
조영학	그러게. (조현을 보다가) 학교는 잘 다니니?
조은	예…
조영학	자취는 할 만하고?
조은	자취래… 할아버지도 아니구…
조영학	그럼 뭐라 그러는데?
조은	셰어하우스요… 할 만해요.
조영학	남자친구는 있어?
조은	(당황해서 화를 낸다) 나 가요. (나가기 전에 조현의 머리를 한 번 문지르고 나간다)
조현	(조은이 나가자 비밀을 알려주듯) 저번 날에 언니 울었다.
조영학	응?
조현	머리가 마음에 안 든다고 했더니 막 울었어. 깜짝 놀랐어.
조영학	그게 무슨 소리야?
조현	에이, 참, 천천히 말할 테니까 잘 들어. (또박또박 말한다) 저번 날에 내 머리가 마음에 안 든다고 그랬더니 언니가 막 울었다구.

조영학   (일단은) 어… 네 머리가 마음에 안 드는데 왜 언니가 울어?

조현   (답답하다. 한숨을 쉰다) 아효!

26. 병원 로비(낮)

조은이 핸드폰을 꺼낸다. 안예지에게 문자를 쓴다. '잠깐 좀 볼래?' 거울에 비친 치마 입은 자신을 본다. 전송 버튼을 누르지 못한다. 포기한다. 조은이 밖으로 나간다.

27. 골목, 벨 에포크 앞(밤)

조은이 걸어온다. 우울하다기보다는 생각이 많다. 자기 발끝을 보며 걷는다.

서장훈   어디 갔다 오냐?

조은   (고개를 든다) …

서장훈   (벨 에포크 앞 적당한 곳에 앉아 있다. 조은의 치마 입은 모습을 보고는) 그렇게 입고 누구 만났어?

조은   그냥…

서장훈   이쁘게 입었으면 나한테 먼저 보여주고!

조은   치…

서장훈   한 바퀴 돌아봐.

조은   (콧방귀 뀌면서 돌아준다) …

서장훈   이리 와봐. (옆자리를 톡톡 두드린다)

조은   (웃기지도 않어… 하면서도 옆에 와 앉는다) …

서장훈   (셀카 찍을 준비하며) 얼굴 가까이…

조은	죽을래? (그러면서도 슬쩍 가까이 가준다)

셀카 찍는다. 그러다가 두 사람 눈이 마주친다. 가깝다. 조은은 드디어 올 것이 왔구나 싶다. 그 순간 서장훈이 벌떡 일어난다.

서장훈	아, 깜박했다.
조은	뭘?
서장훈	어? 그게… 있어. 되게 중요한 거. (안으로 들어간다)
조은	(내가 뭐 잘못했나 싶다. 입 냄새 맡아본다. 아닌데…) …

28. 차 안(밤)

정예은이 뒷자리에 앉아 있다. 정예은의 아빠가 운전 중이고, 엄마는 조수석에 있다.

정예은 엄마	(작은 선물 상자를 무릎에 놓고 있다) 세트로 할 걸 그랬어.
정예은 아빠	장모님 80이야. 귀걸이 하는 거 한 번도 못 봤다.
정예은 엄마	선물이 꼭 하라고 주는 거야. 마음이지.
정예은 아빠	그래, 마음! 마음을 꼭 과시해야겠어?
정예은 엄마	언니랑 비교될까 봐 그러지. 엇비슷은 해야 할 거 아니야.
정예은 아빠	(차라리 말을 말자, 한숨을 쉰다) …
정예은	(조용히 창밖을 볼뿐이다) …

29. 건물 주차장(낮)

차가 멈춘다. 정예은 아빠, 엄마, 정예은이 내린다. 엘리베이터로 향한다.

30. 엘리베이터(낮)

엘리베이터 거울에 세 사람이 비친다.

정예은 엄마 (거울 속 정예은을 보며) 립스틱 색깔 바꿔라. 그게 뭐니?
정예은 예…

31. 화장실(낮)

정예은이 거울을 본다. 립스틱 색깔이 딱히 안 어울린 건 없다. 그러나 립스틱을 지운다. 그리고 좀 더 연한 색을 바른다.

32. 중국집 룸(낮)

정예은 외할머니 팔순 생일이다. 가족들이 모여 밥을 먹는 자리다. 외할머니, 정예은 엄마를 비롯한 딸이 두 명, 아들이 한 명, 그들의 가족이 각각 두세 명씩. 10명쯤 된다. 정예은 엄마와 아빠가 들어오자 각자 인사한다. 정예은 또래의 여자가 눈에 띈다.

조카 이모! 안녕하세요. 이모부.
정예은 엄마 어머! 언제 왔어? 온다는 소리 못 들었는데.
조카 어제 들어왔어요.
정예은 엄마 졸업논문 때문에 바쁘다며?

조카	겨우 제출했는데… 뭐 어떻게 되겠죠? 예은이는?

그때 정예은이 들어온다.

조카	예은아…
정예은	언니. (반갑다) …

두 사람은 키 차이가 난다. 정예은 엄마에겐 그것마저도 못마땅하다. 정예은은 엄마가 자기 신발— 단화— 를 보는 걸 느낀다. 정예은 엄마가 쯧 하며 외면한다. 정예은이 할머니와 다른 사람들에게 인사한다. 모두 자리를 잡고 앉는다. 다른 사람들은 할머니와 이야기를 하고, 이쪽 테이블에서는…

조카	(정예은에게) 휴학했었다며? 왜, 무슨 일 있었어?
정예은	(망설이는데) …
정예은엄마	일은 무슨… 학원 다니고 이것저것 경험하고 그러느라 그랬지.
정예은이모	요샌 취직하기 어려워서 스펙 쌓고 어쩌구 휴학이 기본이래더라. (정예은에게) 너네 과는 취업은 잘 돼?
정예은	(뭐라 대답하기도 전에) …
정예은엄마	어쨌거나 이과잖아. 고등학교 때 이과 선택하길 잘했지. 저 하고 싶은 대로 문과 보냈어 봐. 지금 뭐 할 거야. 안 그래?
정예은	(애매하게 웃는다)
정예은이모부	예은이 이뻐졌다. 남자친구는 있어?
정예은	…
정예은엄마	(대답하기 전에) 얜 그런 거 몰라요. 숙맥이라… 나중에 졸업하고 취직하면 형부 회사에 좋은 사람 소개시켜줘요.

케이크가 들어오면서 대화가 끊긴다. 가족들이 생일 축하 노래를 부

른다. 정예은도 기계적으로 따라한다. 할머니가 촛불을 분다. 가족들이 박수를 친다. 할머니가 흐뭇한 얼굴로 가족들을 본다. 몇 번인가 정예은에게 시선이 닿지만 그냥 지나간다. 식사가 시작된다. 모두들 한 마디씩 하며 웃는다. 정예은도 남들 보기엔 충분히 즐거운 것 같다. 음식이 세팅된다. 식사가 시작된다. 정예은이 밥을 먹으려는데, 입에 넣을 수가 없다. 물을 마신다.

조카	이 집 맛있다. (하다가) 왜 안 먹어?
정예은	(억지로 입에 넣고 씹는다) 어… 먹어.
할머니	예은이는 좀 말랐네.
정예은엄마	마르긴요, 요즘 애들…
할머니	너한테 안 물어봤다. 밥은 잘 먹는 거냐?
정예은	예, 잘 먹고 있어요, 할머니.
할머니	학교는 재미있구.
정예은	예, 잘 다니고 있어요.
할머니	(그 대답이 진짜인가 보듯 정예은을 물끄러미 보다가) 그래, 별일 없으면 됐다.

정예은이 엄마를 본다. 엄마가 아주 조금씩, 보기에 따라서는 우아하게 음식을 먹는다. 다른 사람들의 입을 바라본다. 왠지 토할 것 같은 기분이다. 웃고 떠드는 입들을 견딜 수가 없다. 정예은이 조용히 일어나 화장실에 간다.

33. 화장실 칸(밤)

정예은이 방금 먹은 걸 토하고 물을 내린다.

34. 화장실(밤)

정예은이 입을 헹군다. 화장을 고치는데 핸드폰이 진동한다. 단톡방. 하메들의 쓸잘데기 없는 대화다.

송지원   '냉장고 우유 누구 거야?'
조은   '내 거 아님'
윤진명   '나도 아님'
유은재   '예은 선배 걸 거예요'
송지원   '유통기한 오늘까진데 내가 먹어도 될까?'
유은재   '먹어도 될 듯. 예은 선배 오늘 가족 모임 갔음. 비싼 거 먹을 예정'
송지원   '정 여사, 남은 음식 싸와. 제발, 플리즈'

정예은이 손을 닦고 나간다.

35. 중국집 룸(밤)

정예은이 들어온다. 아무도 정예은을 신경 쓰지 않는다. 하던 이야기를 계속한다. 정예은이 자리에 앉는다. 허리를 편다.

정예은   (한 번 더 생각해본다) …저, 사실은요.

사람들이 정예은을 본다. 정예은 엄마가 날카롭게 정예은을 본다.

정예은   저 휴학한 거…
정예은엄마   (작지만 억누르듯) 예은아!
정예은   (이미 결심했다) 스펙 쌓고 경험 쌓느라고 그런 거 아니에요. (이모부를 본다) 이모부, 저 남자친구 있었어요. 3년 사귄 남자친구였는데…
뉴스에 가끔 나오잖아요. 데이트폭력. 그런 일을 겪었어요.

사람들이 '아아' 뜻 모를 감탄사를 터트린다. 먼저 정예은 아빠가 정
예은 엄마를 본다.

정예은 엄마   (처음엔 부정할 수 있다고 생각한다) 얘가 지금… 도대체 무슨…
          (돌이킬 수 없다는 걸 알아차리고 입을 다문다)
정예은   그래서 학교 휴학하고 병원 다녔어요. 지금도 다 나은 건 아닌데…
          많이 좋아졌어요.

사람들은 아무 말도 못 한다. 조용히 눈치를 볼 뿐이다. 외할머니가
'쯧' 한 번 혀를 차더니 계속 밥을 먹는다. 사람들도 밥을 먹기 시작
한다. 10여 명의 사람들이 밥을 먹는데 숟가락 젓가락 부딪치는 소
리만 간간히 들릴 뿐 조용하다. 정예은이 기대했던 반응은 이게 아
니다. 고개를 숙인다. 정예은 앞에 놓인 음식이 식어간다.

36. 차 안(밤)

정예은 아빠의 차 안이다. 냉랭하다. 숨도 크게 쉬기 어려울 지경이
다. 벨 에포크 앞에 도착한다. 잘 가, 라는 인사조차 없다. 정예은 뭔
가 말하고 싶지만 용기가 나지 않는다. 그냥 내린다.

37. 벨 에포크 앞(밤)

정예은만 남기고 차는 사라진다.

38. 거실(밤)

정예은이 들어온다. 하메들이 되는 대로 앉아 있다가 정예은을 맞이한다. 슬쩍 보거나. '왔어' 인사하거나… 정예은이 현관에 서서 오래도록 하메들을 바라본다. 왠지 안심이 된다.

유은재 　(현관에 서 있는 정예은 보며) 왜요?

정예은 　그냥… (그제야 신발 벗고 들어온다. 냉장고 열어본다) 아, 배고프다. 뭐 먹을 거 없어?

유은재 　중국집 간다면서요. 코스 먹는다면서요?

정예은 　먹긴 먹었는데… (냉장고에서 꺼낸 뭔가의 유통기한이나 조리법을 본다)

송지원 　정 여사 살찐다!

정예은 　(냄비나 프라이팬 꺼내며) 살찌지, 뭐. (하메들에게) 먹을 사람?

윤진명과 유은재는 먹겠다고 하고, 조은과 송지원은 거절한다. 송지원은 노트북으로 뭔가를 찾고 있다. 한관영 선생님에 대한 기록이다.

윤진명 　뭣 좀 찾았어?

송지원 　(고개를 흔든다) 미담만 몇 개… 얼마나 좋은 선생님이었는지 제자들이 박박 우겨서 사은회까지 해준대. (한숨이 난다. 노트북 들고 방으로 들어가며) 이러면 곤란한데…

39. 정예은, 송지원의 방(밤)

정예은이 잠들어 있다. 책상 위. 스탠드 불빛 아래 송지원이 그동안 모은 한관영 선생의 정보를 시간 순으로 정리한 표를 만들고 있다. 그동안 옮겨 다닌 학교, 가입한 단체…

40. 벨 에포크 정원(아침)

윤진명이 출근을 위해 계단을 내려온다. 옥상에서 헤임달의 노랫소리가 들린다. 듣기 좋다. 헤임달이 빨래를 널며 노래를 흥얼댄다. 올려다보던 윤진명과 헤임달의 눈이 마주친다.

헤임달	누나!
윤진명	노래 잘한다.
헤임달	아이돌 출신! (해맑게 웃는다) …
윤진명	(같이 웃을 수는 없다) …
헤임달	누나, 나 다음 주에 고향 내려가요.
윤진명	다음 주?
헤임달	예, 시원섭섭하죠?
윤진명	(웃는다) 가기 전에 다 같이 밥이나 먹자.
헤임달	(헤헤 웃으며) 누나가 사는 걸루?
윤진명	알았어. 다 같이 밥먹구… (농담한다) 가기 전에 고별 무대 한 번 해야겠다.
헤임달	(생각도 못 했다) 고별 무대요?
윤진명	어… 그냥 보내긴 아깝네. (시간 확인하고 나가며) 내가 알아서 준비할게.

41. 옥상(낮)

윤진명이 출근하는 걸 헤임달이 멍하니 바라본다. 뭔가 충격받은 듯.

헤임달　　　(중얼댄다) 고별 무대…

헤임달 얼굴에 서서히 미소가 떠오르는데… 왠지 불안하다.

42. 오앤박 로비(낮)

윤진명과 홍자은이 점심을 먹고 돌아오는 길이다. 저쪽에서 매니저와 뭔가 이야기하던 오딘과 프레이르, 윤진명을 보더니 일부러 다가와 90도로 인사한다. 어쨌거나 마주 인사하는데…

오딘　　　　(진심을 담아) 고마워요.
윤진명　　　예?
오딘　　　　헤임달한테 연락 받았어요.
윤진명　　　…?
오딘　　　　사실 팀 해체되고 우리만 살아남아서… 되게 그랬거든요. 왠지 배신자 같고.
프레이르　　(고개 끄덕인다) 애들한테 연락하기도 그렇고.
오딘　　　　아까 헤임달한테 전화 왔더라구요. 우리 고별 무대 만들어준다고…
윤진명　　　(뭔가 엇나갔다고 느끼지만) 아, 그거요. 그게…
오딘, 프레이르　(다시 한 번 고개 숙여 인사하며) 고맙습니다. (기다리는 매니저에게 달려간다).

윤진명이 멀어지는 오딘과 프레이르를 본다.

홍자은   (엘리베이터에 타면서) 진명 씨!

윤진명   (어쨌거나 엘리베이터 쪽으로 간다. 고개를 갸웃한다. 뭔가 불길하다) …

43. 사무실(낮)

윤진명이 노트북을 켜는데. 바이러스에 걸렸나 보다. 에러 메시지가 뜬다. 불길하다.

• 점프 》
윤진명이 카피를 하는데 잼이 걸린다. 에러 경고등이 깜빡인다.

44. 휴게실(낮)

윤진명이 커피를 뽑으려는데, 기계가 오작동 난다. 왜 이러나 싶다.

45. 골목(밤)

윤진명이 퇴근한다. 어디선가 희미하게 익숙한 노래가 들려온다. 윤진명이 흥얼흥얼 따라하다가 문득 그 노래가 뭔지 알아차리는 순간 구두굽이 뚝 꺾인다.

46. 벨 에포크 앞(밤)

지나가던 사람들 몇몇이 벨 에포크 정원을 바라본다. 사람들 틈으로 절뚝이며 윤진명이 들어온다. 아스가르드 일곱 명이 춤추며 동선을 맞추는 중이다. 헤임달이 가장 적극적이다.

헤임달 아니잖아. 토르가 여기서 나가고, 내가 이렇게 돌아서면, 프레이르 가… (하다가 윤진명을 발견한다) 누나! (좀 있다 얘기하자는 듯)

정원 안에서 구경하던 하메들이 윤진명을 맞이한다.

송지원 (턱받침 한 채로 마냥 흐뭇해서 바라본다) 천국이 따로 없구만.
윤진명 (하메들 사이로 다가온다. 어안이 벙벙하다) 이게 다 뭐야?
정예은 몰라. 학교에서 오니까 이러고 있던데…

연습이 끝났다. 아스가르드들 덥다.

송지원 (매니저처럼 음료수를 가져다준다) 마셔요. 자, 여기요. 시원합니다.
토르 (민소매 티셔츠를 펄럭인다) 아, 더워.
송지원 (기대에 차서) 더우면 벗어도 되는데…
아스가르드 (위험을 느끼고 조신해진다) …
헤임달 (다가오며) 누나!
윤진명 뭐 하는 거야?
헤임달 (당연하잖아) 연습요. 무대에 서는데 연습해야죠.
윤진명 어? … (이게 아닌데. 아스가르드를 쳐다본다. 오딘과 프레이르를 본다) …
오딘 (윤진명의 시선을 오해했다) 걱정 마세요. 회사에서도 오케이 났어요.
토르 고마워요, 누나. (눈물이 글썽하다) 그렇게 끝나서 진짜 속상했는데…

우르	아, 새끼… 촌스럽게… (툭 던지듯) 고마워요.
윤진명	(점점 힘들어진다) …
티르	고별 무대를 할 수 있다니… 진짜 상상도 못 했는데. 고맙습니다.
아스가르드	(아이돌답게 일제히) 고맙습니다! 열심히 하겠습니다!!
윤진명	(이건 아니다. 고개를 흔든다) …
발두르	(우물쭈물) 그때 욕한 거… 미안해요.
헤임달	(박수 쳐서 주위 환기시키며) 자, 연습하자. 연습. (촌스럽고도 정직하게) 아스가르드 최고의 무대를 만들어보자!
윤진명	(헤임달 손을 잡는다) 그러지 마.
헤임달	왜요?
윤진명	(차마 말이 나오질 않는다) 어… (주변을 둘러본다) …
헤임달	아! 너무 늦었다. 그죠? 어떡하지?
서장훈	우리 거실 넓은데…
윤진명	(홱 쳐다본다. 너까지 왜 그러니) …
헤임달	가자…

아스가르드. 일제히 안으로 들어가는데… 송지원 자연스럽게 따라가려 한다. 정예은과 유은재가 붙잡아서 계단 위로 끌고 간다.

송지원	(뒷걸음으로 끌려 올라가며) 저쪽이야. 내가 가야 할 길은 저쪽이라구. 저쪽으로 갈 테야……
조은	(그런 송지원을 보고 웃으며 따라간다)

사람들도 흩어지고. 윤진명 혼자 남았다. 난감하다. 혼자 남은 윤진명이 터덜터덜 올라간다.

47. 거실(밤)

송지원이 유은재, 정예은에게 끌려 들어온다. 조은이 따라 들어온다.

송지원 놔라! 놓으란 말이다! (신파조로 반항하는데)

정예은 (송지원 물끄러미 보다가) 돌아왔구나.

유은재 그니까요.

송지원 뭐가? 나 원래 이랬어.

윤진명 (들어온다) …

유은재 윤 선배, 지원 선배 원래대로 돌아왔어요. (환하게 웃는다)

윤진명 (세상 근심 다 가진 얼굴로 입으로만) 다행이네. (터덜터덜 방으로 들어간다) …

48. 유은재, 윤진명의 방(밤)

윤진명이 방으로 들어온다. 옷을 갈아입는데 밖에서 노랫소리 들린다.

49. 2층 거실(밤)

송지원, 정예은, 유은재, 조은이 좀 전에 구경한 아스가르드 노래와 춤을 따라하며 자기들끼리 논다.

윤진명 (벌컥 열고 나오며) 그만 좀 해!

하메들, 놀라 돌아본다. 윤진명, 자기가 신경질 부렸다는 걸 안다.

• 점프 》

정예은　　노래방?

윤진명　　응, 난 그냥 다 같이 밥 먹고 노래방이나 가자는 의미로 말한 건데…

큰일 났다. 하메들 1층 쪽을 내려다본다.

50. 1층 거실(밤)

가구들을 한쪽으로 치우고 아스가르드가 열심이다. 서장훈은 주방에서 라면을 끓인다.

(송지원)　　노래방 각은 아닌 것 같은데…

51. 2층 거실(밤)

정예은　　아니지.

조은　　　아니죠.

유은재　　절대 아니에요.

하메들 식탁에 둘러앉았다.

유은재　　어떡해요?

윤진명　　(모른다. 고개를 흔든다) …

정예은　　어떡하냐? (윤진명 눈치를 슬쩍 보며) 되게 좋아하던데. 헤임달도 그렇고 다른 사람들도 그렇고.

윤진명　　…

조은	(혼잣말처럼) 지금이라도 빨리 얘기해야 되는 거 아닌가?
윤진명	…
조은	시간이 가면 갈수록 말하기 더 어려워질 텐데…

유은재, 정예은, 송지원, 조은, 윤진명을 본다.

52. 벨 에포크 앞(밤)

헤임달이 아스가르드 팀원들과 작별인사를 한다. 주먹을 부딪치고, 가슴을 튕겨내는 아이돌식 허세 가득한 인사를 하고 돌아서는데, 계단에 윤진명이 서 있다.

헤임달	(해맑기 그지없다) 누나!
윤진명	(결심한다. 내려온다) 할 말이 있는데…
헤임달	예! (눈을 초롱초롱 하고 쳐다본다) …
윤진명	(쉽게 입이 떨어지지 않지만) 미안한데 내가 말한 고별 무대는 네가 생각한 그런 게 아니야. 그냥 우리끼리 조그맣게…
헤임달	참, 누난 내가 바본 줄 알아요? 내가 뭐 세종문화회관 생각했을까 봐?
윤진명	(근데 왜 그러니) …
헤임달	작아도 상관없어요. 우린 그냥 무대와 마이크만 있으면 돼요. 이게 아스가르드다! 이게 우리의 끝이다! 우리끼리 선언할 수만 있으면 된다구요.
윤진명	(그게 아니니까 그렇지) …
헤임달	(주먹을 내민다)
윤진명	(할 수 없이 주먹을 부딪친다) …
헤임달	(안으로 들어가며 흥얼흥얼 노래를 부른다) …

윤진명이 계단에 쭈그리고 앉는다. 노랫소리가 위벽을 긁어낸다.

윤진명　　(벽에 머리를 기대며) 무대와 마이크…
(홍자은)　최소 5백만 원…?

53. 식당(낮)

윤진명이 홍자은에게 상의 중이다.

윤진명　　(믿을 수 없다) 5백만 원? 뭐가 그렇게 많이 들어요.
홍자은　　앰프도 빌려야 하고, 조명도 해야 하고, 기본만 해도 그 정돈데…
윤진명　　(큰일 났다) …
홍자은　　(윤진명의 좌절한 얼굴 보다가) 구민회관 그런 덴 좀 싼데…
윤진명　　(벌써 알아봤다) 거긴 벌써 두 달치 예약이 끝났대요.
홍자은　　아…
윤진명　　(숟가락을 내려놓는다) …

54. 대학교 복도(낮)

유은재가 걸어온다. 윤종열이 친구들과 함께 마주 온다. 복도 적당한 곳에 '축제'에 관한 포스터나 공보물이 붙어 있다. 유은재가 살짝 목례를 하고, 윤종열도 고개를 까딱하는 길로 인사를 대신한다. 두 사람 다 아주 아무렇지 않은 건 아니다.

55. 강의실(낮)

수업 전이다. 유은재가 창가 쪽에 혼자 앉아 있다. 김한소영이 다가
온다.

김한소영	여기 자리 있어?
유은재	아니.
김한소영	(옆자리에 앉는다) 머리 잘랐어?
유은재	아니.
김한소영	뭔가 변한 거 같은데?
유은재	아무것도 안 했는데…
김한소영	(불쑥) 나 차였어.
유은재	어?
김한소영	(목소리 살짝 낮춘다) 종열 선배한테 고백한 거.
유은재	아…
김한소영	되게 당황하더라구. 그래서 알았다고 그랬어.
유은재	(뭐라고 해야 할지 몰라 눈치를 보게 된다) …
김한소영	뭘 그렇게 눈치를 봐?
유은재	미안… 뭐라고 해야 할지 모르겠어서… 괜찮어?
김한소영	음…… 아주 괜찮은 건 아닌데 후련해. 어차피 잘될 거라고 기대하고 고백한 건 아니라서…
유은재	근데 왜 고백했어?
김한소영	얼른 차이고 딴 사람 좋아할라구. 짝사랑은 위험한 거야. 길어지면 종교가 된다잖아.
유은재	(자기도 그럴 뻔했다. 깊이 공감한다) 그거 누가 한 말이야?
김한소영	어디서 읽은 거 같은데…

강의가 시작된다.

56. 구내 커피숍 앞(낮)

유은재가 김한소영과 함께 걸어간다. 둘은 친구가 되었다. 캠퍼스 곳곳에 축제에 관한 플래카드나 공보물이 붙어 있다. 두 사람이 지나간 자리. 잠시 후 권호창과 정예은이 지나간다.

57. 캠퍼스 적당한 곳 벤치(낮)

음료수와 샌드위치를 먹는다. 권호창은 원래의 모습과 정예은이 변신시켰던 모습 중간쯤으로 자리 잡았다. 안경은 끼고, 머리는 바뀌었고, 바지는 조금 바뀌었다. 늘 먹던 장소가 아니라서 어색하다. 자꾸 몸을 꿈틀거린다.

정예은   이상해?
권호창   어.
정예은   할 수 없어. 나 이제 커피숍 매일 못 가.
권호창   언제까지?
정예은   엄마가 용돈 줄 때까지.
권호창   내가 사줄 수 있는데.
정예은   (잠깐 혹하지만) 됐어.
권호창   …
정예은   그렇게 이상하면 점심 먹구 만나.
권호창   아니야. (샌드위치 먹는다) …

58. 프랜차이즈 외식점(낮)

유리창에 알바 모집 공고가 붙어 있다. 모자를 쓴 정예은이 문을 열고 들어간다.

59. 강의실(낮)

강의가 끝났다. 조은이 쭈뼛대며 안예지에게 다가간다. 조은은 치마를 입지는 않았다. 조금 변한 정도? 안예지가 조은을 올려다본다.

안예지	왜?
조은	미안해, 거짓말한 거.
안예지	(차분해서 오히려 차갑게 느껴진다) 나도 미안, 부담스럽게 해서.
조은	…나한테 화났어?
안예지	아니…
조은	(안예지를 본다. 얼굴만으로는 화난 건지 아닌지 알 수가 없다) 주말에 뭐 해?
안예지	글쎄…
조은	만화 보러 갈래?
안예지	(잠깐 생각하다가) 아니, 피곤해. 그냥 집에 있을래.

안예지가 밖으로 나간다. 안예지의 이런 태도는 예상 밖이다.

60. 벨 에포크 앞, 정원(밤)

조은이 들어온다. 속상하다. 2층으로 올라가려다가 1층 초인종을 누른다.

61. 1층 거실(밤)

서장훈이 문을 연다. 조은이 서 있다.

서장훈 왜?

조은   (오긴 왔는데 왜 왔는지 모르겠다) …

서장훈 무슨 일 있었어?

조은   (있긴 있었다) …헤임달은?

서장훈 누구 만난다고 나갔는데…

조은   그럼 들어가도 돼?

서장훈 (당황한다) 어… 나 혼자 있는데…

조은   (이미 신발 벗고 있다) …

서장훈 (어쩔 수 없이 비껴 선다)

조은   (소파에 앉는다)

서장훈 (적당히 떨어진 곳에 앉는다)

조은   예지가…

서장훈 (말이 이어지지 않자) 예지가 뭐랬는데?

조은   (고개를 흔든다) 아무것도 안 해. 그냥 멀어졌어. 화내고 울고 하는 것보다 수만 배 더 멀어졌어.

서장훈 예지랑 너랑 어렸을 때 충성 맹세 같은 거 했어? 둘이만 친구하기로?

조은   …

서장훈 (조은이 대답 없자) 했구나.

조은   그때는 다른 사람 없어도 재밌었으니까…

서장훈 …

조은   (손가락 꼽아본다) 12년 친군데…

서장훈 12년. 헐… 연애하다 헤어진 기분이겠다.

조은   예지가 너무 달라붙어서 짜증 났었는데, 이젠 너무 멀어지니까 짜

	중 나. (소파에 눕는다) 나 되게 못됐지?
서장훈	다 그렇지 뭐… (하다가 누운 조은을 발견하고 벌떡 일어난다. 왠지 열이 난다. 냉장고를 열고 냉기를 쐰다)
조은	(고개만 돌려 보며) 뭐 해?
서장훈	어… (눈에 보이는 대로 맥주를 꺼낸다) 술 한잔할래?
조은	(일어나 아일랜드 식탁에 앉는다) …
서장훈	(조은 잔에 맥주 따라주고, 병을 잔에 부딪쳐 건배하며) 너의 12년 우정을 위하여.
조은	(찔끔 마신다) …
서장훈	어떤 관계든 영원하겠냐?
조은	(술잔을 물끄러미 보다가 또 찔끔 마신다) …
서장훈	(과자든 견과류든 안주가 될 만한 것을 꺼내놓으며) 너넨 너무 독점적 관계였어. 사랑이든 우정이든 그러면 …

자신을 빤히 보고 있는 조은을 발견한다. 볼이 발그레해졌고 눈이 촉촉해졌다. 에이씨, 너무 귀엽잖아!

조은	(서장훈이 어버버 하자) 그러면 뭐?
서장훈	(한숨 쉬듯) 힘들다구.
조은	(술을 찔끔 마신다) 맞아.
서장훈	(등을 보인 채 심호흡하다가) 그게… 나 여자친구 생겼다니까 내 친구들이 빨리 어디든 데리고 가라고, 군대 가기 전에 해치우라고… 전엔 나도 아무 생각 없이 그런 농담 하고 그랬는데… 내가 그런 말 들으니까 싫더라. (조은을 향해 돌아선다) …
조은	(고개를 숙이고 있다) …
서장훈	나중에 나 군대 간 다음에… 혹시나 내가 너한테 그런 마음이었나, 네가 의심하는 것도 싫고.
조은	(고개를 숙이고 목덜미를 긁적인다) …

서장훈   내 말 이해하겠어?

조은   (부끄러운 걸까? 여전히 고개를 숙인 채 팔뚝을 긁는다) …

서장훈   (자기 기분에 취했다) 너는 또 군대 가는 게 뭐 그렇게 대단한 거냐고 할지 모르겠는데 내 입장에선… (하다가) 야, 그만 긁어!

조은   (옆구리를 긁고 있다가 고개를 드는데 얼굴이 빨갛다) 가려워. 속도 메스껍고…

서장훈   (조은의 맥주잔을 본다. 약 3분의 2쯤 먹었을 뿐이다) 너 술 못 먹냐?

조은   (고개를 끄덕인다) 머리 아퍼.

62. 2층 거실(밤)

유은재, 정예은, 송지원이 저녁 시간을 보내고 있다. 정예은은 알바 사이트를 돌아다니고, 유은재는 우편물을 분류한다. 공과금은 냉장고에 붙인다. 송지원은 누군가와 통화 중이다.

송지원   …그거 결정은 누가 하는데? (듣고 있는데)

초인종이 울린다. 인터폰 화면, 서장훈이 조은을 부축하고 있다.

(서장훈) 똑바로 서봐.

유은재가 문을 연다. 서장훈이 조은을 부축해 들어온다. 유은재가 같이 잡아주지만 역부족이다. 다 같이 거실에 주저앉는다.

정예은   술을 얼마나 먹인 거야?

하메들이 일제히 서장훈을 째려본다.

서장훈   (억울하다. 손가락 세 개를 편다)

송지원   (그사이 통화 끝냈다. 버럭) 세 병!

서장훈   (급하다) 세 모금, 세 모금, 맹세코 세 모금.

유은재   (조은의 신발을 벗기며) 무슨 일 있었어?

조은   (주정한다) 나 예지랑 헤어졌어. 헤어지기로 했어. 한참 전에 헤어졌
         는지 모르겠는데 나도 이제 헤어지게 됐어.

정예은   에, 그게 다야?

조은   예! 그게 다예요! 남들은 몰라요. 우리가 어떤 사이였는지… 나는
         요, 내 인생의 3분의 2 만큼 예지랑 알고 지냈어요. 엄마 아빠보다도
         더 가까웠다구요. 예지는 한때 내 인생의 전부였어요. 그러니 슬퍼
         요, 안 슬퍼요?

송지원   슬퍼, 슬프지. 슬픈 게 당연해. 그러니까 들어가. 들어가자. (달래서
         일으킨다)

조은   (순순히 일어나다가) 선배들도 나빠요!

하메들   (우리가 뭐) …?

조은   왜 차별해요? 은재 선배 실연했을 땐 막 폭죽도 터트리고, 파티도 하
         고 그랬으면서… 난 왜 아무것도 안 해줘요? 나도 해줘요.

송지원   폭죽 남은 거 있어?

유은재   예. (찾아온다) …

송지원과 유은재가 폭죽을 터트린다. 조은 위로 색종이가 떨어진다.
색종이를 머리에 인 채로 방으로 들어간다.

63. 조은의 방(밤)

조은이 침대에 눕는다. 눈물이 삐죽삐죽 비어져 나온다. 사랑이든 우정이든 상실감은 똑같은 거다.

64. 거실(밤)

유은재　(우편물을 정예은과 송지원에게 나눠주며) 은이 취한 거 처음 봐요.

정예은　말술 먹게 생겨서는…

송지원　(우편물 뜯어보며) 쟤 취하니까… (멈춘다)

사은회 초대장이다. '39년 삶 자체가 가르침이셨던 한관영 선생님의 사은회에 초대합니다' 그냥 지나쳤던 편지봉투를 본다. 손 글씨로 쓴 주소. '서울 마포구 연남로 22번지 벨 에포크 2층 송지원' 송지원이 갸우뚱하다. 사은회 초대장에 적힌 핸드폰 번호로 전화한다. 연결음이 가는 동안 송지원의 시선은 무의미하게 하메들을 쫓는다. 유은재는 방으로 들어가고, 정예은은 식탁 앞에 앉아 공부를 한다.

(한난호)　여보세요.

송지원　안녕하세요. 한관영 선생님 사은회 때문에 전화 드렸는데요.

65. 한관영의 집 거실(밤)

한난호　(통화 중이다) 아, 예… (통화하면서 눈으로는 거실 한쪽을 본다)

한관영 선생이 방금 씻고 나온 손녀딸의 머리를 말리는 중이다. 한난호가 한관영에게 딸아이의 귀를 잘 닦아달라는 제스처를 보낸다.

•인서트 – 벨 에포크 거실 ≫

송지원   제가 초대장을 받았는데… 근데 제 주소를 어떻게 아셨는지…

(한난호)   지난번 오셨을 때 적어주셨는데…

(송지원)   지난번… 요?

한난호   예… (주소가 적힌 수첩을 뒤진다) 올봄에 오셨을 때…

•인서트 – 벨 에포크 거실 ≫

송지원   올 봄… (이명이 커진다) …

(한난호)   (송지원이라는 이름의 메모를 확인한다) 3월 2일요. 사은회가 예상
          보다 늦어졌어요. 원래는 5월에 하려고 그랬는데… 아빠가 하도 반
          대하셔서… (송지원이라는 이름 위에 문효진이라는 이름이 얼핏 보
          인다)

손녀딸   (엄마에게 매달려 칭얼댄다) 엄마!

한관영   ('옷짜' 손녀딸을 번쩍 안고 방으로 향하며) 우리 주영이 졸려요.

손녀딸   (한관영의 목을 끌어안고 엄마를 본다) …

한난호   (두 사람을 눈으로 배웅하다가 저쪽의 침묵이 신경 쓰인다) 여보
          세요?

66. 벨 에포크 2층 거실(밤)

송지원   (깨어난다) 예… 아닙니다. 예… 고맙습니다. (전화를 끊는다. 여러
          가지 조각들을 맞추느라 머리가 빠르게 돌아간다) …

67. 약국(밤)

윤진명이 약사에게 증세를 설명한다.

윤진명   속이 쓰리구요. 소화가 안 돼요.
약사   이건 지금 먹구요, 이건 하루 세 번씩 식후에 이거 두 알에 이거 한
포씩 드시면 되구요. 일단 3일치 드릴게요.
윤진명   (지갑에서 카드를 꺼내다가) 청심환도 하나 주세요.

약사가 계산하는 동안 윤진명이 청심환을 까먹는다.

68. 벨 에포크, 1층 현관 앞(밤)

윤진명이 초인종을 누르고 심호흡한다. 서장훈이 나온다.

윤진명   혜임달은?
서장훈   아직 안 들어왔는데…
윤진명   (예상 못 했다) …
서장훈   공연 날 입을 의상 구하러 간다고 갔거든요.
윤진명   (벌써?) …알았어.

윤진명이 돌아선다. 서장훈이 문을 닫고 사라진다. 윤진명이 어떻게
해야 되나 서 있는데… 발자국 소리 들린다. 송지원이 계단을 뛰어내
려온다.

윤진명   어디 가?
송지원   (좀 급하다) 어… (나가려다가) 혜임달에게 얘기했어?
윤진명   아직.
송지원   그럼 아직 말하지 말아봐. 어떻게 해결될 거 같으니까.

윤진명	어떻게?
송지원	(이미 나가고 있다) 나중에 얘기해.
윤진명	(뭐지? 어쨌거나 2층으로 올라간다) …

70. 문효진의 집 앞(밤)

송지원이 뛰어온다. 대문간에 붙어 있는 우편함을 뒤진다. 대부분이 광고지다. 오랫동안 찾아가지 않아 구깃구깃해진 것도 있다.

(남자)	뭐 하냐?
송지원	(돌아본다) …
남자	(다가온다. 송지원이 손에 든 우편물들을 본다) …뭐 하냐구?
송지원	그게… (뭐라고 해야 할지 모르겠다. 우편물들을 원래 있던 자리에 놓아둔다) …혹시 (남자의 눈치를 슬쩍 보며) …초대장 같은 거 안 왔어요? 효진이 이름으로…

남자가 송지원을 빤히 보다가 가타부타 말없이 안으로 들어간다. 송지원은 어떡해야 할지 모르겠다. 남자가 사라진 쪽을 봤다가 길 쪽을 봤다가 그냥 가려고 돌아서는데, 문을 억지로 여는 소리가 들린다.

남자	(사은회 초대장을 들고 나온다) 이거 말이야?
송지원	(초대장을 받아본다. 문효진이라는 이름… 드디어 고리가 맞춰졌다) 아…
남자	(초대장을 뺏어간다) 이게 온 걸 네가 어떻게 알았어?
송지원	(생각에서 빠져나온다) 예?
남자	너한테도 왔냐?

송지원	(신중해야 한다) 아… 그게……
남자	한관영이 누구야?
송지원	…
남자	너네 3학년 때 선생이냐?
송지원	(뭐라고 해야 할지 모르겠다) …
남자	(송지원을 빤히 본다. 그림의 조각들을 맞춘다) …효진이 인생이 망가진 건 초등학교 3학년… 네가 아니라 이 선생이었냐? 효진이를 망가트린 게…
송지원	…

70. 골목 입구(밤)

남자가 매달리는 송지원을 떨쳐낸다. 송지원이 쓰러지고, 남자는 택시를 잡아 탄다. 송지원이 어딘가에 전화를 한다.

71. 한관영의 집 앞(밤)

택시가 멈춰 선다. 남자가 내린다. 사은회의 주소를 확인한다. 길을 건너려는 순간, 차가 그 앞을 막아선다. 차에서 내리는 건 임성민이다. 남자가 한 발 물러서며 임성민을 본다. 임성민은 공포를 느낀다.

남자	…뭐냐?
임성민	(긴장을 풀기 위해 짧은 숨을 쉰다) 저 집에 못 들어가게 하라고.
남자	누가?
임성민	…
남자	송지원이?

임성민	…

남자가 그냥 밀고 들어간다. 임성민이 막아서자 주먹을 휘두른다. 가드를 올리지만 올린 상태로 충격을 받는다. 임성민이 태클을 건다. 두 사람이 뒹군다. 엎치락뒤치락하다가 남자가 임성민 위에 올라탄다. 몇 대 때린다. 카운터펀치를 날리려다가 멈춘다.

남자	죽는 수가 있어.

다시 안으로 들어가려는데 임성민이 붙잡는다. 남자가 임성민의 멱살을 잡아 벽에 밀어붙이고 주먹을 꽂으려는데. 누군가 몸을 부딪쳐 온다. 송지원이다. 충격은 거의 없다. 남자가 그냥 돌아봤을 뿐이다.

송지원	뭘 어쩌려는 거예요?
남자	그 개새끼, 죽여버릴 거야.
송지원	안 돼요.
남자	왜?
송지원	효진이가 원하는 건 그게 아니니까!
남자	네가 어떻게 알아?!
송지원	(지지 않는다) 내 이름을 썼으니까! 나랑 같이 사은회 가기를 원했으니까!!
남자	…
송지원	효진이는 그 자리에 내가 있기를 원했어요. 한관영 선생과 마주하는 자리에 내가 있기를 원했다구요.
남자	(송지원을 노려보다가) 그럼 넌 네가 하고 싶은 걸 해. 난 나대로 할 테니까. (밀고 들어가려 한다)
송지원	(남자의 앞을 막아선다) 당신 맘대로 하면 내가 하려는 걸 못 해요. 내가 하려는 걸 못 하면 효진이가 하려던 일도 못 하는 거예요.
남자	…

송지원	누군 뭐 생각 안 해본 줄 알아요? 한밤중에 쫓아가서 뒤통수 내려칠까도 생각해봤고, 칼 들고 담장을 넘을까도 생각해봤어요. 나도 생각해봤다구요. 내가 생각해봤다면 효진이도 생각해봤을 거예요. 근데 안 했어요. 왜? 그게 아니었으니까. 효진이가 원한 건 그런 게 아니었으니까.
남자	…
송지원	효진이는 나하고 같이 사은회 자리에 가려고 했어요. 그리고 왜 죽어버렸는지 모르겠지만… 이제 내가 할 수밖에 없어요. 그러니까 내가 할 거예요.

남자와 송지원이 서로를 노려본다. 빵 하는 경적 소리. 저만치 떨어져서 택시가 서 있다. 택시 기사가 창문으로 얼굴을 내민 채…

택시 기사	괜찮아요?
송지원	(남자를 흘깃 보고) 예, 괜찮아요. 걱정 안 하셔도 돼요.

택시가 사라진다. 남자가 한발 물러선다. 임성민이 긴장을 푼다.

남자	(초대장을 송지원에게 던지듯 건넨다) 하려면 제대로 해. (가버린다)

72. 한관영 집 거실(밤)

한관영이 창밖을 보고 있다.

한난호	(애기 방에서 나오다가) 뭐 하세요?
한관영	밖이 시끄럽길래… (돌아서며 커튼을 친다) 주영이는?
한난호	겨우 잠들었어요. 잠투정 심한 건 누구 닮은 건지…

한관영	너 닮았지, 누굴 닮어.
한난호	제가요?
한관영	등에서 떨어질라고를 안 했어.
한난호	말도 안 돼.

73. 약국 앞(밤)

임성민의 차 뒤. 도로 턱에 앉은 임성민과 송지원, 송지원이 임성민의 상처에 소독약을 발라준다. 쓰라리다.

송지원	아프냐?
임성민	왜? 너도 아프게?
송지원	…
임성민	널 만난 이후로 되는 게 하나도 없다.
송지원	(순순히) 미안하다. 너 말고 부탁할 사람이 없는데 어떡하냐.
임성민	(얘가 왜 이래) …
송지원	그래도 이제 다 끝나가. (약병 뚜껑을 닫는다)
임성민	뭘 어쩔 건데?
송지원	효진이가 하려던 거… 해야지.
임성민	그게 뭔데?
송지원	…
임성민	괜찮겠냐?
송지원	안 괜찮아도 할 거야. 하는 수밖에 없잖아.
임성민	(송지원이 걱정스럽다)
송지원	(씨익 웃으며 임성민의 어깨를 툭 치는데)
임성민	(아악! 비명이 절로 난다) …

74. 거실(밤)

어둡다. 송지원이 들어온다. 방에 들어가려다가 문득 신발장 옆 구석을 본다. 이제까지 자기가 한 거짓말이 떠오른다.

75. 신발장 귀신에 대한 단상 몽타주

시즌1의 신발장 귀신에 대한 하메들의 반응들이다.

송지원   나 사실은… 귀신 본다. (신발장을 가리키며) 지금 저기도 하나 있어.

— (3회 8신)

윤진명   아직 안 죽은 사람인지도 몰라.

윤진명   그럼 식물인간은? 식물인간의 영혼은 어디 있는데?

— (4회 76신)

강이나   저기 귀신 없어졌지?

강이나   요즘 안 보이지? 안 보일 거야. 나 따라왔으니까.

— (6회 19신)

유은재   (신발장 옆을 본다) 아빠?

— (7회 67신)

정예은이 소파에 앉아 신발장 옆을 본다.

정예은   예지몽 같은 걸 수도 있어.

정예은	앞으로 살해당할 영혼이 미리 나타난 걸 수도 있다구.

— (9회 70신)

강이나	작별인사 했어.

— (10회 60신)

윤진명	여기 있다는 귀신 말이야, 내 동생이야.

76. 벨 에포크 거실(밤)

송지원이 신발장 옆 구석에 앉아 있다. 송지원은 각오를 다진다.

77. 벨 에포크 전경(아침)

아침이다.

78. 정예은, 송지원의 방(낮)

송지원이 옷을 입는다. 거울을 본다. 단정하고 신뢰 가는 모습을 했다. 책상 위에, 두 개의 사은회 초대장이 놓여 있다. 문효진과 송지원의 이름. 둘 다를 집어 가방에 넣는다.

79. 골목(낮)

송지원이 나온다. 초등학교 3학년쯤 여자아이를 포함한 아이들이 놀고 있다. 고무 동력 비행기를 날릴 수도 있겠다.

(송지원) (그 옆을 걸어간다) 그 시절의 그는 어떤 삶을 꿈꿨을까?

80. 학교 운동장(과거 - 낮)

어린 문효진이 땅바닥에 그림을 그린다. 3학년 어린아이다.

(송지원) 평범하기를 바랐을까? 특별하기를 바랐을까? 모험을 꿈꿨을까? 사랑을 꿈꿨을까? 너무 늦게 나는 그를 애도한다. 헛된 것이 되어버린 그의 꿈을 애도한다. 기억하는 것도 기억하지 않는 것도 할 수 없었던 나의 친구, 문효진!

땅바닥에 그림을 그리던 문효진이 물끄러미 바라본다.

81. 골목(낮)

아이들이 고무 동력 비행기를 쫓아간다. 송지원이 아이들을 본다.

(송지원) 오늘 나는 저들을 위해 기도한다. 비바람 따위 맞지 말기를. 어찌할 수 없는 일은 겪지 말기를. 답답하고 지루하더라도 평탄한 삶을 살기를.

비행기가 추락한다.

82. 한관영의 집 골목(낮)

송지원이 걸어온다.

(송지원)　그리고 또 나는 기도한다. 어쩔 수 없는 일을 겪었다면 이겨내기를, 겁나고 무섭더라도 앞으로 나아가기를…

송지원이 고개를 든다. 음악 소리가 들린다. 한관영 선생의 집 정원에는 사은회가 열리고 있다. 모두들 웃고 있다.

(송지원)　있는 힘을 다해 그날의 내가 바라는 지금의 내가 되기를… (문을 열고 정원으로 들어간다)

83. 한관영의 집 정원(낮)

야외 테이블이 놓여 있다. 30여 명의 제자와 친구들이 이름표를 붙인 채 서로에게 인사한다. 송지원이 들어오자, 20대 중반의 남자가 방명록을 내민다. 송지원이 펜을 집어 든다. 그리고 쓴다. '문효진'

84. 에필로그(하메들의 특기)

— 윤진명은 몸이 유연하다. 폴더처럼 접힌다.
네 명의 하메들 박수 친다.

— 유은재는 염력이 있다. 손바닥의 기를 통해 촛불을 끈다.
네 명의 다른 하메들이 박수 친다.

— 정예은은 의외로 어지럼을 안 탄다. 코끼리 코를 열 번 하고도 금
방 과자를 따먹는다.

하메들이 박수 친다.

— 조은은 의외로 켈리그라피를 한다. 글씨를 이쁘게 잘 쓴다.

하메들이 박수 친다.

— 송지원은 의외로 시조창을 한다. 한복 입고 나왔다.

송지원	청사아아아아아아안리…이이히히히… 벽계수으으으으으으으 으ㅡ야…

지켜보던 하메들이 점점 지겨워진다. 핸드폰을 보고, 귀를 후비고,
딴짓한다.

정예은	(유은재에게) 너 살 빠졌다.
유은재	티 나요? 5백 그램 빠졌는데…
윤진명	우리 쌀 사야 돼. 다 떨어졌더라.
조은	마트 가려구요?
윤진명	응… 같이 갈래?
송지원	(그사이에도) 일도오오오오 창해애애애애애애…

13회

그들은 그들의 거울이 있다

1. 프롤로그

한관영의 집 앞이다. 3월 2일, 오후 세 시쯤이다. 덜덜 떨리는 손이 초인종을 향했다가 돌아오기를 반복한다. 문효진이다. 긴장으로 입술이 바짝 마른다. 용기를 쥐어짜서 초인종을 누르려는데 문이 열린다. 문효진이 움찔하며 물러선다. 한관영과 문효진이 드디어 마주본다.

문효진	(첫눈에 알아본다) 선생님…
한관영	(그저 제자구나 생각한다) 예…
문효진	(자기도 모르게 꾸벅 인사한다) …
한관영	(마주 인사하고는) 근데 이름이…?
문효진	(왠지 충격이다) 저요?
한관영	(조금 미안하다) 내가 사람 얼굴을 잘 기억 못 해서…
문효진	아… 예… (죄지은 사람처럼 눈을 마주치지 못한다. 결심하고 고개를 든 순간) …저는…

짧은 경적 소리. 집 앞에 차 안에서 60대의 남자가 고개를 내밀며

'한 선생' 부른다.

한관영	(알았다고 손짓하고 문효진에게) 미안해서 어쩌죠, 나 지금 나가봐야 되는데…
문효진	(탄식처럼) 아…
한관영	(웃으면서) 미안해요. (배웅 나온 한난호를 보며) 연락처 남겨줘요, 미안해요. (차를 향해 간다) …
문효진	(멀어지는 한관영을 본다) …
한관영	(여전히 웃으며 고개를 끄덕한다) …
문효진	(물끄러미 한관영을 바라본다) …
한난호	(문효진의 침묵을 낙심이라고 생각한다) 미리 전화하고 오셨으면 좋을 텐데…
문효진	(한난호를 돌아본다) …
한난호	성함이…?
문효진	…

타이틀 제13회— 그들은 그들의 거울이 있다 (부제: 안녕 내일 또 만나)

2. 타이틀 이미지 몽타주

3. 한관영의 집 정원(낮)

송지원이 방명록에 이름을 적는다. '문효진'이라 적는다. 그리고 그

밑에 다시 적는다. '송지원' 고개를 들면. 정원엔 서른 명쯤 모여 있다. 한난호의 딸을 비롯한 아이들도 서너 명. 참가자들이 제자들과 지인들이라 연령, 성별이 다양하다. 호화롭지는 않다. 뷔페 음식이 차려져 있고 테이블마다 맥주가 서너 병 놓여 있다. 한관영은 타이를 매지 않은 양복차림이다. 한난호와 그녀의 딸은 커플 원피스를 입었다. 한난호는 파티를 주관한다. 맥주를 마시고 웃고 있지만 곳곳을 주시한다. 구석진 테이블, 구석진 자리 송지원이 맥주잔을 든 채 미소를 짓고 있다. 겉모습은 그렇다. 송지원은 때때로 심호흡을 한다. 불안과 긴장을 풀기 위해서다. 박수 소리에 자기 생각에서 빠져나온다. 케이크가 운반된다. 송지원도 다른 사람들처럼 박수를 친다. 한관영이 촛불을 끈다. 35개의 촛불은 그의 재직 연수를 상징한다. 여러 번 불어야 촛불이 모두 꺼진다. 한난호가 딸의 등을 민다. 손녀딸이 한관영에게 꽃다발을 전하면, 또다시 박수가 터진다. 제자 대표가 기념패를 전달한다. 한관영이 기념패의 글귀를 읽으며 미소 짓는다. 사회자가 잔을 들어 건배를 신청한다. 송지원 역시 잔을 든다.

사회자 …감사의 말씀 드리면서, 오늘의 주인공, 한관영 선생님의 말씀을 들어보겠습니다.

모두들 잡담을 멈추고, 한관영을 향한다. 한관영은 쑥스럽고도 기쁘다. 기념패를 봤다가 참석자들을 둘러보며 쑥스러워한다. 사회자가 다시 박수를 청한다.

한관영 내가 이래서 사은회 같은 거 하지 말자고 한 건데… 이렇게 말주변 없는 사람한테 자꾸 말을 시키니…

사람들이 작은 소리로 웃는다. 누군가, 아마도 친구 중의 한 명일 거다. '파이팅'이라고 소리친다.

한관영   제가 그림을 그리기 시작한 건 학교 들어가기 전입니다. 그때는 국민학교라고 했는데, 국민학교 들어가기 전이니까 아마 여섯 살이나 일곱 살쯤 됐을 겁니다. 다른 애들이 씨름하고 총싸움하고 뛰어놀 때 나는 땅바닥에 나뭇가지 같은 걸로 그림을 그리고 놀았는데, 바로 위의 누님이 관영인 그림을 잘 그리는구나 그러셨습니다. 아마 그때였을 겁니다. 아, 나는 그림을 잘 그리는구나. 아버지는 면서기를 하셨고, 5남매 중 넷째였는데 그림만 그려 갖고는 먹고 살기 힘들겠다 싶어서 생활의 방편으로 선생님이 됐습니다.

아이들이 뛰어서 파티 중앙을 가로지르는 바람에 한관영의 인사말이 중단된다. 한난호가 쫓아와 딸을 안아 올린다. 그때부터 송지원은 한난호와 다섯 살쯤 된 딸에게 자꾸 시선이 간다.

한관영   부끄럽습니다만 교육자로서의 철학이나 열정 같은 게 있어서 교직의 길로 들어선 게 아닙니다. 그런데도 제가 가르친 사람 중에 국선 당선자도 나오고 교수도 나오고 했으니, 그림 그리는 재주보다는 가르치는 재주가 더 있었는지도 모르겠습니다. (농담이라는 듯 웃는다) 아, 무슨 얘기를 하려고 했더라… 아무튼 오늘 이 자리의 영광은 오로지 여러분들 덕분이라는 얘기를 하고 싶습니다. 잘난 제자가 있어야 선생이 귀해지는 법이죠. 오늘 귀한 시간 내주신 여러분. (사람들을 둘러본다. 송지원하고도 눈이 마주치지만 금방 지나간다) 모두 고맙습니다.

박수가 터진다.

사회자　그럼 제자들을 대표해서 박헌경 교수님의 말씀을 들어보겠습니다.

지명 받은 교수에게 시선이 쏠린다. 마이크를 든다거나 자리를 옮긴 다거나 하는 일은 없다. 그냥 선 자리에서 말한다.

박헌경　한관영 선생님 말씀 중에 한 마디는 동의합니다. 선생님은 선생님이 라는 자각이 없으셨습니다.

작은 웃음이 터진다. 송지원도 기계적으로 웃는다. 웃으며 잠깐 먼 곳을 본다. 이 자리에서 벗어나고 싶다. 송지원은 겁이 난다.

박헌경　제가 선생님한테 들은 최고의 칭찬이 생각납니다. '난 네가 질투 난 다' 무슨 선생님이 제자를 질투합니까?

송지원은 숨을 쉬기가 힘들다. 침을 넘기기도 힘들다. 눈에 눈물이 고인다. 이명이 들린다. 그동안에도 제자들의, 지인들의 미담은 계속 된다. 박수를 치고 웃는다.

사회자　이러다가는 밤샐 것 같으니까 우선 다음 순서로… (하다가 손을 든 송지원을 본다)

송지원　저도 꼭 드릴 말씀이 있습니다.

사회자　(잠깐 망설인다) …

송지원　(한난호와 그녀의 품에 안긴 딸을 본 다음) 부탁드립니다.

한관영　(송지원을 본다. 송지원은 지난번에 왔을 때와는 분위기가 달라서 알아보지 못한다)

한난호　(어디서 본 것 같다고만 생각한다) …

송지원   그게… 초등학교 3학년 때였습니다. 여름이었는데 수업이 다 끝나고
친구랑 운동장에서 놀고 있었습니다.

이명이 커진다. 이명은 매미 소리로 변한다.

4. 초등학교 운동장(낮 – 과거)

초등학교 3학년 송지원과 문효진이 땅바닥에 선을 긋는다. 사방치
기를 위한 선이다. 송지원은 새로 산 구두를 신고 있다. 가끔 구두코
의 먼지를 손바닥으로 닦아낸다. 문효진이 구두코를 닦는 송지원을
보다가 시선이 마주치자 줄긋기를 계속한다. 그림자가 진다. 키가 큰
40대의 한관영이다.

(송지원)   선생님이 말씀하셨습니다.
한관영   누가 선생님 좀 도와줬으면 좋겠는데… (두 아이를 번갈아 본다)

어린 송지원과 문효진이 선생님을 올려다본다.

   •인서트 – 한관영의 집 정원 》
송지원   '저요'라고 말하고 싶었습니다. 근데 저는 숫기가 없었습니다. 그냥
속으로 선생님이 '너'라고 말해주기를 기다렸습니다.
한관영   (아직은 무슨 이야기인지 모른다) …

어린 송지원이 한관영을 올려다본다. 자기를 지목해달라는 염원을
담아서. 그건 문효진도 마찬가지다. 한관영이 송지원의 새로 산 신발
과 문효진의 낡은 운동화를 번갈아본다.

한관영 (누군가를 가리킨다) 너!

•점프 ≫
어린 송지원이 멀어지는 두 사람, 한관영과 문효진을 바라본다. 부러움과 불만으로 입이 나왔다. 새 구두코로 땅바닥을 콩콩 찧는다.

•인서트 – 한관영의 집 정원 ≫
송지원 나는 친구가 부러웠습니다. 부러워서 밉기까지 했습니다.

사람들은 송지원의 이야기가 길어지자 슬슬 잡담을 하고, 딴짓을 시작한다. 사회자는 시계를 본다.

송지원 좀 있다가 다른 친구들이 도착했고…

아이 (축구 골대나 나무기둥에 얼굴을 대고) 열하나, 열둘, 열셋…

아이들이 숨느라 소리 없이 부산을 떤다. 어린 송지원이 숨으려고 하는 곳엔 이미 누군가가 숨어 있다. 송지원이 창틀 위로 올라간다. '여름철 안전사고에 대비하자' 따위의 표어가 써진 팻말을 끌어당겨 몸을 숨긴다. 두근두근한다. 건물 안은 미술실이다. 아그리파, 이젤, 아이들이 그린 그림들.

•인서트 – 한관영의 집 정원 ≫
한관영이 맥주잔을 내려놓는다. 그는 뭔가가 생각났다.

술래가 오나 안 오나, 에만 관심을 쏟던 송지원이 미술실 쪽으로 고개를 돌린다. 좀 전까지 비어 있던 커튼 틈으로 문효진이 뒷걸음질 쳐 등장한다. 문효진은 겁먹은 듯 보인다. 어린 송지원도 겁을 먹는다. 본능적으로 몸을 움츠린다. 가능하면 작게, 누구에게도 보이지 않도록. 술래에게도 문효진에게도 다른 누구에게도 보이지 않게. 문효진의 시선이 자기 쪽을 향한다. 자기 발쪽이다. 송지원은 발끝을 최대한 뒤로 물린다. 어른의 손이 문효진에게 다가온다. 어린 송지원이 몸을 떤다.

5. 한관영의 집 정원(낮)

송지원이 덜덜 떨면서도 한관영을 똑바로 본다. 한관영은 천천히 고개를 젓는다. 관심 없던 사람들이 두 사람에게 집중하기 시작한다. 한난호는 뭔가 불안을 느낀다. 사회자에게 눈으로 재촉한다.

사회자 자, 그럼 다음 순서로…

송지원 (덜덜 떨린다. 겁이 나서 그런 것만은 아니다) 그때 선생님이 무슨 짓을 했는지 기억하십니까? 그 이후에 그 아이가 어떤 일을 겪었는지 아십니까? 그 아이가 누군지는 아십니까? 문효진! 문효진입니다.

한관영 (송지원을 똑바로 바라보며 고개를 젓는다) 무슨 말을 하는 건지… (참담하다는 듯 한숨을 쉰다) 남들 보기엔 어떨지 모르겠지만 이 자리는 나에게 아주 영광되고 소중한 자립니다. 나한테 왜? 나한테 이러는 이유가 뭡니까?

송지원 (덜덜 떨고 있다) 선생님, 제발, 선생님이 한 짓을 인정하고 사과하세요.

한관영 (당당해진다. 손님들에게) 죄송합니다. 지난번에도 내 제자라고 찾아와서 이상한 소리를 하더니… 뭔가 오해를 했거나 어디가 아픈 거거나…

몇 명이 송지원을 데려가려 한다.

송지원   (반항한다) 봤어요! 내가 봤다구요. (왜 그런지 자꾸 눈물이 나려 한다) 선생님이 미술실에서 한 짓을 내가 봤어요. 그리고!

6. 초등학교 교실(낮 - 회상)

문효진이 전학 가는 날이다. 공식적인 인사가 끝나고 몇몇 친한 아이들과 작별한다. '전화할게' '방학 때 놀러와' …드디어 송지원 앞에 섰다.

문효진   (송지원 신발을 본다. 그날의 신발이 아니다) 오늘은 안 신었네, 그 예쁜 구두…

7. 한관영의 집 정원(낮)

송지원   (끝내 눈물이 난다) 내가 봤다는 걸 효진이도 알고 있었어요.

사람들이 수군댄다. 송지원에게서 진심이 느껴진 탓이다.

송지원   (흐느끼며 소리친다) 내가 봤다는 걸 효진이도 알고 있었다구요!

순간, 송지원 뺨이 퍽 돌아간다. 한난호가 송지원의 뺨을 후려쳤다.

한난호도 울고 있다. 한난호는 분해서 눈물이 난다.

한난호   (송지원을 노려본다. 조용하지만 위협적이다) 네 거짓말, 나는 안 믿
어. 왜? 우리 아버지를 아니까! 여기 있는 사람 누구도 네 말 안 믿
어. 다들 우리 아버지를 아니까.

사람들이 고개를 끄덕인다.

한난호   (사람들에게) 누가! 누가 경찰 좀 불러줘요.

사회자가 경찰을 부른다. 한관영이 다가온 한난호를 안아준다. 딸아
이가 엄마를 위로한다. '엄마, 울지 마' 사람들은 송지원에게서 거리
를 둠으로써 누구를 지지하는지 보여준다. 송지원은 자꾸만 흐르는
눈물을 닦아낸다. 우는 자신이 바보 같다고 생각한다.

8. 경찰서(밤)

송지원이 조서를 받고 있다. 의지와는 상관없이 손이 덜덜 떨린다.
떨지 않으려고 무릎 위의 두 손을 맞잡는다.

형사   증인이나 증거는?
송지원   …
형사   그러니까 13년 전 기억이 전부다?
송지원   …
형사   (고개를 흔든다) …
송지원   거짓말했잖아요. 지난 3월 2일 문효진은 선생님을 찾아갔어요. 근

	데 선생님은 문효진을 모른다고 했어요? 왜요? 숨길 게 있으니까.
형사	그날 한관영 선생은 집에 없었답니다. 따님이 확인했어요.
송지원	거짓말이에요! (발끈해놓고) 효진이는 그 집에 갔었다구요.
형사	그게 성추행의 증거가 됩니까?
송지원	내 이름을 적은 거는요? 내 이름이랑 주소를 적어놨어요. 사은회 초대해달라고. 왜요? 유일한 증인이었던 나를 불러내서…
형사	(그로서는 송지원이 답답하다) …
송지원	(답답해하는 형사의 얼굴을 보고 전략을 바꾼다) 효진이는 선생님 만나러 갔다 와서 죽었어요. 바로 다음날! 왜요?
형사	(역시 목소리가 높아진다) 우울증을 앓았다면서요?
송지원	…
형사	(진정한다) 학보사 기자니까 알 거 아닙니까? 여기까지만 놓고 봤을 때 이 상황이 어떻게 보일지…
송지원	…

9. 경찰서 앞(밤)

택시가 멈춘다. 택시에서 정예은, 윤진명, 유은재, 조은이 내린다. 정예은은 급하게 오느라 야구 모자를 썼다.

10. 경찰서 안(밤)

형사	(통화 중이다) 예, 알겠습니다. (듣다가) 예. (끊고 송지원을 본다) 한관영 선생님인데… 송지원 씨에 대해서 좀 알아본 모양입니다. 정신과 치료 받은 적 있어요?

송지원	예?
형사	수면장애, 불안장애, 허언증으로 치료받았다면서요?
송지원	(그 이야기가 나올 거라고는 상상도 못 했다) 그건 옛날옛날 초등학교 때…
형사	다시 치료 받는다고 약속하고 공식적으로 사과하면 고소는 하지 않겠다고 합니다.
송지원	(말도 안 된다) …
형사	(펜을 내려놓는다. 인간적으로 접근한다) 학생, 내가 그쪽 편드는 것도 아니고, 일하기 싫어서 이러는 것도 아니고. 아까워서 그래요, 학생 아까워서. 명문대 학보사 기자! 나중에 신문사든 방송사든 취직해서 기사 써야 할 거 아네요. 호적에 빨간 줄 가봐. 그게 되겠어요?

하메들이 들이닥친다. 일단 들어오긴 했는데 경찰서라는 공간에 주눅이 든다. 옹기종기 달라붙는다.

| 정예은 | (둘러보다가 송지원을 발견했다. 첫 소리는 크게 냈지만 찌그러드는) 송, 지, 원… |
| 송지원 | (돌아본다) … |

하메들이 송지원 옆으로 주춤주춤 다가온다.

유은재	선배…
윤진명	(걱정스럽다) 어떻게 된 거야?
조은	(겁먹어서 경찰서를 둘러본다) …
송지원	뭐 하러 다 왔어? 한 사람만 와도 되는데…
형사	(하메들에게) 누구…?
윤진명	같은 집에 사는 친군데요. (꾸벅 인사한다).

정예은, 조은, 유은재	(일단 같이 인사한다) …
형사	친구들이 좀 얘기해봐요. 젊은 나이에 전과자 되는 건 막아야지…
유은재	(전과자라는 말에 놀란다) 선배?
형사	(컵을 들고 자리를 뜬다) …
송지원	(주변을 둘러보며) 어디 앉을 데가… 없네. (일어나려 한다) 앉을래?
정예은	(송지원 어깨를 누르며) 됐어. (송지원 어깨를 잡은 손을 놓지 않는다)
송지원	(뭐라고 말은 해야겠어서) …여기까지 뭐 타고 왔어?
유은재	택시…
송지원	어이구, 택시비 수억 나왔지?
유은재	4만…
정예은	(말 끊으며) 지금 그게 문제야?

하메들, 말이 없다. 형사가 컵을 들고 다시 들어온다.

형사	얘기 좀 해봤어요?
하메들	…
송지원	(자기 손을 본다. 어느 새 손의 떨림이 멎어 있다) 죄송해요.
형사	(그럴 줄 알았다) 그래요, 잘 생각…
송지원	사과 안 할래요. 사과할 수 없습니다.
형사	…
송지원	(좀 미안하다) 뭘 잘못했는지 모르겠는데 어떻게 사과를 해요.

11. 경찰서 앞(밤)

다섯 명의 하메들이 나온다.

정예은	고소, 진짜 할 거 같애?
송지원	응.
유은재	명예훼손이라는 게 진실을 얘기해도 명예훼손이라면서요?
조은	말도 안 돼? 그럼 진짜 전과자 되는 거야? (말해놓고 보니 무섭다)
송지원	(농담한다) 대단하지? 너 아는 사람 중에 고소당한 사람 처음이지?
조은	예⋯
송지원	나 이런 사람이야.

송지원이 주눅 들지 않아 다행이다. 하메들이 좀 더 나아진 기분으로 경찰서를 나오는데. 임성민의 차가 도착한다.

임성민	(차에서 내린다) 야, 너는⋯
송지원	왔어?
임성민	뭘 할려면 미리 좀 말을 하고⋯
송지원	말하면 말렸을 거잖아.
임성민	(그건 그렇다) 타.
송지원	네 차에 몇 명 탈 수 있지? (하메들을 본다) ⋯

임성민은 그제야 하메들을 발견한다. 인사한다. 하메들도 일단 인사한다. 조은은 임성민과 한 번 본 사이다.

12. 임성민의 차(밤)

임성민 차가 달려간다. 혼자 타고 있다.

13. 버스 안(밤)

버스 뒷자리에 다섯 명의 하메들이 앉아 있다. 송지원이 입 벌리고 잠들어 있다. 고개가 뚝뚝 떨어진다. 다른 하메들은 석성스럽게 송지원을 본다.

유은재 송 선배 진짜… 이 상황에 잠이 오나 봐.

조은 그러니까… (귀 기울이며) 코도 곤다.

정예은 (자기 모자 벗어서 송지원 얼굴을 가려준다) 지원이… 요새 계속 잠 못 잤거든.

14. 버스 정거장, 골목(밤)

하메들이 내린다. 송지원이 하품을 한다.

송지원 (연거푸 하품을 한다)

윤진명 그렇게 졸리면 아까 차 타고 가지 그랬어.

송지원 (하품하며) '으리'가 있지. (너무 하품을 많이 해서 눈물이 났다)

유은재 그 남자 누구예요?

송지원 성민이? 학보사 친구.

조은 그 사람, 그 사람이죠? 전에 봤던?

송지원 응.

유은재 그냥 친구예요?

송지원 그냥 친구는 아니구…

하메들 (그럴 줄 알았다) …

송지원 친구 겸 꼬붕!

어쨌거나 다섯 명이 골목을 가득 메우고 걸어온다.

15. 학보사(낮)

조충환, 오하나 등 학보사 기자들이 뭔가를 준비하고 있다. 검색을 하기도 하고, 통화를 하기도 한다.

오하나　(통화 중이다) 2001년에 제천에 있는 신기초등학교를 다니신 분요. (듣다가) 잠깐만요. (메모를 준비한다)

한쪽 벽에 상황판이 붙어 있다. 한관영이 재직했던 학교의 이름과 재직년도가 붙어 있고. 동창회 현황, 연락 가능한 사람들의 번호가 적혀 있다. 오하나가 그중 한곳에 이름과 전화번호를 추가한다. 노크 소리가 들리지만 바빠서 아무도 듣지 못한다. 빼꼼이 문이 열리고 유은재가 들어온다.

오하나　어떻게 오셨어요?
유은재　지원 선배… 송지원 선배 일로…
조충환　(노트북에서 고개를 든다) 여기요.
유은재　(꾸벅 인사한다. 사 들고 온 음료수와 빵을 놓아준다) 이거…

학보사 기자들이 '고맙습니다' '잘 먹겠습니다' 인사한다.

조충환　(이런 건) 뭐 하러요.
유은재　그래도 고마워서… (여럿에게 꾸벅 인사하며) 잘 부탁합니다.

조충환	이쪽으로…

유은재와 함께 좀 조용한 쪽으로 자리를 옮긴다.

유은재	지원 선배는?
조충환	좀 전에 나갔어요. 변호사 만난다구…
유은재	예… 제가 뭘 하면 되죠?
조충환	지원 선배에 관한 걸 쓰면 되는데요. 문효진 사건이 지원 선배에게 미친 영향 같은 거.
유은재	(감이 안 온다) …
조충환	그러니까… 예를 들면, 지원 선배가 작년부터 귀신 본다고 그랬다면서요. 그게 단순한 거짓말이 아니라 문효진에 대한 억압된 기억일 수 있다는 거죠. 거슬러 가다 보면 지원 선배가 거짓말을 시작하게 된 것도 그때 미술실을 봤기 때문이고.
유은재	(서둘러 메모한다. 이해가 됐다) …
조충환	지원 선배가 기억을 찾던 순간에 은재 씨도 옆에 있었다면서요. 그 때의 일 같은 걸 되도록 알기 쉽게 쓰면 됩니다. 재판부에 낼 거거 든요.
유은재	(일단 메모부터 하고) 예… 근데 제 이름을 어떻게 아세요?
조충환	(뭐야?) …?
유은재	(왜 이렇게 놀라지) …?
조충환	저랑 소개팅 했잖아요.
유은재	(그제야) 죄송합니다. 그때는 제가 제정신이 아니어서… (무안해서 웃는다)
조충환	(언젠가 윤종열이 그랬듯 유은재의 웃는 모습에 당황한다) …어… 저기… (갑자기 땀이 나는 느낌이다)
유은재	(왜 이러나 싶다) …

| 조충환 | (꾸벅 인사하며) 조충환입니다. |
| 유은재 | 예… |

16. 변호사 사무실 앞(낮)

성폭력 피해자를 위한 단체 변호사 사무실이다. 아무튼 뭐 그런 간판이 붙어 있다.

17. 변호사 사무실(낮)

송지원이 명함을 받는다. 변호사다. 변호사는 30대 여자다. 송지원 옆에는 임성민이 앉아 있다.

변호사	자료 검토했는데요. 솔직히 말하면 불리합니다.
송지원	(각오했다) 예.
변호사	성폭력 피해자는 사망한 상태고, 유일한 목격자가 송지원 신데, 저 쪽에서는 송지원 씨의 과거 병력을 문제 삼을 겁니다.
송지원	하지만 그건 그 현장을 목격한 충격 때문에…
변호사	압니다. 제가 확인하고 싶은 건 끝까지 갈 자신이 있냐는 겁니다.
송지원	(지체 없이) 있습니다.
임성민	(돌아본다) …
변호사	그럼 우리가 제일 먼저 해야 할 건 이 문제를 공론화하는 건데요…

18. 임성민 차 안(낮)

임성민이 운전 중이다. 송지원이 변호사가 준 자료를 읽고 메모한다. 신호등에 걸린다.

임성민 기사화하는 거 괜찮겠냐?

송지원 (본다) …

임성민 이런 사건 기사화되면 어떨지 알잖아.

송지원 알지. 똥물을 뒤집어쓰겠지. 나도 그렇고 우리 가족도 그렇고. 친구도 그렇고. (슬쩍 농담한다) 너한테도 튈지 몰라.

임성민 (신호가 바뀌었다. 출발한다) …

송지원 솔직히 말하면 겁나 죽겠다.

임성민 아까는 자신 있다며?

송지원 그럼 변호사 앞에서 자신 없다 그러냐? (잠깐 생각한다) 그 신발… 예쁜 구두, 그날 처음 신은 거였어. 그리고 다신 안 신었어. 겁나서… 어쩌면 그날 그 일을 당한 게 나일 수도 있다는 생각이 들어서 신을 수가 없었어.

19. 저수지(낮 - 과거)

어린 송지원이 구두를 저수지에 던진다. 잠깐 물에 떠 있던 구두가 물속으로 가라앉는다.

20. 임성민 차 안(낮)

달리는 차 안, 송지원이 창밖을 본다.

21. 거실(밤)

유은재가 노트북으로 재판부에 제출할 '송지원의 이야기'를 쓰고 있다. 한쪽에서는 정예은과 조은이 빨래를 개며 이야기 중이다.

조은   스프레이요?

정예은   응, 모기 쫓는 거. 스프레이, 팔 토시, 선크림… 이런 거 바리바리 싸서 보내던데.

조은   국가에서 안 줘요?

정예은   주겠지. 주는데, 그래도 내 친구들은 싸 보내더라구.

조은   (그런 거구나) …또 뭐 해요?

정예은   또? 이벤트 같은 거 하잖아. 군대 가기 전에 놀러도 가고.

조은   (놀란다) 여행요?

정예은   아직 거기까진 안 갔지?

조은   (무안해서 입 내민다) …

정예은   키스는 했어?

조은   (고개 흔든다) …

정예은   이상하다. 군대 가기 전 남자는 발정 난 짐승… (하다가 입을 막는다) 미쳤어. 나 송지원한테 물들었나 봐. (빨래 갠 거를 들고 들어간다) …

조은   (자신과 서장훈과의 관계에 대해 생각한다. 뭔가 불안하다)

유은재   너무 남들이랑 비교하지 마.

조은   (본다) …

유은재   공식이 있는 게 아니잖아. 만난 지 한 달이면 키스하고 1년이면 뭐 하고… 거기서 어긋나면 뒤처진 거구. 그런 게 어딨어?

조은   (존경스럽다)

유은재   (헤헤 웃는다) 지금은 이렇게 잘 아는데 그땐 왜 그랬나 몰라? 나 다

시 연애하면 엄청 잘할 것 같은데… (다시 노트북 작업으로 돌아
간다)

조은이 나가려고 신발을 신는데, 송지원이 들어온다.

송지원	(바쁘다. 조은에게 인사하고) 안녕. (유은재에게 인사하고) 뭐 하냐? 아, '송지원전' (물을 마신다) 설마 있는 그대로 솔직하게 쓰는 건 아니지. 미화하고 빨아주고… (킬킬 웃다가) 너 오늘 충환이 만났어?
유은재	조충환 씨요? 네.
송지원	너 되게 변했다던데?
유은재	(뭔 소리야) …
송지원	소개팅 때랑 완전 다른 느낌이라구. 되게 관심 있던데.
유은재	(기분 좋다)
송지원	자리 한 번 마련해?
유은재	예? (잠깐 생각한다)
송지원	만나봐. 충환이 괜찮아.
유은재	됐어요.
송지원	왜? 아직 못 잊었냐?
유은재	뭐…
송지원	남자는 남자로 덮어쓰는 거야.
유은재	(조금은 쓸쓸하게 웃는다) 잊으려고 막 노력하는 것도 좀 그렇잖아요. 그러지 않아도 언젠간 잊힐 텐데…
송지원	(앙탈한다) 야아! 연애 한 번에 해탈하지 마! 재미없어! 좀 더 아등바등하란 말이야! (방으로 들어간다) …
유은재	(다시 노트북으로 들어간다)

22. 베란다(밤)

한쪽. 신발 상자 위에 유은재의 인형이 놓여 있다.

23. 공원(밤)

조은과 서장훈이 산책을 한다.

조은	머리 언제 깎어?
서장훈	깎아야 되는데… (깎기 싫다)
조은	내가 깎아줄까? 스님처럼. 빡빡.
서장훈	됐어.
조은	왜? 나 미용사 딸이야.

자전거가 지나간다. 서장훈이 조은의 어깨를 잡아서 반대편으로 옮긴 후 손을 놓는다. 조은은 갑자기 그것이 서운해진다. 멈춰 선다. 조은이 주변을 둘러본다. 공원엔 연인들이 많다. 할머니 할아버지도 손을 잡고 걷는다. 교복을 입은 학생들도 어깨에 손을 둘렀다.

서장훈	(돌아본다) 왜?
조은	나 집에 갈래. (돌아선다)
서장훈	(쫓아간다) 왜?
조은	말 안 해.
서장훈	왜?
조은	말하기 싫어. 자존심 상해서.
서장훈	(잡는다) …왜? 뭔데?

조은	너! 왜 나한테 손가락 하나 까딱 안 해?
서장훈	…
조은	내가 여자 같지 않아서 그래?
서장훈	아니, 너 여자야. 나한테 완전 여자야.
조은	근데 왜 그래?
서장훈	(우물쭈물) 말했잖아, 저번에.
조은	뭘?
서장훈	군대 가기 전에 스킨십하고 그러는 거 왠지 몰아붙이는 거 같고… 나중에 네가 후회할지 모르구.
조은	(툴툴댄다) 내가 후회할 걸 지가 왜 걱정해? (하다가) 군대가 뭐 그렇게 대단한 거라구. 요샌 군대서도 전화하고 주말마다 면회하고 다 한다며?
서장훈	(한숨이 절로 난다) 에휴… 넌 몰라. 입대 앞둔 심정이 어떤지…
조은	군대 가기 싫어?
서장훈	군대 가는 거 좋은 사람이 어딨냐? 가야니까 가는 거지.
조은	심란해?
서장훈	잠도 안 와.
조은	(물끄러미 보다가) 힘내. 내가 노래 불러줄게.
서장훈	(얘가 이런 면도 있었나) …
조은	(노래한다) 어색해진 짧은 머리를…
서장훈	야!
조은	(킬킬대며 도망간다. 도망가며 노래한다) 보여주기 싫었어.
서장훈	(쫓아간다) …
조은	손 흔드는 사람들 속에…

결국 붙잡힌다. 그 바람에 두 사람이 쓰러진다. 조은의 두 팔을 서장훈이 붙잡았다.

조은　　　(잡혔는데도 킥킥대면서) 그댈 남겨두기 싫어.

서장훈　　하지 마!

조은　　　3년이라는 시간 동안……

서장훈　　좋은 말로 할 때 그만해라.

조은　　　어쩔 건데? (노래한다) 그대 나를 잊을까…

에이씨, 서장훈이 입을 맞춘다. 조은의 노래가 멈춘다.

서장훈　　(앗차 싶다) 그러니까 하지 말랬잖아. (떨어지는데) …

조은　　　(일어나 앉으며 계속 노래한다) 기다리지 말라고 한 건…

서장훈　　(본다) …

조은　　　(조금은 부끄러워하면서도) 미안했기 때문이야…

서장훈이 이번엔 정식으로 입을 맞춘다.

24. 벨 에포크 골목, 정원(밤)

윤진명이 퇴근한다. 그사이 마음고생으로 여윈 것 같다. 1층을 흘깃
보고 발소리를 죽여 계단으로 향하는데…

헤임달　　(문을 열고 내다본다. 해맑다) 누나!

윤진명　　(도둑질하다 들킨 것처럼 놀란다) 어?

헤임달　　(들어오라고 손짓하며) 잠깐만요.

헤임달이 먼저 들어간다. 어쩔 수 없이 윤진명이 1층으로 향한다.

25. 1층 서장훈의 방(밤)

윤진명이 들어오는 순간, 음악이 나온다. 무대의상을 입은 아스가르드 일곱 명이 음악에 맞춰 춤을 춘다. 나름 칼 군무다. 노래가 시작된다.

헤임달	(두 소절 정도 노래하고 춤추다가 윤진명에게 다가온다) 우리 의상 맞췄어요.
윤진명	(정말이지 괴롭다) 어…
헤임달	죽여주죠?
윤진명	…
헤임달	(두근두근한다) 이제 내일이에요.
윤진명	어…
헤임달	근데 왜 우리 무대 어딘지 말 안 해줘요?
윤진명	(나도 모르니까) 어… 그게…
헤임달	서프라이즈?
윤진명	…어.
헤임달	(벅차다) 아이씨… 나 어쩌면 울지도 몰라요.
윤진명	(울고 싶다) 나도 그래.
헤임달	우리끼리 얘기했는데요. 이 노래는 누나한테 바칠 거예요.
윤진명	(제발) 그러지 마.

헤임달은 윤진명의 거절을 자기 좋을 대로 해석한다. 마지막 소절이다. 헤임달이 아스가르드 대형으로 들어간다. 마지막 포즈를 취하는데. 모두가 윤진명을 가리킨다. 나름 감동적일 수도 있겠다마는… 윤진명이 휘청하듯 뒷걸음질 친다. 헤임달과 아스가르드는 '감동받았구나' 또 자기 좋을 대로 생각하며, 서로 어깨를 부딪치고 끌어안

고 자축한다.

26. 계단(밤)

윤진명이 힘없이 계단을 올라간다. 아래층에서 연습하는 소리 들린다.

27. 2층 거실(밤)

윤진명이 들어온다. 정예은이 식탁에 앉아 공부 중이다.

윤진명	지원이 들어왔어?
정예은	응, 방에…
윤진명	(노크한다)
(송지원)	예.

28. 정예은, 송지원의 방(밤)

윤진명이 문을 열자 송지원이 바라본다. 통화 중이다. 눈으로 잠깐만이라는 신호 보낸다.

송지원	녹취할 때 꼭 상대방에게 알릴 필요는 없대. 대화 당사자면 상관없대. 어… (듣다가) 그건 잘 모르겠는데. 변호사님한테 물어볼게. (듣다가) 어, 알았어. 고마워. (전화 끊는다)

윤진명	힘들지?
송지원	응, 힘들어. (우쭈쭈 해달라고) 선배는 고소 고발 같은 거 당하지 마.
윤진명	(이 상황에서 이런 걸 묻기가 좀 그렇다) …
송지원	뭐 할 말 있어?
윤진명	(그래도 물어봐야 한다) 저기, 그거 어떻게 됐어? 헤임달 고별 무대.
송지원	(뭔지 기억이 안 나는 눈치였다가) …아. (말하려고 하는데 전화가 온다) 잠깐만… (전화 받는다) 엄마? (듣다가) 엄마 울어? 아, 왜 울어? 울지 마. (핸드폰 가리며 윤진명에게 작은 소리로) 걱정하지 마. 내가 알아서 할게. (다시 통화로 돌아간다) 엄마, 그런 거 아니야, 누가 뭐라고 그랬는데?
윤진명	(송지원의 통화를 듣다가 조용히 나간다) …

29. 거실(밤)

윤진명이 배를 움켜쥔다.

정예은	(자기 일에 빠져 뒤늦게 본다) 왜 그래? 또 속 쓰려?
윤진명	(방으로 들어간다) 응…
정예은	(걱정스럽다) 병원에 가봐.
윤진명	(문 닫으며 건성으로) 응…
정예은	(어쨌거나 자기 할 일로 돌아간다) …

30. 어떤 곳(윤진명의 악몽)

윤진명이 자고 있다. 귀에 익숙한 노랫소리가 들린다. 아스가르드의 노래다. 윤진명이 눈을 뜬다. 어딘가에 묶여 있다. 컨베이어벨트다. 벨트가 돌아가는데, 벨트 끝에 프레스기가 보인다. 혹은 불구덩이일 수도 있다. 윤진명이 몸을 움직이려 하지만 꼼짝도 못 한다. 벨트 주변에서 헤임달을 비롯한 아스가르드들이 춤을 춘다. 하메들은 저마다의 일로 바빠서 자기를 보지 않는다. 송지원과 눈이 마주친다. '지원아'라고 부른다. 그러나 송지원은 '잠깐만' 하더니 통화한다. 드디어 마지막 순간이다.

31. 유은재, 윤진명의 방(낮)

윤진명이 비명을 지르며 일어난다. 놀란 유은재가 보고 있다. 윤진명은 악몽의 여파에서 헐떡이다가 밖으로 뛰쳐나간다.

32. 정예은, 송지원의 방(낮)

(윤진명)   지원아! (거의 동시에 문을 연다)

정예은이 화장을 하다가 돌아본다.

정예은   지원이 아침 일찍 나갔는데…

33. 베란다(낮)

윤진명이 멍하니 앉아 있다. 극심한 부담감에 혼이 나간 모습이다.

핸드폰이 진동한다. 문자다. 마이 셒이다. '지금 올라가는 중' 윤진명이 한숨을 쉰다. 다시 문자 온다. '어디로 가면 돼요?' 간신히 답장 쓴다. '그게, 아직…'

34. 거실(낮)

윤진명, 조은, 정예은이 슬쩍 슬쩍 베란다를 본다. 윤진명의 등이 한숨으로 출렁인다.

유은재   그쵸? 고민 있는 거 같죠? 오늘 아침엔 '아아악' 이러면서 깼다니까요.

조은   무슨 약도 먹던데…

정예은   왜 저러지? 남자친구랑 잘 안 되나?

유은재   에이, 윤 선배는 그런 걸로 고민 안 할 거 같아요.

정예은   (고개 끄덕이며) 응… 그건 그래.

조은   물어봐.

유은재   물어봤는데 어마어마한 거면 어떡해?

조은   어마어마한 거 뭐?

유은재   (잠깐 생각한다) 빈부 격차나 환경 문제 같은 거?

조은   그게 말이 되냐?… (말했다가 진짠가 싶다)

정예은   (이어서) 라고만은 할 수 없는 어떤 독특한 분위기가 있지, 윤 선배는.

유은재, 조은   (고개를 끄덕인다) …

유은재   그래도 물어는 볼까요?

어쨌거나 세 사람, 베란다로 향한다.

35. 베란다(낮)

세 사람이 윤진명 앞에 선다.

정예은   윤 선배… 무슨 고민 있어?

윤진명   (고개를 끄덕인다) …

정예은   뭔데? 별로 도움은 안 되겠지만 말이나 해봐.

• 점프 》

에? 세 사람 놀란다.

유은재   오늘이라면서요?

윤진명   (안다) 응…

정예은   근데 아직도 모르면 어떡해?

윤진명   (우물쭈물) 물어봤는데 자기가 알아서 한다고.

유은재   그래도 확인을 했어야죠?

윤진명   (자신 없이) 그치만 지원이 자기 일도 엄청 바쁜 거 같아서 자꾸 물어보기도 뭐하고…

정예은   그래도 물어볼 건 물어봐야지. (송지원에게 전화하며) 선배 되게 답답한 데가 있네.

유은재   예, 바보 같애요.

조은   (물끄러미 본다) …

윤진명   뭐?

조은   선배도 인간이구나 싶어서…

윤진명   도대체 내 이미지가 어떻…

정예은   (통화됐나) 난데, 아스가르드 고별 무대 어떻게 됐어? (듣는다) '아?' 아가 뭐야, 아가? 윤 선배는 그거 땜에 말라가는데. 너 혹시 까먹고 있었던 거 아냐?

윤진명   (사형 선고를 기다리는 심정이다) …

정예은   (놀란다) 뭐?!!

윤진명   (차라리 눈을 감는다)

유은재   뭐래요?

정예은   잠깐만… (하더니 스피커폰을 켠다) 다시 한 번 말해봐.

송지원의 이야기를 들은 사람들은 경악한다. 유은재는 입을 막고. 조은은 윤진명을 보고, 윤진명은 털썩 주저앉는다.

36. 1층 서장훈의 방(낮)

조은이 방금 뭔가를 이야기했다. 헤임달이 너무 놀라 그대로 주저앉아버린다. 머리를 젓는다. '이건 꿈이야'

37. 대학 노천극장(밤)

유명 가수가 노래하고 춤춘다. 수백의 대학생들이 떼창한다. 함성 소리 어마어마하다.

38. 봉고차(밤)

함성 소리가 들린다. 헤임달은 아직도 멍하다.

| 이실장 | (돌아본다. 무대 진행표를 들고 있다) 순서에 없는데. |
| 토르 | (본다) |

그때 봉고차 문이 열린다. 윤진명이 들어온다.

토르	누나, 우리 순서…
윤진명	아, 제일 마지막이야. 나중에 급하게 넣느라고 순서엔 없대.
토르	(더 놀란다) 그럼 우리가 엔딩이에요?
발두르	미쳤다!
윤진명	엔딩이라기보다는… 뭐, 엔딩이지. (하다가 헤임달을 본다)
헤임달	(얼었다) 누나, 나 못 하겠어요.
윤진명	뭐?
헤임달	난 이 정도 그릇이 안 돼요. 난 그냥…
윤진명	그냥 뭐?
헤임달	조그만 소극장이나 구민회관 강당이나… 노래방도 각오하고 있었는데. 내가 다 망칠 거예요.
윤진명	(버럭) 시끄러! 내가 얼마나 고생했는데?!

윤진명의 버럭에 아스가르드, 이실장까지 놀라 돌아본다.

| 윤진명 | 내가 맘고생한 걸… (하다가) 망치면 좀 어때? 어차피 마지막인데. 뭘 하든 원 없이 하고 내려와. 그럼 되잖아. (핸드폰이 진동한다. 문자를 확인하고는) 이따 보자. (나간다) … |

아스가르드 멤버들이 헤임달을 독려한다. 서로를 독려한다.

39. 대학교 랜드마크(밤)

윤진명이 사람을 찾으며 온다. 찾는 사람을 발견하고 달려간다. 박재완이 손을 벌린다. 윤진명이 박재완에게 안긴다.

윤진명 (안긴 채로 올려다보며) 찾는 데 힘들지 않았어요?
박재완 예.

그렇게 한참을 바라보다가 두 사람이 손을 잡고 어딘가로 간다.

40. 노천극장(밤)

윤진명과 박재완이 사람들을 뚫고 지나간다. 적당한 곳에 유은재, 정예은, 권호창, 조은, 서장훈, 송지원, 임성민이 있다. 윤진명과 박재완을 반긴다. 인사를 나눈다. 권호창은 카메라로 사람들을 찍어준다. 우리는 모르지만 박재완과 하메들은 이미 만났던 사이다. 주변의 함성 소리가 너무 커서 이야기를 하려면 귀를 가까이 대야 한다. 가수들이 나올 때마다 함성 소리 점점 커져간다. 관객들의 퍼포먼스도 대단하다. 핸드폰을 흔들고, 파도를 타고. 하메들과 그들의 남자들도 축제를 즐긴다. 가장 뜨거운 무대가 끝났다. 관객들이 앙콜을 연호한다.

사회자 (무대 위로 나선다) 앙콜곡을 세 개나 했는데 또 하라는 건 무리구요. 그래서 저희가 준비한 또 하나의 무대가 있습니다. 이 열기 그대로 이어서. '전설이 시작된다. 아스… (흘깃 메모를 본다) 가르드!!

음악이 먼저 나온다. 아스가르드 일곱 명이 뛰어나오며 손을 흔든다. 관객들 대부분은 뭐야 싶다. 누구야? 쟤네 누구지? 어쨌거나 일곱 명은 꿈에 그리던 무대에 섰다. 관객의 반응과 상관없이 잔뜩 긴장했다. 노래를 한다. 앞 가수들과의 호응과는 천양지차다. 일부 관객은 빠지기 시작한다. 아스가르드의 눈에도 그것이 보인다. 그때 객석 한쪽, 미친 듯이 환호하고 군무를 따라하는 무리가 보인다. 하메들이다. 하메들이 칼 군무를 따라하며 떼창한다. 헤임달이 그쪽을 가리킨다. 아스가르드 멤버들도 하메들을 본다. 손을 흔든다. 하메들이 자지러지게 소리 지른다. 박재완이 놀라 윤진명을 본다.

윤진명　이제 온다. 각오해! (박재완에게) 각오해요.

하메들과 서장훈은 뭔지 알고 있다. 으으으… 생각만 해도 진저리친다. 권호창, 임성민은 뭐냐 싶다.

헤임달　세이 호오!

윤진명을 비롯한 하메들, 같이 온 사람들, 쪽팔리지만 '호오' 해준다. 옆에 있던 관객들은 '이게 몇 년도 퍼포먼스냐?' 싶다. 어이없어 쳐다본다.

헤임달　(그러거나 말거나 신났다) 세이 예에.

윤진명을 비롯한 하메들, 남자들 눈을 질끈 감는다. '예에' 소리 지른다. 일단 하고 보니 신난다. 관객 이탈률이 점점 심해진다. 어쨌거나 하메들은 신나게 논다. 윤진명도 춤추고 노래한다. 박재완은 그런 윤진명을 처음 봤다. 아스가르드 멤버들은 땀을 뚝뚝 흘리며 고별무대를 갖는다. 엔딩 포즈를 한다. 숨을 헐떡인다. 그들 나름의 감동이 있다. 그들을 지켜봐온 사람들만이 느낄 수 있는 감동도 있다. 윤진명은 살짝 눈물이 난다. 유은재도 그렇다.

헤임달   여러분 고맙습니다. (하늘을 향해) 땡쓰 투 갓. (멤버들을 향해) 땡스 뚜 가이즈, 스페셜 땡스 투… (윤진명을 본다).

윤진명   (제발 그것만은, 하며 고개를 젓는다)

헤임달   (윤진명을 향해 주먹 들어 보이며) 진명!!!!

윤진명   (아오… 차라리 박재완 뒤에 숨는다) …

헤임달은 그러거나 말거나 키스를 날리는데. 박재완이 손으로 찰싹찰싹 쳐낸다.

• 점프 》
아스가르드가 달려온다.

헤임달   누나!

달려온 헤임달이 윤진명을 와락 끌어안는다. '어이, 어이' 박재완이 그만 떨어지라고 할 때까지. 헤임달을 필두로 아스가르드 팀원들이 윤진명을 끌어안는다.

송지원   어이! 나야 나. 이 무대를 만든 건 나라구.

헤임달과 아스가르드가 쳐다본다. 송지원이 팔을 벌린다. 임성민은 '널 누가 말리냐' 피식 웃는다. 아스가르드가 송지원을 낚아채더니 헹가래 친다.

41. 옥상(밤)

고기가 구워진다. 하메들, 박재완, 임성민, 권호창, 서장훈, 혜임달이 뒤풀이 중이다. 말도 못 하고 삐쩍삐쩍 말라가던 윤진명을 놀리고, 그런 윤진명을 바라보는 박재완의 눈에서는 애정이 뚝뚝 떨어지고. 정예은은 쌈을 싸서 권호창에게 먹여준다. 서장훈이 입을 벌리면 조은은 무뚝뚝하게 다 익은 고기를 툭 서장훈 앞에 놓아줄 뿐이다. 혜임달은 고기를 굽다가 눈물을 훔친다. 처음엔 매워서 그런 줄 알았는데 울고 있다. 점점 더 감정이 격해진다. 처음에는 놀리던 사람들이 혜임달을 달래기 시작한다. 임성민이 송지원을 본다. 송지원은 조금 떨어진 곳에서 하메들과 남자들을 보고 있다. 임성민이 맥주를 건넨다. 송지원 옆에 앉아 맥주를 마신다.

42. 거실(낮)

유은재, 정예은, 송지원이 각자의 동선에 따라 움직인다. 다른 두 사람은 시험 기간이라 공부 중이고, 송지원은 공판 준비를 한다. 조은이 들어오면 세 사람이 놀란다.

송지원　(의아하다) 조 장군?

정예은　왜 벌써 들어와?

조은　(평상시와 같다) 버스 정거장에서 헤어졌어요.

유은재　왜?

송지원　(깨닫는다) 아항… 손 흔드는 사람들 속에 그댈 남겨두기 싫대?

조은　아녀. (살짝 웃기까지 한다) 자기가 올 거 같대여.

정예은　너는? 넌 안 슬퍼?

조은	(그까짓 거) 뭘…
송지원	(핸드폰으로 '입영 열차 안에서'를 튼다. 조은을 놀린다. 노래 따라하며) 어색해진 짧은 머리를… (조은을 빤히 보며) 보여주기 싫었어. 흑흑. (정예은과 유은재 손을 잡아 머리 위로 흔들며) 손 흔드는 사람들 속에 그댈 남겨두기 싫어. (무언극 하듯, 정예은과 격렬한 포옹하고 울며 헤어진다)
조은	(깔깔 웃으며 노래에 합세한다).

43. 버스 안(낮)

입소하는 듯, 머리 짧은 남자가 여자친구와 찍은 사진을 본다. 여자친구는 머리가 길고 여자여자 한 여자다. 벌써 그리워진다. 옆자리 남자를 본다. 야구 모자를 눌러쓴 서장훈이다. 서장훈은 조은과 같이 찍은 사진을 보고 있다. 눈이 마주친 두 사람. 동지 의식이 생긴다.

남자	입소?
서장훈	에.
남자	(자기도 그렇다는 듯 웃고는 사진 눈짓하며) 누구예여?
서장훈	여자친구.
남자	(당황한다. 몸피를 줄이는 듯싶다)

44. 베란다(낮)

송지원이 빨래를 널며 흥얼거린다. 이번엔 '이등병의 편지'다. '짧게 자른 내 머리가 처음에는 우습다가…' 가사를 모르면 흥흥흥대다가 아는 부분이 나오면 부른다.

45. 거실(낮)

유은재와 정예은은 공부 중이고, 조은은 밥 먹을 준비를 하는데, 베란다에서 송지원의 노래 소리 들린다. '이제 다시 시작이다. 젊은 날의 꿈이여…'

유은재　(문득 조은을 보며) 계란 후라이 할 거야? 내 것도 하나… (하다가 멈춘다. 조은이 이상하다. 조심스럽게) 조은…

조은　(울고 있었다. 유은재가 부르자 쭈그리고 앉아 운다) …

송지원　(아무것도 모른 채 큰 소리로 자기 흥에 취해 열창하며 들어온다) 기적 소리 멀어지면 작아지는 모습들, 이제 다시…

정예은　그만해! 애 울잖아.

유은재가 조은을 달래고 있다. 조은은 어느 새 오열하고 있다.

정예은　(타박한다) 적당히 좀 하지, 애가 울 때까지 하냐.

송지원　(억울하다. 입모양으로) 내가?

46. 의정부 지방 법원 전경(낮)

그렇다. 누가 봐도 법원이다.

47. 법정(낮)

작은 사건이다. 금방 금방 심리가 끝난다. 한관영과 송지원이 각각의 변호사와 함께 서 있다. 송지원은 피고다.

판사   선고는 다음달 13일에 하도록 하겠습니다.

너무 빨리 끝났다. 송지원은 어리둥절하다. 어쨌거나 자리에서 일어난다. 방청객이 별로 없다. 임성민, 한난호 등이 보인다. 그 외 뒷줄에 젊은 여자가 한 명 앉아 있다.

48. 법정 복도(낮)

송지원과 변호사가 걸어온다. 송지원이 변호사에게 말하고 화장실로 향한다.

49. 법정 화장실(낮)

송지원이 칸에서 나온다. 막 들어오던 한난호와 마주친다. 송지원도 한난호도 순간 당황한다. 송지원이 목례한다. 손을 닦는 내내 한난호가 송지원을 거울로 바라본다.

한난호   절대예요?
송지원   …?
한난호   단 1퍼센트의 의혹도 없어요?

송지원	…
한난호	당신이 백 퍼센트 옳다고 확신할 수 있어요?
송지원	(백 퍼센트라는 말을 생각한다) … 그쪽은요? 그쪽은 백 퍼센트 확신할 수 있어요?
한난호	예!
송지원	…
한난호	(신념을 갖고 있다) 당신은 그러면 안 되는 거였어요.

한난호가 밖으로 나간다. 송지원은 손을 닦고, 수도꼭지를 잠근다. 잠깐 생각한다. 그리고 밖으로 나간다.

50. 법원 앞, 주차장(낮)

송지원과 임성민이 나온다. 차 문을 여는데…

(소리) 저기요?

두 사람이 돌아본다. 방청객에 앉아 있던 30대 초반의 여자다.

51. 커피숍(낮)

송지원과 임성민 앞에 여자가 마주 앉았다. 이야기를 하는 여자는 힘들어 보인다. 물 잔을 움켜쥔다. 송지원은 재촉하지 않는다.

52. 임성민 차 안(낮)

임성민과 송지원이 차에 탄다. 임성민이 녹음이 잘 되었는지 확인한다.

(임성민) 녹음해도 되겠습니까?

(여자) 예…

(임성민) 그럼 성함부터 말씀…

임성민이 녹음기를 끈다. 그때, 송지원이 코를 훌쩍이는 소리가 들린다. 송지원이 울고 있다. 임성민이 휴지를 찾아준다.

송지원 불안해 죽는 줄 알았어. 재판에서 지는 것보다 내가 혹시 착각한 거면 어쩌지 싶어서… 좀 전에 그 여자 얘기 들으면서 나 속으로 다행이다 그랬어. 아, 진짜 그럼 안 되는데 씨… 너무 안심이 돼서… 다행이다… (감정을 추스르기 위해 숨을 몰아쉰다) 아~ 죽을 뻔했네.

임성민 다 울었냐?

송지원 응.

임성민 코 나왔다. (출발한다)

송지원 (코푼다)

53. 권호창의 집 거실(낮)

문을 열면 권호창과 정예은이 서 있다. 정예은은 긴장한 채 웃고 있다. 권호창의 엄마가 정예은을 맞이한다.

권호창 엄마	(입이 커서 사람 좋은 웃음을 웃는다) 안녕!
정예은	안녕하세요.
권호창 엄마	(잠시 정예은을 보다가 진심으로) …이쁘다.
권호창	(어린애처럼 자랑한다) 내가 그랬잖아, 이쁘다고.
정예은	(쑥스럽다)
권호창 엄마	(권호창을 툭 치며) 어려서부터 미인이랑 결혼한다더니… (정예은이 들고 있는 꽃다발을 본다) 그거 나 줄 거 아니에요?
정예은	예. (건넨다)
권호창 엄마	흐흥, 좋아라. 내가 수국 좋아하는 건 어떻게 알았지? 호창이가 알려 줬어요?
정예은	아뇨, 그냥 제가 좋아하는 걸로 샀는데…
권호창 엄마	이거 느낌 좋은데… 서로 통하는 게 있네. (꽃병을 찾으며) 앉아서 기다려요. 금방 다 되니까… 식영과라면서?
정예은	예.
권호창 엄마	그냥 칼국수 끓였거든. 난 맛으로만 승부하니까 모양 같은 건 보지 마. 반말해도 되지?
정예은	예… 그럼요.

권호창 엄마가 흥얼대면서 꽃을 꽂는다. 그사이 권호창은 화장실로 간다. 정예은은 긴장했던 게 풀린다. 엄마가 커다란 냄비에 국물을 맛본다. 칼국수가 너무 많은 거 아닌가 정예은은 잠깐 생각한다. 그러다가 식탁에 숟가락을 본다. 여섯 개다. 초인종 소리가 들린다.

| 권호창 엄마 | 호창아, 누나들 왔나 보다. |

정예은 귀에 '누나들…들, 들, 들'이 에코 된다.

권호창	(화장실에서 나오며) 누나들도 와?
정예은	(또다시 에코 된다. 누나들, 들, 들…)
권호창	(멍해진 정예은을 보며) 왜?
정예은	(일단 고개를 흔들어 깨어난다)
권호창	(그 사이 문을 연다) …
누나들	어이, 권호창!
권호창	뭐 하러 왔어?
큰누나	여자 데려온다며?
둘째누나	(애기한테 하듯) 삼촌 여자친구 왔대.
셋째누나	어디 있냐? 나 회사 다시 들어가야 돼.

30대 중반부터, 초반(갓난 애기를 안고 있다), 20대 후반까지 간간
하게 생긴 누나들이 들어온다. 정예은 얼어붙었다.

정예은	(긴장한다) 안녕하세요.

누나들, 1초 정도 정지화면인 듯 정예은을 본다. 그러다가 일제히.

큰누나	안녕하세요.
둘째누나	(애기 손을 흔들며 애기 목소리로) 안녕하세요.
셋째누나	안녕…
권호창 엄마	하여튼 극성은… 뭐 하러 왔어? 우리 예은이 놀라게.
큰누나	(엄마가 칼국수 푸는 거 도와주며) 호창이 첫 여자친군데… 이서방 월차 내고 온다는 걸 간신히 말렸어. (제일 먼저 정예은 앞에 놓아준다) 앉아, 왜 서 있어?
정예은	(앉는다) …
셋째누나	앉으라고 진짜 앉네.

정예은   (일어선다)

셋째누나   농담이야, 농담.

정예은   (엉거주춤한다)

어쨌거나 다들 식탁에 앉았다. 한쪽에 누나들 세 명, 한쪽에 권호창, 정예은, 권호창 엄마 순으로 앉았다. 눈치 없는 권호창은 맛있게 먹을 뿐이다.

큰누나   우리 호창이 좀 답답하지?

정예은   예, 아뇨…

큰누나   그래도 착한 애니까 잘 부탁해요.

누나들, 일제히 고개 숙인다. 정예은이 마주 고개 숙인다. 긴장이 조금 풀린다.

큰누나   호창이 연애하더니 엄청 변했어. 스타킹 같은 바지도 입고.

정예은   …?

둘째누나   콘택트렌즈도 끼던데. 염증 나서 눈이 빨개져 갖고는…

정예은   (눈치 본다) …

셋째누나   저 기생오래비 같은 머리 모양 봐봐. 예은이 네가 말 좀 해라. 우리말은 귓등으로도 안 들어.

권호창   (정예은을 본다) 그거 얘가…

정예은   (필사적으로 안 된다는 신호 보낸다) …

누나들   (두 사람을 본다) …

권호창   …엄마, 나 더 줘. (그릇을 내민다) …

54. 휴게실(낮)

유은재가 음료를 뽑으려고 하는데 잔돈이 모자라다. 지갑을 뒤지는데, 없다.

윤종열   (다가와 잔돈을 건넨다) …
유은재   (손바닥 위의 동전 2백 원을 집으며) 그럼 2백 원만…
윤종열   (음료를 뽑을 동안) 이상 심리 시험 잘 봤어?
유은재   그럭저럭… 선배는요?
윤종열   망쳤어.
유은재   (음료수를 집어 든다) …
윤종열   …남은 시험 잘 봐.
유은재   예…

멀어지는 윤종열을 본다.

55. 사무실(밤)

윤진명이 일한다. 바쁜 날이다. 묵음으로 해놓은 핸드폰이 진동하는 것도 모른다. 카톡이다. 헤임달의 문자다. '누나. 우리 집. 인테리어 공사 끝남' '놀러 와요. 1호 팬 할인!해줌' 사진이 온다. 윤진명이 서류를 들고 바삐 나간다.

56. 베란다(밤)

윤진명이 맥주 한 캔을 들고 와 앉는다. 핸드폰을 확인한다. 메세지를 확인한다. 하메들과의 단톡방 문자도 이제야 본다. 헤임달의 문자를 확인한다. 사진을 클릭한다. 펜션 앞에서 찍은 사진이다.

윤진명	(거실로 들어가며) 헤임달이 놀러 오라는데? 갈까?
(조은)	가요. 시험도 끝났는데…
(유은재)	이게 헤임달네 펜션이에요? 좋다.
(정예은)	봐봐. (잠시 후) 와, 되게 좋네.
(송지원)	근데 어디서 본 거 같은데…
(유은재)	그러게…
(정예은)	펜션 다 비슷비슷하지 뭐.

57. 강의실(낮)

조은과 안예지가 떨어져 앉아 강의를 듣는다.

•점프 》
강의가 끝났다. 안예지는 가방을 챙겨 일어선다. 물끄러미 자신을 보던 조은과 눈이 마주친다. 조은은 치마를 입었다. 안예지의 시선이 조은의 치마에 멈춘다.

조은	안녕.
안예지	어.

안예지의 새 친구가 다가와 '가자'라며 팔짱을 낀다.

58. 문과대 앞(낮)

안예지와 새 친구가 나온다.

새 친구　재 요새 왜 저런대?

안예지　(본다) …?

새 친구　조은, 너랑 싸우고 확 변했더라. 충격받았나 봐. 요새 화장도 하는 거
　　　　같지. 되게 안 어울려. 그치?

안예지　(팔을 확 뺀다. 여학생을 째려보며) 너 은이 알아?

새 친구　…

안예지　쥐뿔도 모르면서 아는 척이야. 넌 뭐 이쁜 줄 알아? 너 화장한 것도
　　　　되게 이상하거든. 촌스럽고! (혼자 가버린다) …

새 친구　(쫓아간다) 화났어?

새 친구가 안예지에게 쩔쩔맨다.

59. 소개팅 장소(낮)

안예지의 새 친구가 안예지에게 소개팅을 시켜주는 자리다. 남자는
안예지가 마음에 들었다. 그러나 안예지는 뚱하다.

60. 버스(밤)

안예지가 앉아 있다. 문자가 온다.

— 남자애 괜찮지?

— 글쎄…

— 에? 학서는 너 마음에 든 눈치던데

— 당연하지

— 넌 싫어?

— 모르겠어

— 너 남자 사귈 마음은 있는 거야? (빠직 이모티콘)

— 응

안예지가 핸드폰 사진첩을 연다. 조은과 찍은 사진들을 본다. 고등학교 시절 둘이 함께 찍은 사진을 본다. 혀를 내밀고 찍은 위악적인 모습이다.

(안예지) 변하지 말자고 했었다. 죽을 때까지 변하지 말자고 맹세했다. 변하지 않을 줄 알았다. 우리 둘이면 충분할 줄 알았다. 누가 나쁜 걸까? 변한 사람이 나쁜 걸까? 변하지 못한 사람이 나쁜 걸까?

61. 미용실 원장실(밤)

조은과 조은 엄마가 들어온다. 조은 엄마가 서랍에서 지갑을 꺼낸다.

조은엄마 (여러 개의 카드 중에 하나를 꺼내주며) 중간 정산할 거 있나 원무과에 물어보고. 보호자 사인할 거 있으면 사인하고.

조은 (일단 받기는 받았는데) …

조은엄마 간병인 있어도 좀 들여다보고 그래. 아무나 들락거리지 못하게 하고.

조은	(아무나? 엄마를 본다) …
조은엄마	(한 마디만 하면 쏘아붙여줄 테다) 왜? 뭐?
조은	(카드를 주머니에 넣는다) 알았어.

62. 병원 복도(밤)

조은이 걸어온다. 문에 달린 유리창을 통해 병실 안을 들여다본다.
조영학은 침대를 세운 채 앉아 있고. 조현이 조영학의 침대에 올라
앉아 놀고 있다. 조영학의 여자가 화장실에서 나오는데 소변통을 들
고 있다. 방금 닦은 것이다. 수건으로 손의 물기를 닦는다. 조영학의
침대 기울기를 조절해준다. 조은이 돌아선다. 자신이 끼어들 틈은 없
어 보인다.

63. 버스 정거장(밤)

피켓 시위를 하는 사람, 그 앞을 사람들이 바쁘게 지나간다. 아무도
피켓에 시선을 두지 않는다. 시위를 하는 사람은 무관심에 상처받지
않도록 시선을 먼 곳에 둔다. 지나갔던 사람이 멈춰 선다. 윤진명이
다. 돌아서서 조금 거리를 둔 채 시위의 글귀를 읽는다. 피켓을 든 사
람의 시선이 움직인다. 윤진명과 그의 눈이 마주친다. 윤진명이 살짝
고개를 숙이고 멀어진다. 피켓을 든 사람도 살짝 고개를 끄덕인다.
그뿐이다.

64. 캠퍼스(밤)

조충환이 뛰어간다. 발소리에 돌아보는 건 유은재다.

조충환   안녕하세요.
유은재   (마주 인사한다) …
조충환   집에 가는 거?
유은재   예.

조충환이 나란히 서서 걸어간다. 유은재의 시선이 누군가를 향한다. 윤종열이다. 조충환이 뭐라고 말하면 유은재는 웃지만 시선은 윤종열을 향하고 있다. 조충환이 말하다가 유은재를 본다. 유은재는 자기 이야기를 듣고 있지 않다. 씁쓸해진다.

유은재   미안해요. 뭐라고 했죠?
조충환   (웃는다) 아뇨. 별 거 아니에요.

65. 학보사(밤)

임성민이 간이침대를 편다. 조충환이 들어온다.

임성민   집에 안 갔냐?
조충환   내일 다시 올 거 뭐 하러 가나 싶어서…

조충환은 소파에 눕는다. 임성민이 불을 끄려고 하는데.

조충환   형, 지원 선배 좋아하죠?
임성민   (슬쩍 보고 불을 끈다)

조충환	(어둠 속에서 묻는다) 근데 왜 안 사겨요?
임성민	친구보다 애인이 더 좋은 거냐?
조충환	그거야… 그러다가 송 선배한테 남자 생기면 어떡할라구요?
임성민	…
조충환	고백이라도 해봐요.
임성민	(잠깐 생각한다) 됐어. 지금 이대로 좋은데 뭐.
조충환	고백 못 할…
임성민	시끄러. 자! (돌아눕는다) …

66. 거리(밤)

안예지가 걸어온다.

(안예지) 너와 나는 맞지 않는 퍼즐 조각 같다. 억지로 끼워 맞추다보면 상처를 주게 된다. 내 좋아하는 사람에게 상처 주는 게 무서워서 몸피를 줄이다보면 모난 부분은 나를 찌른다. 다가서면 아프고, 멀어지면 죽을 것 같다.

안예지가 주변 사람들을 본다. 나이 든 사람, 젊은 사람, 남자, 여자, 웃고 있는 사람, 우울한 사람, 같이 있는 사람, 혼자 있는 사람, 사람, 사람, 사람들……

67. 벨 에포크 정원(낮)

아침이다.

68. 벨 에포크 거실(낮)

토요일이다. 청소하는 날이다. 윤진명, 유은재, 조은, 정예은, 송지원
이 청소 중이다.

강이나 (들어오며) 왜 문 열어놨어?

유은재 (맞이한다) 강 언니.

윤진명 왔어.

조은 안녕하세요.

송지원 (짐을 받으며) 먹을 거야?

윤진명 시장에서 오는 거야?

강이나 응… (소파에 벌러덩 눕는다) 아, 편하다. 세상에서 여기가 제일 편
해. (흐뭇하게 웃으며 천장을 본다) …

강이나가 눈을 감는다. 하메들이 청소하는 소음, 문 여닫는 소리, 물
끓는 소리… 잠이 오는 소리들이다.

유은재 (살짝 흔든다) 강 언니!

강이나 (깨어난다) 나 잠들었나 봐.

유은재 차 마셔요.

조은이 간이의자를 가져온다. 여섯 명이 식탁에 앉아 차를 마시고
과자를 먹는다.

69. 에필로그(작별인사)

모두의 작별인사다. 등장인물 모두… (각자의 캐릭터대로. 그동안 시청해주셔서 감사합니다, 가 아니라 친구에게 하듯 작별인사를 건넨다)

청춘시대 시즌2·下

1판 1쇄 발행 2017년 10월 12일

1판 3쇄 발행 2017년 10월 20일

지은이 | 박연선

펴낸이 | 김영곤 **펴낸곳** | (주)북이십일 아르테팝

미디어사업본부 이사 | 신우섭

미디어믹스팀 | 장선영 조한나 김미래

책임편집 | 이상화 **표지 본문디자인** | 한성미 박선향

문학영업팀 | 권장규 오서영

미디어마케팅팀 | 김한성 정지은

제휴팀장 | 류승은 **홍보팀장** | 이혜연 **제작팀장** | 이영민

출판등록 | 2000년 5월 6일 제406-2003-061호

주소 | (우 10881) 경기도 파주시 회동길 201 (문발동)

대표전화 | 031-955-2100 **팩스** | 031-955-2151 **이메일** | book21@book21.co.kr

(주)북이십일 경계를 허무는 콘텐츠 리더

아르테팝 채널에서 도서 정보와 다양한 영상자료, 이벤트를 만나세요!

장강명 요조가 진행하는 팟캐스트 말랑한 책수다 〈책, 이게 뭐라고〉

페이스북 | facebook.com/21artepop **포스트** | post.naver.com/artepop

인스타그램 | instagram.com/21artepop **홈페이지** | arte.book21.com

ISBN 978-89-509-7214-1 04680

책값은 뒤표지에 있습니다.